WITHDRAWN
UTSA Libraries

WITHDRAWN
UTSA Libraries

LAS *NOVELLE*
DE RAMON GOMEZ DE LA SERNA

HERLINDA CHARPENTIER SAITZ

LAS *NOVELLE*
DE RAMON GOMEZ DE LA SERNA

TAMESIS BOOKS LIMITED

LONDON

Library
University of Texas
at San Antonio

Colección Támesis
SERIE A - MONOGRAFIAS, CXXXV

© Copyright by Tamesis Books Limited
London, 1990
ISBN 0 7293 0285 7

DISTRIBUTORS:

Spain:
Editorial Castalia,
Zurbano, 39,
28010 Madrid

United States and Canada:
Boydell and Brewer, Inc.,
P. O. Box 41026,
Rochester, N. Y. 15604, EE.UU.

Great Britain and rest of the world:
Boydell and Brewer Ltd.,
P. O. Box 9,
Woodbridge,
Suffolk, IP12 3DR,
England

Depósito legal: M. 12486-1990

Printed in Spain by Talleres Gráficos de SELECCIONES GRÁFICAS
Carretera de Irún, km. 11,500 - 28049 Madrid

for
TAMESIS BOOKS LIMITED
LONDON

Library
University of Texas
at San Antonio

INDICE

SIGLAS

A continuación se presenta una lista de las siglas empleadas para referirse a las narraciones breves de Ramón a través de esta investigación. Las siglas irán en paréntesis, seguidas del número de página, o del número del capítulo, cuando los textos carecen de páginas numeradas. Para otros textos se emplearán las abreviaturas sn, sin número, o sf, sin fecha, cuando éstos carecen de paginación numerada o de fecha de publicación.

Aban,	«La abandonada en el Rastro». *Revista de Occidente.*
Adel,	«Los adelantados». *Doña Juana la Loca (Y otras) (Seis novelas superhistóricas).*
Aven,	«Aventuras de un sinsombrerista». *Revista de Occidente.*
Bel,	«La Beltraneja». *Doña Juana la Loca (Seis novelas superhistóricas).*
Cab,	«El Caballero de Olmedo». *Revista Cubana.*
Cap,	«La capa de don Dámaso». *Revista de Occidente.*
Cap, DA,	«La capa de don Dámaso». *El dueño del átomo.*
Cas,	«La casa triangular». *Revista de Occidente.*
Col,	«El cólera azul». *Revista de Occidente.*
Con,	«Las consignatarias». *El cólera azul.*
Def,	«El defensor del cementerio». *Revista de Occidente.*
Des,	«Destrozonas». *El cólera azul.*
Dos,	«Los dos marineros». *La novela corta.*
Dos, F,	«Los dos marineros». *6 falsas novelas.*
Due,	«El dueño del átomo». *Revista de Occidente.*
Ell,	«Ella+Ella - El+El». *El cólera azul.*
Emp,	«La emparedada de Burgos». *Doña Juana la Loca (Seis novelas superhistóricas).*
Est,	«La estufa de cristal». *Revista de Occidente.*
Fún,	«La Fúnebre». *La novela corta.*
Fún, F,	«La Fúnebre». *6 falsas novelas.*
Gal,	«La gallipava». *La malicia de las acacias.*
Gan,	«La gangosa». *La novela corta.*
Gem,	«Los gemelos y el guante». *La malicia de las acacias.*
Gri,	«El gran griposo». *Revista de Occidente.*
Gri, DA,	«El gran griposo». *El dueño del átomo.*

9

Híg,	«Se presentó el hígado». *El cólera azul.*
Hij,	«La hija del verano». *La novela corta.*
Hip,	«La hiperestésica». *La novela mundial.*
Hom,	«El hombre de la galería». *Revista de Occidente.*
In,	«El inencontrable». *El novelista.*
In, CL,	«El inencontrable». *El cuento literario.*
Inf,	«Los siete infantes de Lara». *Revista Sur.*
Jov,	«El joven de las sobremesas». *La novela corta.*
Jua,	«Doña Juana la Loca». *Doña Juana la Loca(Seis novelas su-perhistóricas).*
Leo,	«Leopoldo y Teresa». *La novela corta.*
Mali,	«La malicia de las acacias». *La novela corta.*
Mali, Mal,	«La malicia de las acacias». *La malicia de las acacias.*
Mari,	«María Yarsilovna». *Revista de Occidente.*
Mie,	«El miedo al mar». *La novela corta.*
Mie, Mal,	«El miedo al mar». *La malicia de las acacias.*
Mill,	«El hijo del millonario». *La novela mundial.*
Mill, F,	«El hijo del millonario». *6 falsas novelas.*
Mor,	«¡Hay que matar el Morse!». *La novela semanal.*
Muj,	«La mujer vestida de hombre». *6 falsas novelas.*
Niñ,	«La niña Alcira». *Revista de Occidente.*
Nov,	«Aquella novela». *La novela corta.*
Ol,	«El olor de las mimosas». *La novela corta.*
Pel,	«Peluquería feliz». *Revista de Occidente.*
Pies,	«El hombre de los pies grandes». *El dueño del átomo.*
Pue,	«Pueblo de morenas». *El cólera azul.*
R,	«El Ruso». *El libro popular.*
R, DA,	«El Ruso». *El dueño del átomo.*
Raz,	«La otra raza». *La novela semanal.*
Reg,	«El regalo al doctor». *Los novelistas.*
Roj,	«La roja». *La hiperestésica.*
Sat,	«La saturada». *La novela corta.*
Susp,	«Suspensión del destino». *Revista de Occidente.*
Sur,	«El hijo surrealista». *Revista de Occidente.*
Tor,	«La tormenta». *La novela corta.*
Tor, DA,	«La tormenta». *Dueño del átomo.*
Tur,	«El turco de los nardos». *Nuestra novela.*
Urr,	«Doña Urraca de Castilla». *Doña Juana la Loca (Seis no-velas superhistóricas).*
Veg,	«El vegetariano». *La hiperestésica.*
Vir,	«La virgen pintada de rojo». *6 falsas novelas.*

INTRODUCCION

En la presente investigación se intenta dar una interpretación de la narrativa breve de Ramón. El problema central para el análisis de estas obras ha sido la dificultad de encontrar un método crítico capaz de permitir una explicación coherente de las mismas. Si las narraciones se leen con el enfoque crítico literario tradicional de la novela («Roman»), con bastante frecuencia han dado la impresión de ser a lo máximo, narraciones folletinescas o juegos literarios ingeniosos. Pero si se toman en cuenta las teorías narrativas de Ramón y las de la *novella* moderna aparecida desde 1970, en adelante, la coincidencia entre unas y otras hace posible ver que la aplicación de los principios de la *novella* ofrece un marco de referencias adecuado para describirlas y analizarlas.

Al mismo tiempo, ya que la manera de que se vale un autor para dar con su visión del mundo está en estrecha interdependencia con la temática dominante en sus obras, otro aspecto que se ha explorado ha sido su temática constante. Para esta tarea se ha tenido en cuenta lo siguiente: todas las narraciones siguen el propósito de Ramón de encontrar una «acuciadora correspondencia *orgánica* entre el mundo y el individuo» (Concepto, 22). Por lo tanto, dado que Ramón mismo expresa una dependencia definitiva entre la literatura de su época y Nietzsche cuando dice que «no se puede escribir una página ignorando a Nietzsche», para explicar la temática se ha utilizado una visión nietzscheana de la vida (Concepto, 5). Este enfoque llama la atención al modo de empleo del lenguaje, las imágenes y las alusiones y como consecuencia, ha permitido vislumbrar en las narraciones una coherencia significativa si se interpretan viendo en ellas una eterna tensión entre dos impulsos, el apolíneo y el dionisíaco. También ha ayudado a destacar su tema constante como el de la lucha humana por encontrar un equilibrio entre la individualidad y el mundo que está más allá de su dominio.

Este tratamiento no sólo brinda una perspectiva satisfactoria para describir las narraciones, sino que también ofrece la oportunidad de mostrar una coherencia formal y temática hasta ahora negada a algunas de ellas.

El estudio está dividido en cuatro capítulos. El primero es de naturaleza teórica. Formado de cuatro secciones, la primera presenta los

11

estudios críticos a que ha sido objeto la narrativa breve de Ramón y anota la desorientación que domina cuando se trata de emitir juicios acerca de la forma y el fondo de la misma. La segunda señala el problema semántico causado por la falta de un contraste lingüístico entre *novella* y «Roman» en español, y lo considera la causa principal de la desorientación mencionada, al inducir la aplicación de pautas crítico-literarias de índole tradicional a obras que no obedecen ni intentan conformarse con los mismos. La tercera sección presenta un resumen de los estudios de crítica literaria que atañen a la *novella* moderna, ya que éstos servirán de fundamento crítico para el examen de la obra breve de Ramón. La cuarta contrasta el andamiaje crítico de la *novella* con las ideas teóricas que Ramón expresa y considera básicas a su manera de narrar, y concluye señalando el paralelo considerable entre unos y otros conceptos teóricos.

El segundo capítulo es de tenor teórico práctico y está formado de dos secciones. La primera somete «El Ruso» (1913), primera narración breve de Ramón, a los principios críticos de la *novella* para precisar el punto de partida de lo que hace Ramón en lo que atañe a la estructura y la temática de su narrativa breve. Comprueba que «El Ruso» responde a dicho escrutinio, y gracias a él permite descubrir una coherencia temática que admite una interpretación en términos nietzscheanos. A continuación, se presenta una comparación entre «El Ruso» de 1913 y la segunda versión de «El Ruso» publicada en 1928, la cual revela que en 1928, Ramón ya está en dominio de una fórmula narrativa capaz de ser estudiada con los términos propios de la *novella* moderna. La segunda sección de este capítulo considera varias narraciones escritas entre 1920 y 1944, con las cuales se demuestra que a lo largo de su creación de narraciones breves Ramón mantiene un patrón temático constante.

El tercer capítulo intenta precisar en qué consiste la «fórmula» de las narraciones breves. En una primera sección se analizan cuatro narraciones que fueron publicadas entre 1913 y 1921. Su propósito es determinar el fundamento estructural y simbólico constante de las narraciones breves. Se comprueba la existencia de una «fórmula» germinal compatible con la de la *novella* moderna y se precisa el pensamiento central y la manera narrativa que estará presente en todas las narraciones breves. En la exposición del estudio textual se emplea el marco de referencias crítico propuesto en los últimos veinte años para interpretar la *novella* moderna. Por lo tanto, se prefiere hablar de situación específica y línea narrativa en vez de argumento; de conclusión y mensaje, en vez de desenlace; y de agentes de la acción en vez de protagonistas. Se desiste de querer exigir una presentación lógica y causal de los hechos. En su lugar se acepta la necesidad de una participación activa por parte del lector para reconstruir el sentido a base de inferencias derivadas de una expresión formada de episodios fragmentarios ilustrativos y recurrentes, e imágenes repetitivas. La segunda sección considera narraciones publicadas entre 1921 y 1941, cuyo paralelo con las cuatro narraciones estudiadas en la primera sección sugiere que Ramón, una vez encontrada una fórmula narrativa que guarda interdependencia con su temática, se mantiene fiel a la misma.

En el cuarto capítulo se consideran narraciones que, a pesar de mantener constante el patrón básico y regirse bajo las pautas de la *novella* moderna, representan recreaciones de esa temática y estructura, logradas principalmente mediante la acentuación de ciertos rasgos externos. Aquí se consideran las 6 *falsas novelas,* un grupo que se identifica con la *novella* de tipo apólogo moderno descrito por Mary Doyle Springer (19-53), entre las cuales cabe mencionar «El gran griposo», o «Suspensión del destino», y otro que bajo «narraciones de tendencia suprarrealista» comprende, entre otras, «El cólera azul», «Ella+Ella - El+El» y «La estufa de cristal».

En un apéndice se registran algunos elementos simbólicos asociados con el mito y el rito dionisíaco. Este proceder obedece a que ellos resultan de una importancia fundamental para la interpretación de los elementos simbólicos, dada la constante presencia de referencias alusivas a la experiencia menádica y su relación con la adquisición de verdades mediante vivencias que llevan a un instante de lucidez fugaz, en los textos estudiados.

Sometida la narrativa breve de Ramón a los enfoques propuestos, este estudio pone de manifiesto lo siguiente: los textos de Ramón pueden ser estudiados de modo satisfactorio tomando como punto de referencia la crítica más reciente referente a la *novella* moderna. Y contrario al juicio crítico de Eugenio de Nora de que en ellas «se trata, en efecto, de una visión, de una representación estética plástica, exenta hasta donde ello es posible, de contenido o significación trascendental alguna», a la luz de este modo de leerlas, ellas sí revelan un valor trascendental (97).

I

FUNDAMENTOS CRITICOS

La narrativa breve de Ramón y la crítica

Dentro de la creación literaria de Ramón existe un grupo de narraciones breves aparentemente heterogéneo. A partir de las primeras publicaciones las denominaciones genéricas con que aparecen estas obras cambian y a veces desaparecen por completo. Esto ha hecho evidente la dificultad de clasificarlas bajo las categorías usuales de cuento, novela corta o novela, cuya consecuencia más grave ha sido una desorientación para determinar su valor literario. Las narraciones no obedecen a los patrones críticos tradicionales que rigen estos géneros y, por lo tanto, al ser leídas esperando encontrar en ellas una exposición tradicional, resultan incomprensibles. Por ello, en la mayoría de los casos se les ha negado valor literario. En varias ocasiones se les ha concedido proximidad con la novela corta utilizando este término con el significado de *novella*, señalando con acierto las características de dichas narraciones, pero esta equivalencia no les ha garantizado dignidad artística en las letras españolas.

Ya en las bibliografías de la obra de Ramón se observa el problema. Gaspar Gómez de la Serna agrupa bajo novela corta algunas narraciones breves que en su primera edición carecen de denominación genérica o aparecen bajo la clasificación de novela, pero son relativamente de poca extensión. Luego, cuando registra su presencia en colecciones, las califica como novela, lleve la colección en su publicación original dicho distintivo genérico o no (277-94). En el primer caso se encuentran «El Ruso» (1913), «El cólera azul» (1923), «La casa triangular» (1925), «El hombre de la galería» (1926), «El gran griposo» (1927), «El defensor del cementerio» (1927), «La niña Alcira» (1934), y «La estufa de cristal» (1934). En el segundo, «La capa de don Dámaso» (1924) y «La otra raza» (1923). En el tercer caso están todas las mencionadas anteriormente cuando aparecen en las colecciones *La malicia de las acacias* (1927), *El dueño del átomo* (1928), *La hiperestésica* (1928) o *El cólera azul* (1934).

Eugenio de Nora considera novelas cortas todas las narraciones breves incluidas en las colecciones *La malicia de las acacias* (1927), las *6 falsas novelas* (1927) y *El cólera azul* (1934). Pero de las que aparecen en la colección *El dueño del átomo* (1928), clasifica como tales sólo «El olor de las mimosas», «El Ruso», «La saturada» y «La hija del verano» (133).

La dificultad de precisar la obra de Ramón genéricamente es más evidente cuando se leen juicios sobre la misma. Camón Aznar agrupa tanto las novelas cortas como las largas y las narraciones llamadas por el mismo Ramón cuentos, bajo el encabezamiento de novela y justifica este proceder de la siguiente manera: «no se puede distinguir entre novela grande y novela chica en Ramón, porque las dos están abiertas por los costados ... las dos podían alargarse o encogerse, porque a todas ellas les falta la medida orgánica que determinase su extensión» (303; la lista está en las páginas 530-32). Entonces describe las narraciones breves como cuento, poema, relato o novela indistintamente, y su frustración es evidente cuando al percibir que se resisten a dejarse ceñir bajo clasificación alguna, de «Suspensión del destino» expresa: «¿Por qué Ramón titulará *novela* a este delicioso pero breve cuentecillo?» (351; Para más evidencias, véanse 308, 309, 313, 328, 346, 349, 357, 361, 343). Nora considera varias selecciones de la colección «El dueño del átomo» «simples cuentos ingeniosos por la duración y el contenido» (137) y señala que «El gran griposo», «pese a su longitud, no es ni novela corta ni cuento apenas», sino más bien, «un amontonamiento de frases ocurrentes (en parte trasladadas como diálogos de café entre clientes obsesionados por la gripe) sobre el invierno madrileño y modos de combatirlo» (138).

En ocasiones, por no obedecer a las pautas de lo que debe ser una novela tradicional, estas obras han sido caracterizadas como dotadas de una prosa «antinovelesca», carente de «técnica ortodoxa y realismo» (Sainz de Robles, *Novela española*, 170). Nora declara que con excepción de «El Ruso» (1913), novelita que muestra «en su germen un Ramón que no llega a florecer: el novelista 'clásico', con ambientación, arranque, conflicto y desenlace, con hechos coherentemente eslabonados y conducidos en una acción lineal y sucesiva», el estilo de la mayoría de las narraciones breves de Ramón difícilmente puede calificarse como «novelesco» (104, 107-08). Según él, estas obras más bien ponen de manifiesto, con frecuencia, «su alejamiento de las bases del género», dada la insistencia de Ramón a querer convertir «toda estructura literaria en 'ramonismo' puro» (129).

Sin embargo, cuando se reconoce proximidad entre las narraciones breves de Ramón y la novela corta, utilizando *novela corta* como equivalente de *novella* o *nouvelle*, surge de inmediato un problema lingüístico y de denominación genérica fundamental que contribuye a determinar en qué radica la desorientación y la dificultad de su clasificación y estudio.

Rodolfo Cardona en una introducción sobre *El turco de los nardos* (1941), única narración de Ramón que aparece en una colección en que *nouvelle* y *novela corta* se consideran sinónimos, llama la atención en cuanto a la confusión que existe en las letras españolas cuando se trata de distinguir entre *cuento, novela corta* y *novela* (T, 21) [1]. Establece que la diferencia definitiva entre *cuento* y *novela corta* radica en algo que va más allá de la extensión, y sugiere que se relaciona con la intención del escritor y la calidad de la materia narrada (*Novelistas*, 10). Estas observaciones son importantes porque señalan el punto de partida que se debe tener presente al definir la esencia de una forma que no es ni novela tradicional, ni cuento. Además, subrayan la dificultad con la que se enfrenta la crítica cuando intenta estudiar a un escritor perteneciente a un marco histórico literario donde dificultades lingüísticas impiden referirse con claridad a una forma que sí posee términos precisos en otras lenguas romances.

El problema de definición y precisión lingüístico literario aludido se observa, por ejemplo, cuando Eugenio de Nora, a falta de un término castizo, contrasta «novella» con «Roman» para describir las *6 falsas novelas* de Ramón (133). También cuando Sainz de Robles define la novela corta como:

> esa novela mucho más extensa que un cuento largo y mucho menos que una novela, y que exige para el triunfo las mejores disposiciones de la novela y del cuento, ya que carece de las *defensas netas* de las dos especies apuntadas: la *prolijidad*, que permite los recursos puramente artísticos —estilo, descriptivismo, análisis moroso de los caracteres y de las pasiones— o la *sintetización*, que disculpa la carencia de aquellos recursos o trucos de la buena técnica. (*Novela corta*, 30)

A pesar de que esta definición no dice cuáles son los mejores fines ni las mejores disposiciones de la novela y del cuento, sí deja en claro que para triunfar, la novela corta, como la *novella*, sin ser prolija ni sintética necesita recursos más sutiles y distintos a los empleados por la novela y el cuento para lograr los mismos fines de aquéllos. La diferencia entre *novela corta, novela* y *cuento*, así enfocada, es una de organización y efecto estético, logrado a través de esa organización particular. Sainz de Robles también subraya en el mismo trabajo que la novela corta, coincidiendo con la *novella*, posee como fin conceptual hablar en nombre de la Vida, dándole a este término un significado especial que implica la inclusión de aspectos vitales e ilusorios, o sea, un enfoque total de la vida (T, 21).

Más interesante todavía es que cuando los críticos se detienen en la apreciación de las narraciones breves de Ramón, surge otra vez una afinidad entre su modo de narrar y las características más frecuentemente asociadas con la *novella* moderna. Observan que no se atienen a un

---

[1] Para referencias que se entrecruzan dentro de este texto se empleará una **T** seguida del número de la página.

plan, no tienen argumento, carecen de un significado obvio, y no logran su desarrollo dentro de la normalidad (Sainz de Robles, *Novela española,* 170). Entre sus comentarios sobresalen la falta de plan en «María Yarsilovna», donde parece que «nada sucede» (Camón Aznar, 330); la incoherencia y falta de sentido de «El gran griposo»; y el esquematismo, responsable de que «El cólera azul» dé la impresión de ser un «esquema de novela rosa», y «Suspensión del destino» resulte una «historia puntual e impresionista de una tarde de toros» (Nora, 138, 142; T, 16).

También aciertan en observar que aunque las narraciones breves no se ajustan a los patrones convencionales, en ellas Ramón logra un fin y, entre los recursos que prefiere para alcanzarlo, destacan otra vez unos que guardan afinidad con los más frecuentemente asociados con la *novella* moderna. Señalan un «desconcertante fragmentarismo» narrativo, que, atribuido al empleo copioso de greguerías, le niega fluidez a la acción (Nora, 104). Notan la falta de engranaje causal y su preferencia por el tratamiento episódico de la acción (Camón Aznar, 303). Ven su predilección por «lo elemental, olvidado en la costumbre» y por los aspectos de la «vida cotidiana y anecdótica intrascendente», los cuales quedan transfigurados «por la estilización» (Nora, 129). Señalan la «virtud inductora» que adquiere el «detalle casi nimio» (Nora, 129). Captan la función unificadora y el efecto simbólico que surge del predominio de la repetición y del empleo de imágenes reiterativas. Mencionan el empleo del distanciamiento en la caracterización de los personajes, los cuales resultan más bien «figurones comicotrágicos de guiñoladas o esperpento» (Sainz de Robles, *Novela española,* 169). Reconocen la estrecha relación que existe entre la falta de hilación lógica de los hechos y la necesidad de valerse de la intuición para adquirir un significado pleno de lo narrado (Camón Aznar, 303; Nora, 129), y hasta reconocen la naturaleza didáctica de algunas. Por ejemplo, Camón Aznar infiere el valor simbólico y significativo que convierte una tormenta en eje central de la narración en «Suspensión del destino», tras la copiosa presencia de imágenes reiterativas (352). Nora reconoce que hay «moraleja ejemplificada en la acción misma» en «El regalo al doctor», y en «El gran griposo» concede que, a pesar de su incoherencia, de la narración se infiere la moraleja de que «la base de la familia es tomar enfermera para las gripes» (Gri, 141, 138).

Por último, Nora hace un resumen de las características del ramonismo puro de las narraciones breves y señala sus rasgos esenciales de la siguiente manera:

> La anécdota argumental es apenas un pretexto, la lógica de los hechos se escamotea, y (aun ante la evidencia a veces brutal de éstos) pugna por sobreponerse una interpretación fantástica; la realidad y verdad psicofísica de las personas se evapora en la multiplicación de observaciones menudas y parciales, válidas —y en ocasiones, ... hondas— en sí mismas; pero dispersas, «sugeridas» cuando más por el tipo; casi nunca emanadas de él, encarnándolo. (129-30)

Todas estas observaciones son importantes para el estudio de las narraciones breves porque permiten explicar que la dificultad de desentrañar el significado de las mismas radica en que no se conforman con los principios críticos tradicionales[2]. Al mismo tiempo, al ofrecer la definición de lo que es ramonismo puro o literatura para Ramón, sugieren un vínculo entre la forma de narrar de Ramón y la *novella* moderna.

TERMINOLOGÍA Y PERSPECTIVA HISTÓRICA

Cuando se examina la terminología que Ramón emplea para denominar sus narraciones se descubre una serie de fluctuaciones. Al referirse a su creación en ensayos y en su obra de ficción, Ramón es dado a utilizar el término «novela corta» para establecer un contraste entre novela corta y novela grande. En *El novelista* (1923), novela autobiográfica y visionaria donde un novelista iconoclasta recibe y se defiende de los ataques de la crítica académica, Ramón, en la realidad supuesta, a la vez que se traza un programa de escritor de ficciones y teoriza sobre su manera de novelar, evita usar con rigor tradicional la palabra novela[3]. En distintas ocasiones intercambia los términos «novela corta» y «novela grande». Por ejemplo, cuando alude a una de sus narraciones breves, «Cesárea», la llama «novela corta» o «novelita», y procede a describirla con características que coinciden con aquellas propias de la *novella* (T, 43). Pero en un capítulo fundamental titulado «Las obras completas», cuando la vuelve a mencionar, la cataloga como «novela grande» (25, 27, 382). En la misma lista considera «novela grande» a «El inencontrable», pero al incluirla en el texto y al publicarla por separado, la denomina «novela» (25, 265, 304; T, 20-21)[4]. Otra obra, *Todos,*

---

[2] Esta conclusión corrobora una vez más las opiniones de que «Ramón debe ser tomado como él es; no como los demás quisiéramos que fuese» (Gaspar Gómez de la Serna, 92). Y de que «no hay manera de tener razón» con las credenciales académicas frente a Ramón (Hoddie, Sentido, 318). Por lo tanto, es imposible intentar evaluar sus narraciones breves tomando como base criterios que él no tomó en cuenta al crearlas.

[3] Unas pocas coincidencias entre Ramón y el novelista incluyen el que en el «Prólogo a las novelas de la nebulosa» Ramón se atribuye la paternidad de *Todos,* una novela del «novelista», y el hecho de que «El inencontrable» figura como obra del «novelista» y también de Ramón (Prólogo, nebulosa, 12; *Novelista,* 380).

[4] Se cita por la versión Sempere, a menos que se indique de otra manera. Las discrepancias señaladas no se pueden considerar descuidos. Más bien puede que obedezcan a la intención de Ramón, al trazarse su carrera de escritor, de someter estas narraciones al mismo procedimiento a que sometió «El doctor inverosímil» (1914), que se transforma de breve en grande. Cotejos de *El novelista* con ediciones posteriores comprueban que Ramón, a pesar de declarar en el «Prólogo a las novelas de la nebulosa» que no alteró nada, sí hizo correcciones (12). Sin embargo, las oscilaciones aludidas permanecen. Otras novelas del novelista catalogadas como «grandes», *El hotel del inventor, El hombre de la capa* y *La mujer llena de miedo,* evocan títulos de narraciones breves publicadas por Ramón,

aparece como novela (154). Sin embargo, al aludir a ella años más tarde en el «Prólogo a las novelas de la nebulosa» la llama «novelita» (12).

En la práctica, por su parte, se observa lo siguiente: lo que Ramón llama cuento es bien claro. Una lectura de los mismos comprueba que son narraciones de un desarrollo lineal de carácter discursivo[5]. Otras narraciones, aunque breves, a más de que él las denomina novela, presentan una estructura y un tratamiento temático marcadamente distinto al que utiliza en sus cuentos. Este hecho hace pensar que Ramón establece un contraste entre narraciones breves de organización lineal que él mismo llama cuentos y otras de organización diferente, basándose en algo más fundamental que la extensión. Tratar de distinguir cuál es la diferencia entre lo que llama «novela» y «novela grande» es más difícil[6].

Tomando en cuenta solamente las primeras publicaciones, se observa que muchas narraciones breves, o no llevan calificativo genérico alguno, o aparecen con un subtítulo que varía entre «novela inédita», «novela original», «novela», «falsa novela», «novela superhistórica», «novela grande», o hasta combinaciones de estos términos. Por ejemplo, no llevan calificativo alguno, «El Ruso» (1913), «El doctor inverosímil» (1914), «El dueño del átomo» (1926) y «El gran griposo» (1927). Por lo general, llevan el subtítulo de «novela» o «novela inédita», nunca «novela corta», las que se publican entre 1913 y 1940 en *La novela corta* o *El cuento semanal,* con la excepción de «La fúnebre» (1925), y «Los dos marineros» (1924), que aparecen conjuntamente como «novela inédita» y «falsa novela» tártara y china respectivamente. Prólogos y advertencias a publicaciones posteriores confirman, sin embargo, que Ramón termina por considerarlas «novelas»[7]. «El inencontrable», publicada en *El novelis-*

---

a saber: «El dueño del átomo», «La capa de don Dámaso» y «La hiperestésica» (380). *El novelista* es la piedra angular para entender la teoría narrativa de Ramón.

[5] Varias narraciones llamadas cuentos por el propio Ramón son: «El niño perdido», «Un cuento de farol» (*Novelista,* 233), «En el bazar más suntuoso del mundo», «El marquesito en el circo», «Por los tejados», y la colección *Cuentos de fin de año.* En *Gollerías* (17), considera cuento «Las tres brujas», breve narración que aparece en *Libro nuevo* (41). En las listas bibliográficas más completas sobre Ramón se registran, además, *Cuentos para los días de no salir de casa,* Madrid: Plus Ultra, 1947 (Cardona, Ramón, *A Study,* 170), y *Cuentos para no salir de casa,* Barcelona: AHR, 1956 (Gaspar Gómez de la Serna, 292). Otro cuento de Ramón, «Los despertadores», aparece en *Caprichos* (71-86).

[6] Ramón emplea el término *novela* a veces de una manera tan apegada a la acepción original de noticias y nuevas o novedades, que llama a su «Historia de medio año» una crónica inconclusa donde recrea noticias periodísticas relativas a aconteceres de la vida diaria, «novela de los tiempos actuales, entretenida y sorprendente» (4).

[7] Véanse, por ejemplo, «Advertencia importante», *El dueño del átomo,* 1945, donde llama «novela» a la versión breve de «El doctor inverosímil» y a «El dueño del átomo» (7-8). «Advertencia anecdótica» a las *6 falsas novelas,* 1945, donde llama simplemente «novela» a las *6 falsas novelas* (7), y «Preliminar» al primer volumen de sus *Obras completas,* donde llama simplemente «novelas» (10) a las narraciones que incluye allí, a pesar de que en el texto aparecen subtítulos que

ta (1923), y más tarde en *El cuento literario,* aparece en el primer caso bajo el término «novela» y en el segundo bajo «novela original». Obras de extensión muy variada, que van de pocas decenas a cientos de páginas, como, por ejemplo, «La capa de don Dámaso» (1924), «La casa triangular» (1925), *El doctor inverosímil* en su versión ampliada (1921), «¡Hay que matar el Morse!» (1925), *El torero Caracho* (1926) y *Piso Bajo* (1961), llevan el subtítulo de «novela». Sólo en 1941, cuando se publica *El turco de los nardos,* sí se lee el subtítulo «novela corta» para designar la narración, y es obvio que el término se emplea con el equivalente de «nouvelle» porque en la contratapa del librito se explican entre los propósitos de la serie los de:

> Realizar, en estas horas de encono de las pasiones políticas del mundo, *obra de arte y obra humana* que eleve a los espíritus conturbados por la gran tragedia...
> En consecuencia:
> Cada (sic) número de NUESTRA NOVELA contiene una novela corta, una «nouvelle», *rigurosamente inédita* y de autor notorio, de 60 o más páginas de lectura con ilustraciones de conocidos dibujantes. (Contratapa, sn) [8]

Es muy importante subrayar que cuando Ramón oscila y emplea el término novela de esta manera tan particular, es la época de apogeo de la narrativa breve en España, donde un equipo de cincuenta y dos escritores «exclusivamente dedicado a la novela corta» se propone hablar «en nombre de la Vida» y buscar «en la Vida lo que la Vida puede ofrecer no sólo de rigurosamente vital, sino también de apasionamiento y de ensoñación» (Sainz de Robles, *Novela corta,* 22-27). Entre 1901 y 1920 existen alrededor de treinta revistas dedicadas a la publicación de estas obras cuyos títulos denotan el poco rigor con que se empleaban los términos cuento y novela. Diez llevan títulos semejantes a *El cuento semanal,* dieciocho a *La novela con regalo,* y otras evitan toda denominación genérica: *Los contemporáneos,* o *El libro para todos.* Una colección de catorce volúmenes ya en circulación a mediados de enero de 1923, y pu-

---

van de *novela corta* a *novela, novela larga* y *novela grande* (1387, 1505, 1527, 1551, 1567, 1593, 1705, 1825, 1951, 1971, 2001). Otra particularidad del primer volumen es que «Leopoldo y Teresa» aparece como «inédita» cuando en realidad existen ejemplares de la misma con fecha 1921.

[8] Un detalle curioso es que el único ejemplar completo de la primera edición de las *6 falsas novelas* accesible para esta investigación, el de la Universidad de Berkeley, California, muestra en su portada un comentario en tinta roja sobre fondo amarillento, donde se les llama a dichas piezas «nouvelle». El comentario está situado de manera que armoniza con el resto de la portada y cabe la posibilidad de que haya sido escrito por el propio Ramón, quien favorecía escribir con tinta roja sobre papel amarillo (Gaspar Gómez de la Serna, 145; 5; *Automoribundia,* 342). La equivalencia persiste hoy, según lo atestiguan las palabras de Efrén Ortiz: «Mantenemos la forma francesa *nouvelle* (novela corta), puesto que en español no existe un vocablo preciso para designar tal forma literaria» (Bertrand, 172, nota 1).

blicada por la *Novela corta* con el título «Mis mejores cuentos», se anuncia en la contratapa de otros ejemplares de esta firma como formada de una serie en que:

> están coleccionadas las mejores novelas breves de los más ilustres escritores, los cuales, en el prólogo autógrafo que precede a cada volumen declaran que las novelas que en el libro se publican están reputadas por ellos como las mejores de todas las suyas. (Burgos, *La pensión*, sn)

La serie incluye «Cuentos de Colombine (novelas cortas)» (1908) y «Mis mejores cuentos (novelas breves)» (1923) de Carmen de Burgos. En este último ejemplar la autora en el prólogo-autógrafo emplea la palabra *novela* más de una vez para referirse a las narraciones breves presentes en el tomo (sn). Por estos mismos años aparecen piezas bajo títulos como «La novela teatral», otra serie publicada por Prensa popular, en que se encuentran, entre otras, una «novela cómico-lírico-dramática en cuatro actos» (Burgos, Mejor film, Contratapa). El hecho de que entre el título de las colecciones y el prólogo se intercambien los términos «cuento» y «novela», y los adjetivos «cortas» y «breves», pone en evidencia que en España, a principios del siglo XX, el empleo de estos términos era impreciso y capcioso. Alberto Insúa, rememorando aquel momento literario, confirma una vez más la situación:

> Se publicaba por entonces en París, con el título de «Les Mille Nouvelles Nouvelles», una revista quincenal donde aparecían, vertidos al francés, cuentos y novelas cortas (que es a las que en Francia llaman «nouvelles») de autores contemporáneos de todos los países. Renée tenía a su cargo la sección española, que comprendía también a los escritores hispanoamericanos. Y para la tal revista, entre otros de los peninsulares, tradujo cuentos y novelitas —o «nivolitas»— de Blasco Ibáñez, Unamuno, la Pardo Bazán, Galdós, Palacio Valdés, «Clarín», Baroja, sin olvidarse de los jóvenes posteriores a «los del 98» —que hoy nos dicen los de «El Cuento Semanal»— entre los cuales figuraron Pérez de Ayala, Martínez Sierra, Répide, Francés, García Sanchiz, Miró, mi hermano político Hernández Catá —que seguía «maupassaneando» en «El Havre»— y, naturalmente, el autor de estas Memorias. (86)

Todo esto es indudablemente testimonio de una evolución expresiva en que una narrativa nueva en prosa, sin ser novela tradicional ni ser tampoco cuento, se sirve de la palabra genérica «novela» para referirse a una forma literaria que ya no concuerda con su acepción convencional. El uso deliberado por parte de los escritores de la palabra «novela» para referirse a piezas breves de tan distinta naturaleza parece indicar, entre otras cosas, la necesidad de liberar la palabra y adecuarla a formas nuevas de narrar más a tono con su significado original de fábula, nuevas, noticias, o relato más bien corto, de casos que comúnmente suceden (*Diccionario de autoridades:* Corominas, III). Así, el vocablo, tomado con la propiedad lingüística de sus orígenes, les proporciona flexibilidad para recrear nuevas formas de ficción. Además, la adecuación entre *novela corta, novella* y *nouvelle* atestiguada en más de una ocasión, confirma las sospechas de que la consideración de los estudios críticos referentes a la *novella* pueden ayudar a una mejor comprensión de la narrativa breve de Ramón[9].

«Novella», romance y la «novella» moderna

Si se presta atención por un momento a lo que está ocurriendo en el campo de la narrativa fuera de España, se observa que el surgimiento de la novela corta y las oscilaciones terminológicas expuestas en español coinciden con la época de apogeo de la *novella* moderna en Europa. Al mismo tiempo, es importante mencionar que si en italiano, francés y alemán es posible seguir una trayectoria histórica de una forma narrativa que se resuelve en la *novella* moderna, en inglés y español no sucede lo mismo[10]. La palabra en estas lenguas sufre una dislocación semántica y como consecuencia deja de referirse a lo que evoluciona de la forma original (Gillespie, 119-20; Leibowitz, 10-11). En términos generales, en italiano, francés y alemán, *novela, nouvelle* y *Novelle*, a partir de su origen medieval eran narraciones en prosa de extensión varia. Podían ser muy breves, una o dos páginas, por ejemplo las del anónimo *Novellino* (XV), o más extensas y complicadas como las del *Decamerón*

[9] Es de observar que por esta misma época la palabra *novela* se emplea para referirse a libros que no se conforman con lo entendido como novela tradicional. Por ejemplo, *La voluntad* (1902), de Azorín; *La novela de mi amigo* (1908), de Gabriel Miró; las *Tres novelas poemáticas*, de Ramón Pérez de Ayala (1916), y *Los de abajo* (1915), de Mariano Azuela. Otros escritores, por ejemplo, Unamuno y Borges, rompen por completo con la forma o la palabra, y escriben, el primero «nivolas» y el segundo «ficciones».

[10] Esta sección ofrece un resumen muy simplificado del problema y la evolución de las palabras *novella* y *roman*. La fuente principal para el mismo ha sido el estudio «Novella, Nouvelle, Novelle, Short Novel —A Review of Terms», de Gerard Gillespie. Otras fuentes auxiliares han sido: el *Diccionario de la literatura española*, de German Bleiberg y Julián Marías; el *Diccionario crítico etimológico de la lengua castellana*; el *Diccionario de autoridades*; el libro *La novela corta en la teoría y en la creación literaria*, de Pabst, y el artículo «La novela en los pueblos latinos», de Karl Vossler. A pesar de que la crítica sobre la *novella* moderna estudia de manera convincente dentro de su marco de referencias narraciones como *Carmen*, de Merimée; *The Diamond Necklace, The Legacy* y *Monsieur Parent*, de Maupassant; *Gobseck*, de Honoré de Balzac; *A Simple Heart*, de Flaubert; *Pastoral Symphony*, de André Gide, etc. (Gillespie, 227-28; Leibowitz, 16-20; 39-41; Springer, 161-63); también a pesar de que se observa que los españoles aún hoy día tienden a ver una correlación entre *novela corta* y *nouvelle* (T, 16-17, 21, 22), fuera de los estudios de literatura comparada, las *nouvelles* francesas no se reconocen como creaciones correspondientes a la definición de *novella* que aquí se emplea.

[11] De acuerdo con Pabst es probable que el vocablo *novella* poseyera «en todos los narradores antiguos que escribieron en su mayor parte antes de Boccaccio... la significación originaria de noticia, novedad, y sólo excepcionalmente el sentido literario de narración, cuento o novela» (44).

de Boccaccio [11]. Eran de carácter anecdótico y didáctico, con personajes y acciones representativos de la vida real, ya fueran éstos del pasado o del momento actual. El realismo ficticio, al cual le daban énfasis, era su elemento esencial. Y el carácter y la intención narrativa, no la extensión, eran los factores más importantes para determinar el género. En estas mismas lenguas, *romanzo, roman* y *Roman,* designaban obras poéticas de carácter épico, prosa de caballería y, por último, narrativas populares escritas en *romanice* (lat.), y no en latín, al estilo del *Amadís de Gaula.* Cuando estas obras desaparecen como género, el término se usa a la par de otros más vagos como cuento o historia, para referirse a narraciones no escritas en latín de carácter fantástico, proceso que termina alrededor del siglo XVIII (Gillespie, 120; Vossler, sn).

En inglés y español, por caminos distintos, desaparece el contraste léxico y conceptual entre estas dos palabras y el vocablo derivado de *novella, nouvelle* y *Novelle,* o sea, *novel* y *novela,* respectivamente, se usa para designar obras que caen bajo la categoría de *Roman.* Para llenar el vacío del género que se queda sin palabra, el inglés usa *short novel* o *novellette,* términos que llaman la atención al elemento de la extensión, a la vez que el segundo ha adquirido el sentido peyorativo de narración breve frecuentemente publicada en revistas de poca preocupación artístico-literaria (Leibowitz, 11). El español usa *novela corta.* En español la dislocación ocurre porque la palabra *romance,* con la cual originalmente se nombraba todo lo escrito en lengua popular para diferenciarlo de lo escrito en latín, hacia el siglo XV adquiere un uso específico; designa leyendas heroicas, épicas y líricas en verso del tipo «Afuera, afuera Rodrigo». No pudiendo llamarse *romance* a la prosa ficticia, para ésta se empleó la palabra *novela.* Entonces la palabra se usa para referirse tanto a los libros de caballerías y de pastores, que no cumplen con el requisito de mantener el elemento de lo actualizable, como a otros libros no escritos en verso de dimensión considerable y contenido diverso. Por lo tanto, la palabra pierde su significado restringido de narraciones que le daban énfasis al elemento de la realidad ficticia y lo actualizable con una intención anecdótica y didáctica, aunque este uso se mantiene con resabio de extranjerismo durante el Siglo de Oro. Así surge la difícil cuestión de lo que es una novela y la palabra se transforma en un nombre impreciso que conduce a la desorientación.

Sin embargo, entre los escritores hubo conciencia del concepto originario de la palabra, a pesar de la refundición [12]. También, del conflicto

[12] Gillespie alude a Cervantes, quien escribe en todas las variedades de *novelle* existentes a finales del Renacimiento y emplea la palabra con el significado de *novella* en contraste con libro o historia para referirse a las *Novelas ejemplares* y «El curioso impertinente» (119). A este respecto véanse también: «Prólogo a *El ingenioso hidalgo don Quijote de la Mancha*», de Alonso F. Avellaneda; el «Prólogo al lector» en la *Segunda parte del ingenioso hidalgo don Quijote de la*

que llega a enfrentar no sólo a los creadores y los críticos, rebelando a los primeros contra la coacción de la tradición estético-literaria, sino también al autor con su obra al punto de encubrir o deformar su mensaje artístico ante sus coetáneos o la posteridad [13]. Por lo tanto, si en general la crítica de la literatura pasa por alto las distinciones genéricas, los escritores sí tienen conciencia de la diferencia. Ramón de seguro la conoce, ya que prefiere agrupar todas sus narraciones novelescas usando como denominador común el vocablo *novela,* y de tener que establecer distinciones, en vez del adjetivo «corto», se inclina a hablar de «novela» y «novela grande».

«Novella», novela corta y la extensión como criterio inoperante para definirla

Unido al hecho de la falta de contraste léxico en español entre *novella* y *roman,* se ha observado que Ramón llama novela a narraciones de una extensión muy diversa. También se ha hecho patente que la crítica, ante algunas de estas narraciones, sobre todo en el caso de las más breves, se resiste a considerarlas «novelas» y prefiere llamarlas «cuentos», pero sin el convencimiento de que lo sean, ya que tampoco obedecen a las leyes que rigen el cuento.

Pasando revista una vez más a los estudios sobre la *novella,* se encuentra que éstos dedican un espacio considerable a afirmar que la extensión no es característica esencial de la misma, aunque ésta tienda a ser, en muchos casos, más corta que un *Roman* (Leibowitz, 34). Springer, de modo enfático, afirma que querer definir la *novella* de acuerdo con la extensión resulta «ridiculous», ya que «the 'novella' exists in terms, not simply of length but of some kinds of things it does and in terms of some kinds of beauties which only the 'pint' size contains» (5, 6). Por

---

Mancha, y el «Prólogo al lector», en las *Novelas ejemplares.* El aporte de Gillespie consiste en que relaciona el problema etimológico de la palabra no sólo con la evolución de la *novella* moderna, sino también con el estado de desorientación de la crítica cuando dice que «with a kind of forgetfulness the Spanish recall works like the *Novelas ejemplares* with the older application of *novela»,* y en general «today ignore the generic differences between the lesser and huge narration; each is subordinated under the broad category of novela. Even the Cervantean (sic) romances, *Galatea* and *Persiles y Segismunda,* now come under the ample heading 'novel' (novela)». Con respecto al uso del término *novela corta*: «In the modern period, the term 'short novel' (novela corta) has even been coined, in order to label those shorter fictions which are yet too long to be mere 'stories' (cuentos)», lo cual conduce a un anacronismo en el cual no parece reparar la crítica: «the existence of classical Spanish tales called *novelas* and not *novelas cortas* is a glaring anachronism that causes little concern and prompts scant reflection» (119; véase, además, Pabst, 184-295, especialmente 211, 214).

[13] Pabst prueba que la pugna entre los novelistas y narradores contra afirmaciones teóricas y los mandatos de la cátedra no es un fenómeno moderno (17-53; 292-95).

el lado de lo breve, el criterio de la extensión es inoperante, porque tanto el cuento como la *novella,* cuando esta última es muy breve, se confunden (Gillespie, 127) [14]. Más aún, el uso de *short novel* y *novela corta* da énfasis al punto de vista de la extensión y no a la organización de la materia narrada. La consecuencia de esta práctica ha sido que muchas *novelle* [15] al publicarse en inglés, por ser muy cortas, han sido agrupadas bajo el término *short story,* pero si se tomara en cuenta su organización interna y el efecto logrado, se considerarían *novella* —por ejemplo, *The Diamond Necklace* de Maupassant— (Gillespie, 227-28). Se puede sospechar que en español ocurre algo semejante cuando en el caso de Ramón, él llama «novelas» a narraciones que por su extensión tienden a ubicarse bajo la categoría de cuentos (por ejemplo, «María Yarsilovna» y «La capa de don Dámaso»). Además, tanto el término en español como en inglés, en muchas ocasiones significa sólo eso: una novela de extensión reducida, es decir, una narración con organización de *Roman,* pero relativamente corta en relación con la forma tradicional existente hasta fines del siglo XIX. Por lo tanto, el empleo de un criterio cuantitativo no toma en cuenta el mecanismo interno de la materia narrada y debe ser suplantado por uno cualitativo. Dado el paralelo entre lo expuesto y lo que ocurre con las narraciones breves de Ramón, el hecho de que él mismo evita el uso del término «novelas cortas» para referirse a sus narraciones breves, debe eliminar por lo menos la tentación de quererlas leer como novelas reducidas. De hecho, la crítica ha comprobado que no satisfacen dicha expectativa.

De todo esto se deduce que existen semejanzas entre la *novella* moderna y las narraciones breves de Ramón: por un lado los problemas con que se ha enfrentado el estudio de la *novella* guardan paralelo con los vistos en el examen de la narrativa breve de Ramón (aspectos etimológicos, semánticos y de terminología). Por otro, la crítica en España ha señalado semejanzas entre ambas. Es conveniente, entonces, examinar los puntos teóricos fundamentales sobre la *novella* moderna, ya que en ellos se mencionan características de la narrativa moderna que resultan útiles para el estudio de las narraciones de que es objeto esta investigación.

---

[14] Jarnés registra el mismo fenómeno con respecto al español cuando expresa que «casi desterrado el cuento, se pretendió sustituirlo por la novela llamada 'corta'» (114). Gillespie llama la atención a la variedad en cuanto a la extensión en relación con Cervantes en que «La fuerza de la sangre» es de unas treinta páginas y «El curioso impertinente» es de unas noventa páginas (119).
[15] Ya que el vocablo italiano *novella* es el término empleado en el campo de la crítica literaria, este trabajo utilizará *novella* y su plural *novelle* cuando sea pertinente, a pesar de que Leibowitz propone para el inglés el plural anglizado *novellas* (11).

LA TEORÍA DE LA «NOVELLA» Y LA CREACIÓN
DE LA «NOVELLA» MODERNA

Para el presente trabajo tres fuentes contemporáneas que han permitido comprender la esencia del género han sido «Novella, Nouvelle, Novella, Short Novel? A Review of Terms», de Gerald Gillespie; *Narrative Purpose in the Novella,* de Judith Leibowitz, y *Forms of the Modern Novella,* de Mary Doyle Springer. De estos estudios se desprende que la *novella* moderna es una entidad literaria producto del siglo XIX diferente genéricamente del cuento y del *Roman.* Señalados sus comienzos con Goethe, los orígenes medievales de la forma quedan reconocidos como antepasados lejanos (Gillespie, 122, 126)[16]. De esa etapa prehistórica sin embargo, las características del género que se recuerdan son su carácter anecdótico-didáctico, y su realismo ficticio: enfocaban la atención alrededor de un momento significativo de interés especial sacado de la vida diaria, y tanto los personajes como las acciones eran representativos de la vida real. También es notable destacar la preferencia de los teóricos por las que se concentraban en el aspecto cómico, ya que se alejaban de la fidelidad de los hechos para exagerar y ridiculizar las acciones humanas con un fin didáctico. En suma, las particularidades recordadas de entonces sugieren que desde sus comienzos el carácter y la intención narrativa, no la extensión, eran los factores importantes para determinar el género. En el siglo XIX, los rasgos relacionados con la *novella* se derivan de la manera como la conciben cada uno de los escritores que conjuntamente escriben y teorizan sobre la forma. Ellos añaden, a los ya mencionados, los siguientes: la conciencia de sus autores por hacerla el modelo de perfección artística por excelencia; una estructura narrativa basada en una situación específica ordinaria de carácter insólito; el valor simbólico de la situación específica, y la intención de estimular a vislumbrar una visión total mediante la fusión del simbolismo con un mensaje o afirmación relacionado con leyes universales[17]. También se

---

[16] Concuerdan con esta decisión Leibowitz (19) y Springer (17). A pesar que de los orígenes medievales de la *novella* los creadores de la *novella* moderna admiran los aportes italianos y españoles (Boccaccio y Cervantes), el punto de partida de la crítica tradicional de la *novella* moderna se considera originado en Alemania entre 1830 y 1900 por esos admiradores de Boccaccio y Cervantes. Movidos por una fuerte consciencia artística hacia la forma, entre los escritores que fomentan los estudios críticos se destacan Goethe, Ludwig Tieck, Frederick Schlegel, a quien leyó Ramón (*Ismos,* 213), Paul Heyse, y tras la influencia alemana, los franceses Charles Nodier, Gerard de Nerval y Charles Baudelaire (Gillespie, 120-26; Leibowitz, 14).

[17] La importancia central del símbolo se origina en Goethe (1749-1832), quien lo emplea para aludir a la relación de fuerzas humanas y los impulsos creadores que son capaces de unificar y ordenar. Más tarde, Paul Heyse (1830-1914) ve en el símbolo la llave del principio de composición que da unidad o funde la narración en algo más que una mera anécdota. Lo reconoce como el elemento que obliga

destaca la tendencia a la fascinación estética que resalta el poder visual, la objetivización y nitidez de la realidad observada; una preferencia por las «cosas» de la realidad, y un efecto dramático logrado con la práctica de un punto de transición que cambia radicalmente el curso de los acontecimientos. Las definiciones que intentan precisar la relación entre ésta y el *Roman,* destacan los aspectos en que la *novella* sobrepasa las posibilidades logradas por aquél y subrayan la intención artística de la forma.

Estudios más recientes, los de Leibowitz y Springer aportan nueva luz cuando llegan a la conclusión de que lo esencial de la *novella* es su propósito narrativo, el cual definen desde dos puntos de vista distintos pero complementarios. Para Leibowitz, su fin es estético: es el de presentar un mensaje relacionado con el ser humano o la naturaleza de la condición humana, con brevedad, mediante una economía expresiva rigurosa, de manera que su efecto estético sea uno de intensidad, condensación y amplitud temática, todo esto logrado de modo simultáneo. Por consiguiente, concentrar y ampliar más allá del hecho narrado de manera simultánea, es el rasgo que distingue a la *novella* de otras formas narrativas.

Desde el punto de vista conceptual, Springer afirma que su propósito es el de incitar la inferencia de un mensaje afectivo o consideraciones intrínsecas sobre un tema que tiene como fin despertar la consciencia del ser humano hacia su propia fatalidad (18-53).

Aunque la forma y las técnicas con que se pueden lograr los fines de la *novella* son muy diversos, Gillespie y Leibowitz afirman que existe una dominante (Gillespie, 225-27; Leibowitz, 16-18) [18]. Esta se centra en una estructura medular en la cual se presenta una situación específica que limita la acción a un hecho sacado de la vida diaria, el cual se expone con brevedad y de manera sucinta. De esta situación se desprende un conflicto en que se oponen un personaje que representa una actitud particular de ver la vida, y un símbolo. El símbolo puede estar representado por uno o varios personajes, un animal o un objeto. Por ejemplo, Tadzio, en *Der Tod in Venedig* (Mann), un pez en *The Old Man and the Sea* (Hemingway), un collar de diamantes en *The Diamond Necklace* (Maupassant), unos caballos en *Spotted Horses* (Faulkner). A pesar del carácter aparentemente ordinario de la situación específica, dada la presencia del símbolo, el conflicto que surge de ella resulta ser un hecho

---

a mantener la atención constante en una imagen única específica, y capacita a que la narración genere un mensaje de implicación significativa universal. Según Gillespie: «his famous interpretation of the presence of key things which gave unique character, based on the ninth story of the fifth day in the *Decameron,* prompted a passion for finding the 'falcon' in every true *novelle*» (Gillespie, 124).

[18] Leibowitz y Springer advierten que, a pesar de tratar de determinar y definir técnicas y formas de la *novella,* lo esencial de la misma es el logro de su propósito narrativo, que para la primera es estético y para la segunda conceptual (Leibowitz, 17-18, 34; Springer, 19-53).

insólito. Representa dos aspectos opuestos de una misma totalidad de la experiencia de los personajes y esconde en sí e incita asociaciones temáticas que hacen visible un área de la experiencia más extensa a la narrada, que atañe a la condición humana.

Por ejemplo, el acto de pescar en la vida de un pescador y la pérdida de un collar de diamantes son, en general, actividades ordinarias en la vida, pero, tal como ocurre en *The Old Man and the Sea* y en *The Diamond Necklace,* encierran en sí un hecho insólito. En la primera, el pescador se enfrenta con un pez de una magnitud extraordinaria, recargado de simbolismo. El pez puede representar al mismo tiempo la fuerza y la debilidad vitales, y la situación, el rito del sacrificio como fuente de vida. En la segunda, el collar se puede asociar con el éxito, la ruina, el brillo y la falsedad en el nivel social y personal.

La situación específica, por su valor simbólico, es el eje de la narración porque mantiene la atención de manera constante en una sola idea a lo largo de la misma. Contribuye a darle cohesión a la narración, y al mismo tiempo incita ramificaciones temáticas muy amplias que se resuelven en un mensaje de carácter universal. El mensaje, derivado de la solución a que llega la resolución del conflicto presentado en la situación específica, se intuye y sirve de principio temático unificador a un contenido que se expone de manera desconectada y poco convencional, el cual se relaciona con un área de la experiencia humana que va más allá de lo narrado.

Para que la *novella* logre el efecto de concentración, intensidad y amplitud temática de manera simultánea, esta estructura medular se presenta auxiliada por dos maneras de tratar la narración, que se complementan entre sí. Estas son, una, la presentación de la acción mediante una estructura recurrente y la presentación del tema, por medio de complejos temáticos.

La estructura recurrente se basa en episodios ilustrativos distribuidos de manera fragmentaria, que enfocan la situación desde distintos ángulos. En dicha estructura, la idea, problema o conflicto de que trata la situación específica se afianza sin necesidad de incurrir en el desarrollo pormenorizado de la materia narrada. Eso ocurre por medio de episodios que tienen como propósito expresar con gran economía e intensidad una verdad cuyo significado rebasa los límites de lo narrado. Los episodios están seleccionados cuidadosamente de manera que ilustran momentos representativos de cierto orden natural que se percibe en el mundo y se extraen de una totalidad tácita que se da por asumida y a la vez la resumen. Pero estos episodios no se presentan en secuencia progresiva. No hay planteamiento causal. La atención del lector se mantiene fija en la idea central mediante la presentación del asunto por momentos claves. Los episodios repiten situaciones paralelas, que en una construcción sencilla pueden ser, por ejemplo, el principio o el fin de una aventura o un viaje; o el primer y último paso en la solución de un misterio, es decir, situaciones que representan aspectos opuestos o complementarios relacionados con el hecho insólito. Ellos vuelven básicamente, exploran, corroboran y completan lo que se quiere demostrar como verdad de la narración desde distintos ángulos. De esta manera, el conflicto inherente a la situación específica se afianza sin necesidad de incurrir en relatos complicados. Las cosas suceden paso a paso, incidente tras incidente, conectadas, no por necesidad argumental, sino en secuencia temporal. De episodio a episodio se puede ir formando un mosaico que, una vez completo, incita a la revelación de un mensaje, el cual se ha ido sugiriendo y afianzando a través de los episodios (Gillespie, 225-27; Springer, 37-42). Por lo tanto, más que un argumento, lo que se presenta es una línea narrativa que se diluye con episodios inconexos expresados en un lenguaje recargado de alusiones y asociaciones significativas. La intención es la de mantener la atención del lector enfocada en una idea fija —no los acontecimientos o los personajes en sí mismos— y alcanzar un efecto de intensidad y condensación a pesar de una presentación breve.

El esquema de estructura episódica recurrente puede operar bajo un patrón bastante definido, formado de secciones internas que no guardan necesariamente relación con los capítulos externos en que se haya dividido la narración. Aunque no existe una forma única, un esquema frecuente empleado por la *novella* muestra una primera sección formada de una exposición, complicación y conclusión, que sirve de exposición a toda la *novella*. Esta sección presenta a los personajes en una situación específica que se complica y concluye en el reconocimiento o revelación, presentado en tres o cuatro líneas, de las consecuencias a que lleva el proceder del personaje.

La primera sección, que se basa en impresiones e ideas preconcebidas por parte de los personajes, va seguida de un reexamen donde se vuelve sobre la misma situación más de una vez por medio de varios episodios inconexos que la exploran desde distintos ángulos. El fin es examinar bajo otras circunstancias la situación inicial y contribuir a que de ese examen se desprendan implicaciones universales. El reexamen sigue los mismos pasos que la primera sección, pero esta vez, la experiencia es vivida y actuada por los personajes. En realidad, es una repetición que funciona a modo de desarrollo, sin hacer un análisis extenso y detallado de la situación, que afianza los motivos ya establecidos. Esta segunda sección se inicia con una recapitulación breve de la situación, de otras tres o cuatro líneas, que reitera el resultado del fin de la primera sección, y constituye la exposición de toda la *novella* (Leibowitz, 73-111). La exposición se anuncia con un cambio sutil de la situación original, el cual señala el comienzo del reexamen y exige someter a prueba las primeras percepciones del personaje. El cambio, presentado de modo gra-

organización en que todos los elementos —situación específica, estructura fragmentaria y recurrente de episodios ilustrativos, y grupos temáticos—, se relacionan íntimamente. De esta forma, logra una unidad que es resultado de una coherencia orgánica interna y crea una visión compacta, intensa y de múltiples perspectivas, con brevedad. Esta presentación, ajena de hilación causal, y el uso de un lenguaje recargado de alusiones que sugieren en vez de revelar abiertamente, contribuye a la reacción desconcertante que puede originar una *novella* si se espera encontrar en ella un tratamiento narrativo convencional.

A la par del enfoque que se concentra en el fin estético de la *novella,* para Springer, desde el punto de vista conceptual, el propósito de la *novella* es incitar la inferencia de un mensaje afectivo o consideraciones intrínsecas sobre un tema que tiene como fin provocar ideas que hacen consciente al ser humano de su propia fatalidad (9). De acuerdo con esto, todos los recursos y técnicas empleados se concentran en destacar dicho mensaje. Por ello, la *novella* evita que la atención del lector se centre en la trama o en los personajes y con el fin de subordinarlo todo al mensaje, inclusive el asunto narrado, prefiere emplear la presentación de episodios de manera desconectada y poco convencional, a lo máximo entrelazados mediante una línea narrativa (42, 53). Este propósito conceptual es el que dota a la *novella* de su carácter didáctico y, si por un lado la intención última de la narración es destacar ese mensaje, por otro, la *novella* procura cumplir con ciertas exigencias del gusto moderno tales como: encontrarle sentido a la vida, pero mediante una forma que rechaza la declaración obvia, las representaciones directas y el sentimentalismo [21]. Para cumplir con estas exigencias, el mensaje se caracteriza por su calidad intuitiva. Puede o no estar expresado, y en la mayoría de los casos lo está, pero de modo sutil. En muchas ocasiones, una vez captado, se puede reconstruir releyendo el texto y extrayendo de él líneas que se han presentado dispersas a lo largo de la narración. Por la misma razón, la *novella* le da mucha importancia al modo de narrar. Pero lo hace de una manera especial, y depende en gran medida de la sugerencia y la intuición para alcanzar sus efectos, a tal extremo que exige una participación activa por parte del lector y el valerse de

---

[21] Springer establece una relación directa entre la *novella* y la fábula o apólogo tradicionales y le da énfasis al aspecto didáctico de la *novella* moderna (9). Es importante recordar que de la prehistoria de la *novella* moderna perduraron, y merecieron la atención de los críticos modernos, las que con un tono cómico dejaban de ser fieles a la «realidad», ridiculizaban hasta la exageración y acentuaban acciones humanas reveladoras de las flaquezas humanas, con la intención de que el hombre aprendiera de ellas verdadera sagacidad (Gillespie, 121; T, 27). Conviene mantener presente esta asociación de la *novella* y el aspecto didáctico combinado con la exageración y el humor, dada la naturaleza y la intención de un grupo de narraciones breves de Ramón, como se verá más adelante en el capítulo cuarto de este trabajo.

inferencias para sugerir el mensaje sin declararlo de manera obvia (48). Esto lo consigue la *novella* mediante una prosa que oscurece deliberadamente la caracterización de los personajes, disminuye la importancia de la acción, y se presenta altamente estilizada mediante una dicción detallada. Y para mantener el efecto de que se mueve dentro de la realidad inmediata, trata la acción de manera que bordee entre lo ilustrativo (apólogo) y lo representativo (acción). Al mismo tiempo, los personajes deben proyectarse de manera que sean símbolos sin parecerlo [22]. Así se explica el juego simbólico entre la situación específica y la cosa ordinaria, y la presentación de la acción mediante episodios ilustrativos.

Entre los recursos más frecuentes de la *novella* sobresalen entonces los que el autor emplea con la intención de atender a las exigencias del gusto moderno y permiten los fines estéticos y conceptuales de la misma. Por ejemplo, la práctica de darle a las narraciones títulos de carácter generalizador que favorecen la amplitud interpretativa, tales como *The Man and the Sea* (Hemingway), *The Man who Studied Yoga* (Mailer), *The Woman who Rode Away* (Lawrence). La práctica de ubicar la narración en escenarios que frecuenta la humanidad en su diario vivir y que se reconocen por ser tradicionalmente simbólicos: el café, la prisión, el teatro, etc. Y la presentación de los agentes de la acción, a pesar de su naturaleza aparentemente ordinaria, mediante un estilo recargado de alusiones e imágenes asociativas para resaltar su función simbólica. O sea, recursos que se concentran en las cosas o lo cotidiano para objetivar aspectos profundos de la realidad, extrayendo de lo ordinario todo el valor simbólico posible que ayude a destacarlos.

Entre los preferidos para mantener la atención en el mensaje Springer menciona los que tienden a crear una distancia emotiva entre el lector y los agentes de la acción. Por ejemplo, su caracterización resulta de una o dos dimensiones, se les nombra con insistencia mediante epítetos, carecen de nombres propios, o se les da un nombre cargado de significado para que la atención se centre en ese significado. La misma función distanciadora se logra deshumanizando o animalizando al personaje con símiles de una intención precisa; por ejemplo, Lawrence en *The Fox* convierte a Jill en una especie de gallina. O evitando concentrar la atención en un solo personaje, diluyéndola entre dos o más (41). El distanciamiento es tan importante en una *novella* que es imposible hablar de protagonistas o personaje principal. Los personajes no se presentan como tales, sino que son agentes de la acción al servicio del mensaje.

Otros recursos son de carácter unificador. Ya que la forma de expresar lo narrado y los personajes no llenan la función de dar cohesión en-

---

[22] Así se puede explicar también el tenor moderno según Richard Winston de que «a symbolic fiction must be provided with the most realistic foundations» (232).

tre la situación y el significado simbólico, otros recursos sirven dicho propósito. Entre los más frecuentes, Springer menciona el empleo de una prosa recargada mediante la repetición de palabras e imágenes. También los ritos y efectos improbables, los cuales se usan con la intención de acentuar de modo arbitrario, mediante lo brillante de su exotismo, características que contribuyen a dar con el mensaje. Al nivel del estilo, la imagen es un elemento unificador tan indispensable que se considera el mensaje afectivo de la narración (45-46).

Finalmente, es necesario señalar el papel del narrador en la *novella*. Con frecuencia está en tercera persona y en ocasiones en primera, identificándose con el autor. Su función es la de orientar el lector mediante comentarios y anuncios, a veces sutiles, a veces desconcertantes, a cómo interpretar lo narrado. El narrador contribuye a darle unidad y coherencia a una narrativa donde la manera de presentar los hechos y los personajes no cumplen esa función. También, evita el sentimentalismo. Aunque los hechos que se presentan en una *novella* por lo común son dolorosos —los episodios y los agentes de la acción revelan las debilidades humanas—, el lector, al permanecer a distancia, antes que identificarse con el mundo narrado y sentirse desesperanzado, puede hacerlo con el que los expone, el narrador, quien es una mente capaz de pensar y planear (Springer, 46-48).

Tras este resumen se puede concluir que la crítica literaria relacionada con la *novella* comprueba la presencia de peculiaridades y características poco convencionales que coinciden con las idiosincrasias atribuidas a las narraciones breves de Ramón: estructura inconexa, ausencia de argumento, escamoteo de la realidad, poca elaboración e imposibilidad de encontrarles un significado satisfactorio pleno si se leen de modo tradicional. Ante lo patente de estas coincidencias, es ventajoso explorar las declaraciones que Ramón ha hecho sobre su narrativa para ver si se encuentran paralelos entre su manera de concebir la narrativa breve y la teoría de la *novella*.

LA TEORÍA DE LA «NOVELLA» Y LA TEORÍA NARRATIVA DE RAMÓN

La intención se ha hecho limitada. Se ciñe a un tema y lo agota, excavándolo en surcos madrepóricos. *Senos, El circo, Muestrario,* son libros urdidos por un procedimiento madrepórico. Muestran un asomo de argumento, una intención constructiva, aceptan la limitación de un tema, aunque llenándola luego de largas perspectivas. Estos libros son, en realidad, prismas que nos muestran todos los aspectos de un tema, con una diversidad de visión y una simultaneidad, que a veces recuerdan ciertos instantes de ese arte cubista que nos dejan entrever los ballets rusos.

... ...

Después de asir y fijar lo que los caricaturistas llaman en su argot el punto característico, ese centro de gravedad de la caricatura, que unas veces está dentro y otras fuera del dibujo ... Gómez de la Serna se entretendrá, se complacerá en fijar otros momentos, otros aspectos menos interesantes, que serán, sin embargo, divertidos, o completarán la visión primera, o mitigarán su afecto acerbo, como ese perrito que hay en algunas caricaturas modernas. La visión de la cosa se desdoblará así en una sucesión de momentos, se asemejará a la cinta de los caleidoscopios, y corresponderá, en el orden a las asociaciones y disgregaciones lógicas, a las antítesis y antinomias de los humoristas intelectuales. Resultará así, y esto es lo interesante por ahora, que una obra formada de trazos fragmentarios, intencionados y rotos, tendrá al fin la perfección detallista de la antigua pintura, el lujo de menudos pormenores y la plenitud en lo mínimo de los lienzos de los primitivos y de sus tablas recargadas. (*Libro nuevo*, 155, **164**)

Aunque Cansinos Assens no se refiere a la narrativa de Ramón, en estas palabras sintetiza los rasgos esenciales sobre su modo de escribir alrededor de 1920. Expresiones como el «centro de gravedad de la caricatura ... unas veces ... dentro y otras fuera del dibujo ... asomo de argumento con intención constructiva ... trozos fragmentarios ... aspectos de un tema con diversidad de división y simultaneidad ... excavándolo en grupos madrepóricos», ofrecen paralelos con los efectos de intensidad, amplitud temática y coherencia orgánica a partir de una idea nuclear y la presentación de aspectos relacionados con ella por medio de episodios fragmentarios representativos, que se señalan como rasgos esenciales a la *novella*.

Es significativo señalar entonces, que a través de sus propias declaraciones teóricas, al definir lo que para él es literatura, Ramón coincide con la definición y los propósitos que le atribuye Cansinos Assens, los cuales a su vez coinciden con los que se consideran más acertados para alcanzar los fines de la *novella*[23].

A pesar de que los comentarios acerca de su narrativa aparecen de modo disperso a lo largo de su abundante creación literaria, de sus declaraciones es posible inferir sus propósitos narrativos, su estructura preferida, la razón de dicha estructura y un número selecto de recursos que resultan adecuados para esos fines.

---

[23] Ramón desde sus comienzos expresa la intención de dedicarse a una literatura nueva. Concibe la creación literaria como algo orgánico y vital, sometida al fluir constante de la vida y, por lo tanto, incapaz de ser encasillada bajo la concepción de género y las reglas estilísticas provenientes de la estética y la crítica literaria convencionales (*Morbideces*, 17-18; 50-57). Ramón insiste en estas ideas constantemente desde *Morbideces* hasta el «Prólogo a las novelas de la nebulosa». Véanse: Concepto, 2-4; 13, 14, 17, 18; *Muestrario*, 16, 19; *Libro nuevo*, 57, 129; Isodore Ducasse, 5-32; Mari, 183; Novelismo, 357; Novelismo, Poseidón, 272, 373; Prólogo, nebulosa, 11-12. Al citar «Novelismo» se emplea la versión de *Ismos* publicada por Biblioteca Nueva, 1931, a menos que se indique de otra manera.

Propósitos de la narrativa de Ramón

Semejante a la *novella,* y sin reparar en la extensión, Ramón señala un fin conceptual a su narrativa. Ve en éste «la esencia de la novela», «corta o larga», porque está a tono con la nueva literatura, que le da énfasis primordial «a lo que se diga» en un momento en que «todos los géneros literarios se han hecho *pensadores*», o resultan «un pretexto para hacer filosofía», mientras la filosofía se inclina más y más a ser literatura (Novelismo, 351; Concepto, 6-7, 11, 14).

El contenido del fin conceptual, también a tono con el concepto de la nueva literatura y la *novella* moderna, es de una preocupación humana. Intenta representar la vida dándole un sentido y una forma hasta entonces no empleados. El propósito es dejar «vivir más» y, al hacerlo, «animar con la lectura la inconsciencia» del lector para que dude de todo lo que hasta entonces ha tenido por real y despierte a una verdad que está fuera de las reglas heredadas (Libro nuevo, 38; Novelismo, 351).

En *El novelista* (1923), Ramón reitera lo dicho. Habla de su novela *Todos,* como su primer intento por «hacer una novela en que la vida entrase sin tesis y sin ser sectorizada ni demasiado individualizada», para acercarse a la misma con más fidelidad (154). Años más tarde, al referirse a ella, la recuerda como obra en que «está ya el atisbo de esta realidad desesperada» más allá de la aparente (Prólogo, nebulosa, 8, 12).

Para comprender lo que implica acercarse a la vida con más fidelidad, Ramón explica que la novela debe presentar la vida en toda su «unidad compleja», o sea, «en su verdad», teniendo presente los «mil aspectos de lo real». Y sin negar la fase de los anhelos y las ilusiones como parte de esta realidad, subraya que la novela debe revelar «cómo nos ataca el mundo confuso de hoy» y en una mezcla de «ilusión y realización de lo que debió suceder y de lo que sucedió» ir más allá de la norma para mostrar, «en mayor libertad de prejuicios ... en imágenes audaces y claras», «la intrascendencia del hombre», y «la noción justa de la muerte», único modo de apreciar su verdadero sentido y compensar al ser dividido (Prólogo, nebulosa, 15; Novelismo, 352-53). Es decir, debe dejar ver al hombre que existe y se oculta detrás del ser social: el primario, vulnerable en su condición humana y vital, ante las fuerzas inexorables que lo rodean en medio de la vida moderna (Novelismo, 352, 353, 355). Insiste en que hay que:

> dar ... más diafanidad al barro originario ... presentar, en estado de paroxismo del decir y del ser, al hombre siempre antediluviano en los valles inmensos de un tiempo, a la vez primero y último. (Novelismo, 355, 357)
> ... ...
> ver por encima de la Historia el correr siempre presente de la vida. (Doña Juana, seis, v, vi)

... ...
compensar la acidez y la desgana del estado apático en que les ha sumido
[a los hombres] el mundo idiota y falaz. (Prólogo, nebulosa, 14)

En esta intención de la novela por tratar de reflejar la realidad, Ramón
la compara con un laboratorio donde el escritor puede crear situaciones
vedadas por la norma para vivir y experimentar alternativas que acerquen
a comprender el misterio de la vida y la condición humana: es «un
ensayo sin responsabilidad que puede intentar todo el que quiera, para
ver si da con el sentido de su tiempo» (Novelismo, Poseidón, 373).

En términos de la *novella,* se trata de hacer consciente al ser humano
de su propia fatalidad (Novelismo, Poseidón, 374)[24].

La novela corta y los fines estéticos de Ramón

Ramón manifiesta abiertamente preferencia por la novela corta para
cumplir su fin conceptual abogando a favor de ella sus aptitudes para
presentar la vida con brevedad. En «Novelismo» dice:

> Hay las novelas cortas y las novelas largas.
> Las novelas cortas son las novelas de la lealtad, las novelas en que el
> lector se divorcia del asunto cuando el divorcio es ya conveniente.
> Las novelas largas sólo por excepción dejan de ser un largo matrimonio.
> Pudieron ser cortas y hubieran sido perfectas, pero hay muchos lectores
> aún que quieren cosas eternas.
> Yo en cada novela corta emprendo con fe una nueva vida, pero no
> voy tan lejos que asesine de cansancio al que me siga. La vida queda vis-
> ta pronto y a otra vida. (Novelismo, 351)

Además afirma que a la par de la brevedad, la novela corta ofrece la
posibilidad de crear un efecto de amplitud temática a partir de una forma de expresión compacta cuando declara que «por las novelas cortas
se asoma el que lee —y el que escribe—» «en un tiempo angosto y retra-
sado», «a ventanas distintas», a «figuraciones más anchas», y a «límites
superiores» para ver la vida «con mayor amplitud, ... en imágenes audaces y claras» (351, 356, 352-53).

El mensaje y el papel de la intuición

A pesar de lo importante del propósito conceptual, guardando semejanzas con la *novella* moderna, Ramón evita las declaraciones abiertas.
Reconoce que «el lector de hoy, mucho más sagaz que el de antaño,

---

[24] Véase también *Novelista,* 390, 144, 146, 155, 170, 245, 225; Espasa-Calpe,
109. En *Muestrario,* al referirse a la misión de la literatura, Ramón escribe: «Hay
que entrar en el estudio impuro de la vida, ver como (sic) se descompone la vida
detrás de la vida, contrastar y desbaratar las cosas de tal modo, que no tengan
su rigor excesivo de cosas inmortales y divinas» (20).

comprende a dónde va a parar la novela y qué caminos seguirá cuando se esboce cualquier conflicto tópico». Por lo tanto, prefiere seguir «la ruta de lo inesperado, ... distribuir bien la magnitud de cada episodio inesperado, y encontrar la armonía y la lógica de lo inesperado» porque así se «puede llegar a los mayores atisbos de realidad» (Novelismo, 351, 355). Mediante esos episodios, «sin tomar forma de predicación, sino las más estrafalarias formas de misterio», persigue, como por «catálisis», despertar asociaciones acerca de cierto orden que se percibe y se extrae de una totalidad tácita que se da por asumida (Prólogo, nebulosa, 13, 15, 16). Declara que «no se debe recoger en la novela nada más que lo que nos ha instigado mucho y, por lo tanto, no es ajeno a las vertientes que nos rodean a todos en el valle de la inspiración» (Novelismo, 352). De esta manera, en todos los episodios, puede reconocerse lo que se va diciendo y puede tenerse la esperanza de alcanzar un despertar de la consciencia, ya que en todos hay «un traslucimiento central» que permite «una revelación» en que se pueden vislumbrar «mayores atisbos de realidad» (Novelismo, 352-55; Prólogo, nebulosa, 15). Estas declaraciones sugieren que el mensaje, antes de aparecer expresado de manera lógica y explícita, depende en un grado considerable de la intuición y lo afectivo para manifestarse.

Estructura narrativa

En cuanto al tratamiento del asunto y la distribución temática, se ha señalado que la *novella* prefiere organizar el asunto mediante una estructura basada en episodios ilustrativos y recurrentes, expuestos de manera fragmentaria, y el tema mediante complejos temáticos para causar sus efectos estéticos de intensidad y amplitud significativa de manera simultánea. Ramón, por esa adecuación entre vida y literatura que predica, ve en la asimetría y el desarreglo el mejor medio de expresión (Concepto, 13) [25]. Piensa que al emprender una obra «no hay ni necesidad ni deber de principiar por ningún lado» en particular. Que la prosa y las ideas deben gozar de cierta libertad para estimular ideas en grupos asociativos de significado abierto, ya que ésta es la única manera de generar revelaciones intuitivas: «de dejar intersticios» para «entrever» o «sugerir algo», al captar la tontería, la incongruencia, o las «oposiciones» múltiples y contradictorias de que está compuesto todo; y siendo leales

[25] James H. Hoddie señala ya en la primera biografía de Ramón la existencia de una estructura de coherencia orgánica interna (Sentido, 333-34). Benjamín Jarnés explica el tipo de coherencia que usa la nueva literatura tanto para la novela grande como para la corta a raíz de la obra de Ramón, de la siguiente manera: «No se trata de la coherencia que busca el lector sencillo, a caza siempre de cotejos de su realidad con la realidad del creador, sino la singular coherencia de cada estructura donde los órganos vivos realizan separadamente su función asimiladora y recreadora, ajustándola al ritmo total» (112).

a la verdad, dar, posiblemente, con la «sensación ... de nuestra verdadera informidad» (*Muestrario*, 14, 15, 17-18; *Libro nuevo*, 6).

Refiriéndose de modo específico a la narrativa, él insiste en su inclinación por el empleo de una estructura desarticulada para dar con una pluralidad de perspectivas. En *El novelista* se lee:

> Desde que sintió la vocación de novelista había comprendido que un verdadero novelador necesita encontrar las perspectivas de la ciudad desde distintos sitios, llegando a ser de ese modo distinto novelista y distinto personaje del arte de novelar en distintos cuartuchos con balcón a otras luces y a otros barrios. (52)

En la misma obra favorece la novela de «aire arbitrario» ajena a «la cordinación (sic) cortés», y «la fórmula urbana» como mejor medio para expresar esa pluralidad de perspectivas e incitar la reflección de verdades sobre la vida con mayor fidelidad (*Novelista*, 143, 170). El piensa que «en toda novela nueva hay un traslucimiento central que puede convidar a leer su capítulo X o XXIX», y, por consiguiente, «el orden de los capítulos no acabaría por alterar el producto» (Novelismo, 252; Prólogo, nebulosa, 15; frases parecidas en *Novelista*, 215) [26].

Más bien, este desorden sirve de estímulo para incitar a la contemplación reflexiva. Ramón reitera lo mismo con ideas similares frecuentemente. Por ejemplo, cuando opina contra «los libros de argumento seguido» (Prólogo, nebulosa, 15; *Doña Juana*, seis, ii). También cuando señala que todo novelista debe ser «un poco desgalichado» y «obrar por momentos interesantes» en una «mezcla inesperada de las cosas», o por «caminos transversos», si quiere «lograr un claror», para «conseguir dar unidad a la novela desunida del mundo», o el sinsentido de la vida (Novelismo, 356; Prólogo, nebulosa, 8, 10, 15).

La situación específica y lo cotidiano

La *novella* atribuye su unidad a una cohesión orgánica interna que surge gracias al enfoque constante de la narración en una situación específica, basada en un hecho sacado de la vida diaria. Ramón otorga una función semejante a lo común y corriente cuando identifica lo cotidiano con la anécdota y le otorga el papel de eje significativo y estructural de la expresión, al elaborar su teoría de la anécdota. En «El concepto de la nueva literatura» se forja un lenguaje para destacar una oposición

---

[26] La cita completa es: «en toda novela nueva hay un traslucimiento central que puede convidar a leer su capítulo X o XXIX, pues habrá en ellos una meseta de contemplación desde la cual puedan verse los nuevos hipódromos de las horas futuras» (Novelismo, 352). Estas ideas, expresadas por Ramón en 1931, convidan a pensar en obras más extensas suyas, a saber: *El incongruente* o *El hombre perdido*. Y fuera del mundo ramoniano, en *Rayuela*, de Cortázar. (Véase también T, 38-39.)

entre lo convencional y lo cotidiano, con el fin de valorar los hechos de la vida diaria como materia novelable. Denomina a lo convencional, lo usual literario; y a lo común y corriente, lo cotidiano literario. De esta oposición se desprende que, lo usual literario, exalta todo aquello que se acepta por costumbre y, por lo tanto, ha adquirido fuerza de ley: lo épico, lo grandioso y lo normativo. Pero lo usual literario, por estar basado en exaltaciones y prohibiciones, al negar lo verdaderamente humano, no es fiel al verdadero sentido de la vida y hace imposible la misión de la literatura de ser medio de compensación del ser dividido y permitir el despertar de la consciencia. Por el contrario, lo cotidiano literario penetra en lo que está más allá de lo acostumbrado. Fija la atención en lo pequeño, lo vedado por la costumbre como materia literaria, y destaca la fase instintiva, vital y finita del ser humano, la cual considera imprescindible para dar con el sentido completo de lo humano y de la vida. Además, por no ocultar sino más bien reconocer el aspecto primario del ser humano, es capaz de hacerlo vivir una vida más plena y verdadera, que mediante la literatura, lo compensa y reintegra a la totalidad (Concepto, 16-17) [27].

Más tarde al referirse a la biografía, Ramón identifica lo cotidiano literario con la anécdota. Ya que las anécdotas le prestan atención a todo aquello considerado insignificante y sin trascendencia como lo pequeño, el detalle sencillo, y lo inédito, las considera evocadoras de vivencias comunes a todos. Y porque las anécdotas tienen esa fuerza cohesiva, ve en ellas lo medular significativo, el «ritmo del corazón» el alma afectiva de la obra, lo que la «hace orgánica», y la dota de «elocuencia», y sensatez (John Ruskin, LXX). Por lo tanto, piensa que con ellas puede expresar con brevedad y en forma fragmentada, sin sujetarse a la «vanidad del estilo biográfico», en «dos o tres cosas, ... quizás un poco incongruentes entre sí, ... lo únicamente preciso», y lo esencial humano: lo «más entero y verdadero», y «la gran palpitación de la vida», que es lo que «interesa» (John Ruskin, XXIX-XXX; Suicida, 78-79).

También afirma que la anécdota, por tratar de lo «sencillo y lo cotidiano», al ser «emoliente e igualatoria», ubica al ser humano dentro de su perspectiva vital. Por consiguiente, lo hace «verdaderamente verdadero», y lo compensa al darle valor dentro de su condición, haciendo perdurable su «figura mortal» dentro de la intrascendencia y el momento de vida a que pertenece (John Ruskin, LXXIX) [28].

---

[27] Las bases del concepto de lo cotidiano y lo usual literario aparecen en *Morbideces* (1908). Allí Ramón identifica bajo «hipérboles» a las estructuras e instituciones creadas por el hombre para poder convivir en sociedad (38). Estas mismas ideas se repiten en *Nuevos retratos contemporáneos* (1941) (10). Véase también Hoddie, El programa, 134-35.

[28] Para una interpretación de la teoría de Ramón sobre la anécdota como medio «para comunicar lo que permanece más allá (o detrás) del texto, lo orgánico,

El valor narrativo de la anécdota es tal que si al escribir sobre un «gran hombre» del modo convencional no se puede encontrar documentado el dato sencillo o íntimo para rescatar su verdadera esencia, es necesaria inventarlo: «o aparece espontáneamente o se inventa» (John Ruskin, LXIX).

De estas declaraciones se desprende que para Ramón lo cotidiano literario, semejante a la situación específica en la *novella,* es un recurso que brinda la posibilidad de lograr la unidad orgánica de la narración, contribuye a dar una visión total sin un desarrollo detallado ni ordenado, y permite el despertar de la consciencia humana hacia su propia fatalidad mediante la evocación de vivencias.

Aunque Ramón sienta los principios sobre la teoría de la anécdota en relación con la biografía, el valor de lo cotidiano literario también surge relacionado de modo directo con su narrativa, sobre todo en el «Prólogo» a *Doña Juana la Loca (Seis novelas superhistóricas).* Allí, para explicar narraciones donde se mezclan biografía, historia y ficción, trata personajes históricos y legendarios a la luz de un hecho corriente en que no repararía la historia, pero que se puede suponer posible fondo primigenio que motivó las acciones que les dieron fama. Declara que liberado de los «límites» y «elementos intransferibles» que empobrecen a la historia, improvisa y «mezcla lo que no sucedió ... con lo que sucedió» para tratar de dar con el verdadero «fondo de la Historia, su drama, sus ráfagas, sus mentiras que son verdades y sus verdades estultas», y dar con una visión del «correr siempre presente de la vida» (i, iii, vi). Ramón desvirtúa el hecho histórico con que se recuerda a estos personajes. Exagera sus posibles inclinaciones triviales e irracionales; sus pasiones, miedos, supersticiones, etc. Le da énfasis a «lo primíveo», innato a ellos, para subrayar que a pesar de su fama, son mortales y carecen de una posición privilegiada dentro del concierto universal (iii). Y con estos datos carentes de grandiosidad o heroicidad, Ramón intenta hacerlos perdurables al ubicarlos en una perspectiva humana y vital.

Recursos narrativos mencionados y favorecidos por Ramón

Mediante lo que expresa Ramón al opinar sobre el novelar, los recursos que él considera importantes para apoyar su estructura narrativa y su visión sobre algún aspecto de la vida, al igual que en el caso de la *novella,* se concentran en dos propósitos. Uno, el sugerir en vez de declarar, y otro, procurar que la atención se mantenga presente en todo momento en lo que se dice. Ramón expresa preferencia por la particu-

lo mortal, lo humano», que hace perdurable al hombre, véase Hoddie, Sentido, 297-334, especialmente 309-12.

larización y la exageración, la imagen, la repetición exagerada, el predominio del detalle, lo inesperado, la contradicción y el humor.

Ramón habla de que «todo debe estar distribuido en la novela con gran cuidado, sin exagerar dentro de la exageración, pues sólo por dar un paso más resulta imperdonable lo que ya era una audacia que casi no se podía exagerar». Trata de procurar que «todo, hasta lo más inverosímil y arbitrario» cause la impresión de moverse «con naturalidad», evitando lo obvio. Y para encontrar este equilibrio entre sugerir mediante la exageración y dar la impresión de naturalidad, muestra preferencia por la particularización en combinación con la exageración (Novelismo, 356, 352). Esta práctica es evidente en *El novelista* cuando comenta que su héroe, ante la única novela corta que se discute en el texto, «exageraría en varios capítulos» el carácter de «Cesárea», el personaje de la supuesta novela corta, sin describirlo de manera explícita, para, después, «particularizar» en un episodio, con brevedad y sin declarar, con la intención de ilustrar el problema central, su «tristeza infinita» (24, 25, 27).

Con la imagen, su intención es distribuir un torrente de referencias asociativas alrededor de una idea y con «las más dudosas palabras, las que no se esperaban» plantear sin expresar directamente lo que quiere decir (*Novelista,* 143, 190). El empleo de la imagen es tan preponderante que, a pesar de que la *novella* es notable por la falta relativa de diálogo para mantener una distancia emotiva entre lector y personaje, Ramón afirma que el diálogo es «el verso de la novela». En efecto, sus personajes hablan en greguerías. Así, se sirve del diálogo como vehículo para, a través de los personajes, crear imágenes (Novelismo, 356). El efecto es un diálogo antinatural que da como resultado lo que pretende la ausencia de diálogo: el distanciamiento y al mismo tiempo la multiplicidad de imágenes que contribuyen a sugerir el mensaje de una manera tácita. También, crea complejos temáticos que suscitan numerosas asociaciones relacionadas con el mensaje y lo dotan de un significado que va más allá de los límites de lo narrado. La imagen, por lo tanto, antes que ejercer un efecto contraproducente, posee una función esencial en su narrativa (T, 18).

Con la misma intención de sugerir sin declarar de modo obvio y poder hacer resaltar el tema con economía, Ramón se manifiesta a favor de la repetición de «a veces ciento cincuenta veces repetida una palabra en media página» y el predominio del detalle a tal punto que perjudique el argumento. Cuyo efecto es precisamente ése: al igual que la *novella,* disminuir la importancia del argumento, y al darle predominio a lo que parece «sobrante» hacer que el tema adquiera proporciones superiores y rebase los límites textuales (*Novelista,* 145; Prólogo, nebulosa, 9; Novelismo, 355).

Aunque un punto de transición estructural irónico no es esencial a la *novella,* un viraje inesperado e irónico fue práctica popular entre los escritores de *novella* a fines del siglo pasado. Además, sí es propio de la *novella* que a partir de un reexamen se presenten detalles inesperados los cuales se resuelven de manera gradual en una conclusión que implica una inversión (T, 30-31, y Leibowitz, 79-89). Coincidiendo con ambas prácticas, Ramón se vale de lo sorpresivo irónico en sus conclusiones. Con ello crea un efecto dramático que opera en combinación con un viraje gradual mucho más sutil en el transcurso de la narración, y encamina a una conclusión que sirve de apoyo a un propósito conceptual bien definido. Este viraje sorpresivo es fundamental a su estructura personal y está en armonía con la relación entre estructura y mensaje en sus narraciones breves. Se encuentra a dos o tres párrafos antes del fin de la narración, en el momento en que tiene lugar el cambio estructural o punto de transición común a toda narrativa y que conduce a la conclusión de la misma. Ramón lo aprovecha para infundir una visión contradictoria de la vida, de manera tácita, que concuerda con su afirmación de que «lo que debe caracterizar al novelista es ... que anda por tejados de extrema verdad» para regalarle al lector lo que éste necesita más: «lo inesperado y lo definido» en una nueva lógica que oscila entre polos contradictorios: «entre lo evidente y lo inverosímil, entre lo superficial y lo abismático, entre lo chabacano y lo extraordinario, entre lo infantil y lo viejísimo, entre el circo y la muerte», porque hay que estar preparado a saber que «nada es lo que es» y «lo que parece no es lo que parece, sino otra cosa ni más buena ni más mala, sino simplemente *otra cosa*» (Novelismo, Poseidón, 373 y Prólogo, nebulosa, 9).

Otro recurso preferido por Ramón es el humor, el cual en «Humorismo» él ve como auxiliar para «variar las formas», y poder decir las mismas cosas de una manera distinta y sutil, a su vez logrando un efecto sincrético y global. Expresa que «gracias al humorismo se salvan los temas y se hacen perdonar su calidad de obsesión», ya que es una manera de desconcertar con desvaríos la visión absoluta de la vida para con «disipaciones» dejar transparentar el inmenso vacío al fondo de la misma (199, 200, 203, 231). Ramón también ve el humorismo como un auxiliar al fin conceptual en cuanto que mediante el humor se puede acentuar una visión que revele, por un lado, la contradicción de la vida: «que en la relatividad del mundo es posible lo contrario, aunque eso sea imposible por el razonamiento ... dando a entender que puede estar la verdad en todo lo contrario de lo que dicen» las palabras (200, 201). Por otro, acentúa la tontería humana: la «garrulería» y la «tozudez del hombre real» ubicándolo dentro de su perspectiva humana (201, 203). Y también, tiene el efecto de despertar la consciencia a la fatalidad y a la realización de que la vida es un problema indisoluble, pero suavizando el impacto de esta verdad: ayuda a «pasar el trago de la muerte» y de paso a «atravesar mejor el trago de la vida», todo esto expresándose de un modo diferente y sin afirmaciones escuetas (217)[29].

Además de estos recursos, hay otros recursos característicos de la *novella* que contribuyen a destacar el mensaje y a evitar las afirmaciones obvias, que Ramón también emplea. Por ejemplo, él dota a la narración de títulos que se refieren a cosas o hechos comunes y corrientes, pero que se prestan a posibilidades interpretativas amplias. Basta ver la lista de títulos de sus *novelle* en este trabajo para comprobarlo. El muestra preferencia por escenarios donde se presencia a la humanidad en su diario vivir y donde una verdad acerca de ella se pone de manifiesto tales como el café, los parques, paseos públicos y las galerías comerciales, etcétera, como se verá en los próximos capítulos. Los agentes de la acción, a menudo, son seres ordinarios a quienes o no se les da nombre o se les da uno cargado de significado, para en ambos casos mantener la atención enfocada únicamente en el mensaje. Son notables, el uso de el «hijo», del millonario; el «hombre», de los pies grandes; la «fúnebre», la «virgen», el «vegetariano», la «saturada», la «hiperestésica», o la «roja». Emplea el epíteto para subrayar la ironía que convierte la pretensión humana en fatalidad al llamar a un personaje el «gran griposo» y a otro, el «dueño del átomo», cuando en realidad ambos son víctimas de algo diminuto que resulta ser más poderoso que ellos. Ramón también evita que la atención se centre en los personajes haciendo que dos o más participen en los episodios. Por ejemplo, en «El regalo al doctor» o «El joven de las sobremesas» se trata de una distribución de tres; y en el caso más notorio de disgregación, aunque no el único, «Pueblo de morenas», de dos grupos de personajes anónimos. El caracteriza a los personajes de manera que parezcan menos que humanos. Tales son los casos de «La abandonada en el Rastro» en que la mujer termina pareciendo más cosa que persona, o «La Gallipava» en que convierte a una mujer en gallina ponedora. En todos estos casos, el efecto es que contribuye a resaltar el significado conceptual que se deriva de la narración, como quedará claro al tratar de estas narraciones en el segundo y tercer capítulo.

---

[29] Una definición contemporánea a Ramón que capta y complementa la noción de humorismo en Ramón es la siguiente: «El humorismo es algo semejante a una melancolía que engendra su lucidez en los seres superiores; pero esa melancolía no va acompañada de la amargura morbosa que lleva al pesimismo, sino de una comprensión superior que acepta la especie de fatalidad que nos niega la perfección ansiada. Lo anima una gran bondad para mostrar los defectos y las bellezas mezcladas en un suave claro-oscuro, sin acritud ni aires de dómine o de moralizador. El humorismo no ríe de las cosas, sonríe con benevolencia» (Burgos, *La mujer moderna*, 39).

En conclusión, no sólo con los juicios referentes a Ramón expresados por la crítica, sino también por sus propias declaraciones y los recursos que él favorece al novelar, es posible afirmar que su concepción de la narrativa guarda considerables semejanzas con los propósitos esenciales a la *novella* [30].

[30] Con el propósito de emprender un estudio únicamente de la narrativa breve de Ramón, este trabajo se limita a examinar las narraciones breves que aparecen publicadas en series dedicadas a la divulgación de novelas cortas, tales como *El libro popular, La novela de bolsillo, La novela corta, La novela semanal, El cuento literario, Los novelistas, La novela mundial, La novela de hoy.* Las que aparecen en la *Revista de Occidente* y las publicadas por Ramón en colecciones como *6 falsas novelas, El dueño del átomo, La hiperestésica, El cólera azul, Doña Juana la Loca (seis novelas superhistóricas)* y *Doña Juana la Loca (y otras) (seis novelas superhistóricas).* Sin embargo, es evidente que novelas más largas de Ramón, por ejemplo, *El secreto del acueducto* (1922) o *Piso bajo* (1961), y hasta sus novelas grandes guardan afinidad con las observaciones expuestas y sugieren la posibilidad de que tengan una organización semejante a la que relaciona su narrativa breve con la de la teoría de la *novella* moderna.

II

TECNICA NARRATIVA Y TEMATICA
DE LAS NARRACIONES BREVES

Ya que el acercamiento a la narrativa breve de Ramón mediante los criterios tradicionales es inoperante y existen paralelos considerables entre las teorías contemporáneas sobre la *novella* y la teoría de la narrativa de Ramón, la primera sección de este capítulo someterá «El Ruso» (1913), primera narración breve de Ramón, a los principios críticos de la *novella*. La intención será determinar si responde a ser analizada bajo sus normas y si a través de las mismas se revela su temática[1]. De inmediato, se procederá a comparar «El Ruso» (1913) con su segunda versión, aparecida en 1928, para ver si los cambios que se registran muestran o no un Ramón en dominio de su fórmula narrativa.

Teniendo en cuenta que el fin esencial de una narración de acuerdo con Ramón radica en su propósito conceptual, para dar con la temática constante de estas obras, la segunda sección considerará varias narraciones escritas entre 1920 y 1944. Para ello, tomará como instrumento interpretativo las nociones nietzscheanas de Apolo y Dionisos, ideas que estaban muy en boga en el mundo intelectual y artístico del siglo XIX y a principios del XX. Tal decisión obedece a varias razones. Una, la insistente presencia en todos los textos examinados, más de cincuenta narraciones breves que se escriben entre 1913 y 1949, de un vocabulario, imágenes asociativas y un simbolismo que se presta a dicha interpreta-

---

[1] Se cita por la primera edición de cada narración, con la excepción de cuatro: «El vegetariano», *Biblioteca de la risa*, Madrid, 1928; «La roja», *La novela de hoy*, 343, Madrid, 1928; «Las consignatarias», *La novela de hoy*, 502, Madrid, 1932, y «El mestizo», *La novela semanal*, s. n. 1923. Esta última a pesar de aparecer en Camón Aznar (303, 522) y Gaspar Gómez de la Serna (283), no se encuentra en la lista de publicaciones de dicha serie. En todos los casos se cita con la sigla designada en la lista de siglas. Se anotará otra edición con su sigla correspondiente cuando, tras el cotejo con ediciones posteriores, los cambios encontrados se consideran pertinentes. El haber encontrado ejemplares de estas primeras publicaciones ha sido importante sobre todo para la época entre 1913 y 1927. Ha permitido dar con referencias simbólicas que desaparecen en ediciones posteriores y con modificaciones expresivas que apuntan el paso hacia tendencias que recrean la fórmula. Estas no se hubieran sospechado sin el testimonio presente en las primeras versiones.

ción. Otra, que dichos elementos narrativos aparecen en función del tema para Ramón constante en la Nueva literatura, de buscar una «acuciadora correspondencia *orgánica* entre el mundo y el individuo» (Concepto, 21-22). Y por último, porque Ramón mismo sugiere que la búsqueda de esta correspondencia se inspira en Nietzsche cuando expresa:

> hoy no se puede escribir una página ignorando a Nietzsche. Esta es cuestión capital de ignorarlo o no ignorarlo todo. Al decir Nietzsche, digo todo, lo otro y lo esotro. Acojo ese nombre como símbolo ... Nietzsche no nos ha regalado nada suyo. Ha sido nuestro agente de negocios, nos ha hecho entrar en posesión de nosotros mismos. (Concepto, 5)[2]

El término Apolo o lo apolíneo se empleará para referirse a rasgos que sugieren una tendencia ilusoria, lógica, racional y ordenada de acercarse a la vida. Es decir, se empleará para referirse al impulso humano que mediante la mente y la imaginación, desarrolla sentimientos sublimes, crea el mundo artificial, y con ello permite sobrellevar las experiencias trágicas de la vida, al mantener en posición subordinada el aspecto vital primario de la existencia[3].

Dionisos o lo dionisíaco se empleará para referirse a la tendencia afectiva de acercarse a la vida, que hace consciente de la verdad trágica de la misma. Se incluye en este concepto, el mundo, ya sea externo o interno al individuo, que está más allá del dominio del ser racional, y todo rasgo que acepte como parte integral de la existencia una moral y las fuerzas contradictorias que generan y reafirman la vida, tales como la sexualidad y la muerte.

---

[2] Gonzalo Sobejano reconoce una fase inicial de fervor nietzscheano en Ramón entre 1908 y 1910, en obras que exaltan los valores vitales, pero sólo ve en ellas una mera «actitud superficial dirigiendo su vitalismo hacia la carne, hacia el goce sensorial» (588-89). Sin embargo, al someter las narraciones breves a una interpretación que parte de un enfoque nietzscheano hemos descubierto que la influencia de Nietzsche en Ramón es mucho más profunda y duradera: sirve de base a su visión de la vida y a su preocupación por la condición humana en obras que escribe, en su mayor parte, entre 1921 y 1941, es decir, cuando tenía de treinta y tres a cincuenta y un años. Estos años corresponden, de acuerdo con el concepto de generación propuesto por Sobejano, al período de plenitud y consagración de un escritor, que va de los treinta a los cuarenta y cinco años de edad (31).

[3] De gran utilidad para la visión nietzscheana y las influencias de Nietzsche en el arte de principios de siglo son: de Nietzsche, «El espíritu de la música, origen de la tragedia»; «Ensayo de autocrítica»; «Things I Owe to the Ancients»; «Nietzsche and the Tradition of the Dionisian», por M. L. Baumer; «Nietzsche and the Study of the Ancient World», de H. Lloyd Jones; *The Birth of Tragedy and the Case of Wagner*, de Kaufmann, sobre todo por su excelente introducción; «The Birth of Tragedy» y «The first Experiment: morality versus life», *A Study of Nietzsche*, de J. P. Stern, y las informativas conferencias del profesor Albert Henrichs del departamento de estudios clásicos de Harvard University sobre *Dionisos, símbolo de la vida*, dictadas en el verano de 1980.

Técnica narrativa

«El Ruso» (1913)

De acuerdo con Ramón, la estructura de la narrativa, aunque dotada de una coherencia interna, al igual que la vida, debe presentarse desarticulada, asimétrica y desarreglada. Una estructura ordenada, con soluciones definitivas, falsea la vida.

En las narraciones breves se nota que Ramón cumple con ese fin. Desde «El Ruso» (1913), su tendencia es la de presentar la narrativa por medio de episodios ilustrativos e inconexos en una estructura recurrente. En esos episodios el asunto es mínimo, se tiende a la ausencia de causalidad, y la temática se revela, gracias a las implicaciones asociativas que se desprenden del lenguaje empleado para exponer principalmente los episodios, el ambiente y la caracterización de los personajes. Las modificaciones que aparecen en la versión de 1928 muestran una evolución que corrobora el empleo de esta clase de estructura y hacen visible que Ramón, en última instancia, alcanza con ella una coherencia y una mayor concentración e intensidad en cuanto al modo de presentar lo narrado.

Sometido «El Ruso» de 1913 al patrón estructural común a la *novella* el resultado es el siguiente: está narrada en primera persona y el narrador cuenta una experiencia vivida por él. Dividido el texto en trece capítulos externos, está formado de tres secciones internas. La primera, que cubre el primer capítulo, «El hallazgo», se extiende hasta el capítulo octavo, «Los celos», y sirve de exposición a toda la narración (R, 249-65). La segunda sección se inicia en el capítulo titulado «El pretexto» y se extiende hasta el capítulo décimo segundo, «La conformidad» (R, 265-71). Y la tercera está formada por el último capítulo titulado «La despedida» (R, 271-76). Tanto la segunda como la tercera sección, reiteran lo presentado en la primera, aunque siempre ofreciendo, en episodios recurrentes, una profundización y nuevas implicaciones temáticas en cuanto a lo expuesto en la primera. Cada sección, a su vez, está dividida en tres partes. Una exposición, una complicación y una conclusión.

En líneas generales, en la primera sección se distinguen tres partes. En la primera, se exponen la actitud del narrador ante la vida, sus propósitos y la situación en que éste se encuentra al iniciar su experiencia. En la segunda, a través de varios episodios, el narrador aparece actuando de acuerdo con su modo de ver la vida y sus ideas preconcebidas. De esta manera se va formando la base temática de la narración. Por último, en la conclusión se ilustran los resultados a que lleva el modo de proceder del narrador.

En la primera parte de la primera sección, la disposición de ánimo del narrador ante la vida es la del hombre que no admite su carácter finito. En un estado de crisis en el que ha adquirido consciencia de su mortalidad, siente que mientras pasa la vida él ha perdido el tiempo y ha malversado «su eternidad». No queriéndose conformar con esta idea, se fija el propósito de hacerse eterno mediante un acto que afirme su individualidad (R, 249). Para ello emprende la conquista de una mujer, con la cual pretende cumplir una serie de fines: hacerse «verdadero y sostenible», «fijar su vida», y vengarse del mujerío inicuo por representar ante sí lo perverso, y el obstáculo que le ha impedido afirmarse y hacerse eterno como hombre (R, 259, 251). Luego, al ver, entre todas, dos que le atraen más, se reiteran nuevamente sus propósitos de tener «el placer de vengarse de la belleza engañosa» que le «ha sido infiel en principio, por toda la fofedad, el reblandecimiento y la blancura empalogosa (sic) que la ha dado la pereza del pasado», y está presente en las mujeres con apariencia de «niñazas colegialas» que han pecado y no lo parece (R, 250-51) [4].

Al mismo tiempo, en esta parte se comienza a establecer el carácter y la función del ambiente, subrayando que es un lugar distinto al acostumbrado por el narrador. El título de la narración se refiere a un restaurante parisino frecuentado por emigrados rusos cuyo ambiente es extraño para el narrador, quien no sabe ruso y, separado del grupo, observa a los emigrados. Este restaurante, dotado de una atmósfera dionisíaca, se describe propicio al abandono y, sobre todo, revelador de la idea de la mortalidad:

> En su ambiente espeso, hondo y restaurador, iba apreciando día a día cosas sublimes e insurrectas, eficaces para esa buena muerte que ha de prepararse con toda una buena vida disolvente hasta donde no puede decirse. Arrinconado, en una mesa del fondo, estiraba bien mi alma y mis piernas; mirando a los personajes de alrededor, que sugerían en mí inmejorables pensamientos, con sus rostros liberales, extraordinarios, bien intencionados, fuertes y simpáticos, porque habían conformado su alma con la idea de su mortalidad, divinos por estar dentro de esa idea sin temor y sin avaricias de beata. (R, 249)

Allí, el narrador percibe una actitud de conformidad hacia la muerte, y la admira por ser una cualidad de la cual él carece. Al mismo tiempo, a través de un detenido escrutinio dirigido hacia las mujeres que frecuentan el Ruso, percibe lo vital: lo perverso, lo infiel, el engaño de lo aparente de la belleza, y el obstáculo y la promesa de eternidad simultáneos que éstas representan para él. El narrador queda entonces frente a un ambiente que le revela ideas con las cuales está en conflicto: la idea de la mortalidad y la de la perversidad de lo vital.

Esta primera parte representa la exposición de la primera sección. En

---

[4] Se lee «empalagosa» en R, DA, 147.

ella Ramón establece la actitud del narrador ante la vida como la de un ser dominado por impulsos apolíneos. Es un ser celoso de su individualidad, confiado en su voluntad e incapaz de aceptar verdades derivadas de la vida sensible, por ejemplo, su carácter mortal. Su propósito es afirmar su individualidad mediante la voluntad. Al describir el ambiente en que se sumerge el narrador destacando que está formado de seres anónimos —por un lado, hombres conformes con la idea de la mortalidad y, por el otro, mujeres que representan la perversidad vital y la belleza engañosa—, Ramón establece de inmediato la base del conflicto que dominará toda la narración como la lucha entre el ser lógico y racional, dotado de un fuerte sentimiento individualista, representado por el narrador, en oposición al mundo externo, lo vital, y la presencia de lo sensible, representado por la colectividad y lo femenino que impera en el ambiente. En términos abstractos, una oposición entre la tendencia apolínea y la dionisíaca de ver la vida.

Desde el segundo capítulo, «El mitin», hasta el séptimo, «El mediador», se lleva a cabo la complicación de esta sección (R, 251-263). Por medio de varios episodios se muestra al narrador reaccionando de acuerdo con su modo de ver la vida: el primer episodio, que coincide con «El mitin», es paralelo a la primera parte y reitera lo expuesto en ella, pero desde otro punto de vista. El narrador asiste a un mitin político y repite su propósito cuando busca a sus «dos predilectas del Ruso ... dispuesto a quedarse en definitiva como para toda la vida, con la que encontrase primero» (R, 252). Se vuelve a señalar la calidad dionisíaca y reveladora de la idea de la mortalidad predominante en el ambiente, y el contraste que existe entre el narrador y el resto de la concurrencia: de «atmósfera espesa» y «templada», por el humo de cigarrillo, los presentes «eran todos, como casi todos los de El Ruso, hombres sentenciados a muerte, de cabezas conmovedoras por esa posibilidad ...» (R, 252). El narrador se convierte ahora en «espectador de la pantomina» sugiriéndose otra vez su carácter de observador que sólo puede ver lo aparente por ser incapaz de entender ruso (R, 251).

La complicación surge cuando el narrador, a pesar de su dominante apolíneo, queda «atraído para siempre» a «la morena escondida y de una belleza indecisa de El Ruso» por cómo se exalta en el mitin. Entonces, inmediatamente comienza a reaccionar de acuerdo con su actitud apolínea y sus propósitos. Llevado sólo por lo que observa, cree ver en ella una «heroína» y basado en sus prejuicios se la figura apasionada, y «trágica y temible ... el día en que se la abandonase ...» (R, 253). Con este episodio la acción enfoca el conflicto entre lo apolíneo y lo dionisíaco en dos personajes, el narrador, y la mujer morena, todavía sin nombre.

La acción vuelve al restaurante, y en varios episodios recurrentes que son variaciones sobre el mismo tema, se añaden más detalles que le dan énfasis a la caracterización y a los propósitos del narrador. Se reitera su insistencia en querer obedecer a su tendencia apolínea subrayándose su afán por someterlo todo al razonamiento y la lógica; y el conflicto que le causa resistirse a los impulsos afectivos (R, 254-55). Llevado por la observación de los ademanes que ve en el personaje femenino y sus suposiciones y prejuicios sobre la mujer frívola, deduce, guiado por el aspecto físico de la mujer observada, que ella es una mujer coqueta, dueña de unas «manos locas de flirt, demasiado recompuestas» y «dadas a finuras y dengues superfluos» (R, 254-55). Además, discurre que está interesada en él:

> Había notado que yo la miraba, pues aunque eso no me lo dijo su rostro inconmovible, enjuto y como neurálgico, me lo hicieron ver sus manos atentas a mí ... Observar eso me satisfizo porque eso me demostraba, que bajo su rigor, era muy femenina y muy pueril, y observándolas, descubrí en ellas un anillo como de desposada... (R, 254-55)

Siempre solo y «viendo y sin oír» se convence con razonamientos que dialoga con ella por medio de las miradas que se intercambian y llega al punto de sentirse «efímeramente amantes» (R, 261). Por lo tanto, llevado por su propio modo de ver las cosas, por su mucho observar y analizar, se va creyendo parte de la vida de esa mujer. Así, insistiendo sobre lo mismo, se afirma de manera tácita, su tendencia a creer posible encontrar la verdad con medios que en realidad le dejan ver sólo una parte de ella, lo aparente.

De la misma manera, se insiste en la lucha interior del narrador para dejar que se manifieste su fase afectiva y su resistencia a participar de lo colectivo indiferenciado. Aunque es presa de la pasión, confiesa que evita demostrar que se ha «caído»; que no tiene la «inconsciencia suficiente» para caminar por un «boulevard», porque lleno de «mujercitas ... demasiado idénticas», a él le da la impresión de «un espectáculo lapidario» y que resiste dormirse sobre una mesa del restaurante porque el sueño se le figura «tan irresistible ... como la muerte» (R, 256-57).

Al mismo tiempo, en lo referente al personaje femenino, se subraya que el narrador comienza a ver con más claridad algunas características contrarias a las preconcebidas por él al principio. Nota que la observada es clemente; da de comer al hambriento, es tierna con el deshauciado a muerte; le da limosna a un violinista ciego y aunque tiene poco que comer, comparte su ración con un perro (R, 257-58).

> Estaba visto, sólo se aproximaba por la clemencia, una clemencia dulce hasta para un perro aburdo (sic). ... verdaderamente su clemencia era grande, pero eso en vez de contenerme exasperaba más mi gusto, ... porque por la clemencia no se llega al amor ... (R, 258)[5]

---

[5] En vez de «aburdo» se lee «absurdo» en R, DA, 162. La presencia de Nietzsche se hace evidente cuando Ramón describe al perro de esta manera: «Era un

Se va reiterando así la ambigüedad de la caracterización del personaje femenino, quien si para él representa lo perverso, ahora se muestra pródigo y clemente. Como consecuencia, se complica el sentir del narrador hacia el personaje femenino; al mismo tiempo, se reitera el propósito de venganza que lo guía cuando muestra contrariedad al pensar que su clemencia lo privará de llegar al amor de que se quiere valer para vengarse.

A la vez que se destacan estos aspectos, en la complicación se continúa precisando el carácter del ambiente. Se repite lo alejado de éste al acostumbrado por el narrador, con alusiones que sugieren su calidad dionisíaca en contraste y oposición con el carácter del narrador quien se siente apocado porque en él lo que vale es la sensatez que se deriva de la experiencia afectiva cuando dice: «me dejaban a un lado tímido por no tener una gran cicatriz que enseñar ... Allí yo tenía temor al más sensato, al más profundo, al más dramático, aunque fuese el más haraposo y el de rostro más enmarañado» (R, 254). La hora del té adquiere un cariz ritualístico y se transforma en un momento «trascendental», y la música de un violinista ciego tiene la capacidad de llevar al trance y la comunión a los presentes. El narrador comenta:

> Era de ver el efecto de aquella música; ... yo mismo me sentía emocionado sintiendo que todos éramos los mismos ... Ella mirando al niño era la que más se acercaba al fondo doloroso de la música, vidriando los ojos y cerrando los puños. La sentía a mi lado, pronta, accesible por la música ... (R, 258)

La conclusión de la primera sección comienza ya avanzado el capítulo «El mediador» y termina en «Los celos». En el primer episodio, el narrador, convencido de que existe una relación entre los dos, se lleva las manos a la cabeza «como con fiebre con expreso deseo de que ella lo viese» (R, 263). El camarero que los atiende, porque sufre de una fiebre perenne, entabla conversación con él y la morena interviene. Hablando cada uno de ellos por separado con el camarero, invitados por éste, ambos le tocan una mano para sentir la fiebre. Para el narrador el acto representa una presentación formal, un enlace secreto o una comunión sobrecogedora que lo sume en el silencio y tras éste en la incertidumbre. El narrador comenta:

> Ardía. Nos miramos los dos confundidos por un mismo espanto y una misma mano, como si aquello nos hubiese enlazado secretamente ... estupefactos ... no supimos hablar. El silencio se hizo difícil. Ella se fue ... Aun después de la mediación de aquel hombre que enlazó nuestras manos

perro cubierto de barbas en escaleras como un pobre de pedir limosna, con la cara cubierta de pelo, ... un poco parecido a Nietzsche en lo lamentable del bigote y en la fiereza de sus ojos almenados por unas cejas hoscas» (R, 258).

nos seguimos siendo silenciosos, continuando nuestros coloquios inciertos y reuniendo a veces nuestras miradas ... (R, 264)

Y el narrador vuelve a las conjeturas basadas en lo aparente. El segundo episodio de esta parte hace posible inferir las consecuencias de la actitud del narrador al dejarse llevar de la observación de lo aparente: en el capítulo «Los celos», al ver a la mujer en estrecha convivencia con otro emigrado no visto antes en el restaurante, no sabe qué pensar. Supone que ha llegado «el dueño de su anillo de oro» y se llena de inquietud. Se da cuenta de que por medio de sus observaciones sólo logra la incertidumbre y cuando aquel hombre desaparece, al reanudarse sus «coloquios» él intercala en ellos «una mirada de sospecha y de interrogación» (R, 265).

Con estas conclusiones, a partir de dos episodios distintos, partiendo de ideas preconcebidas y la observación racional de las apariencias, se anuncia, implícitamente, la conclusión de la narración de que querer dividir la verdad entre lo aparente y lo real lleva a la incertidumbre, a la desorientación y a la confusión.

A pesar de que entre los propósitos del narrador en esta primera sección figura en primer plano su deseo de eternidad y el conflicto que tiene con la idea de la muerte, en la resolución este conflicto no se toma en cuenta. Aunque el tema de la muerte es intrínseco al conflicto expuesto, la resolución se limita a un solo problema: el de lo femenino como lo vital afectivo en su relación con la búsqueda del conocimiento, exponiendo la dificultad y las consecuencias a que puede llevar el querer dividir la experiencia en dos parcelas excluyentes, la aparente y la real, por medio de la razón.

Inmediatamente después de esta revelación se inicia el primer reexamen o segunda sección con un cambio sutil que da lugar a que se reconsidere el planteamiento expresado en la primera desde otro punto de vista. Esta sección se extiende desde «El pretexto» hasta «La conformidad» (R, 265-70). El narrador aparece en confrontación directa con el personaje femenino, y vive en carne viva y actúa, de acuerdo con su actitud original, una situación paralela a la de la primera sección. Pone así a prueba su actitud ante la vida, a la vez que la narración inicia una inversión temática progresiva.

En la primera parte, que incluye el «El pretexto» y parte de «Mi transfiguración», bajo el pretexto de darle a la mujer un guante que había dejado olvidado, el narrador, aunque «temeroso» de estrellarse, le habla. Este detalle da lugar a que la misma situación y el proceder acostumbrado del narrador puedan ser examinados desde otro ángulo (R, 265-68).

El narrador se entera de que la mujer se llama Paulowa, es casada y el amor que la une a su esposo es sublime. Su esposo, para probarle que la amaba había cometido un acto patriótico por el cual cumplía una sentencia en Siberia mientras ella lo esperaba fielmente en el exilio. De esta manera, la revelación comienza así a descorrerse. Mediante la experiencia, el narrador gradualmente ve que sus primeras impresiones acerca de Paulowa no concuerdan y parecen contrarias a las que había dado antes por ciertas. Ahora le parece que Paulowa es fiel y su marido «el héroe y no ella» (R, 267). Sin embargo, esta nueva manera de ver las cosas no modifica su actitud. Su idea de lo que representa la mujer y su propósito inicial se exponen como semejantes a los de la primera sección cuando, a pesar de que lo sobrecoge una «indecisión atroz», declara: «No esperaba yo renunciar» a pesar de aquella «revelación» (R, 267).

En la segunda parte o complicación, que incluye el último episodio del capítulo «Mi transfiguración» y los capítulos «El retrato» y «La conformidad», se reiteran, con más vivencias, los temas que se destacan en la primera sección, o sea: el conflicto y la dificultad al querer dividir la realidad en parcelas excluyentes, considerando una lo aparente y otra lo real, y la indecisión que surge al querer dar con una verdad definitiva. Al mismo tiempo, se definen más las implicaciones temáticas que se derivan de la situación examinada (R, 268-71). En el primer episodio se ilustra lo inoperante que le resulta al narrador tratar de reconciliar lo racional y lo afectivo, y en relación con este tema, el tratar de admitir la muerte como parte de la vida. En la noche más fría del año y ambos sin calefacción, él se da cuenta de «la nada absurda del universo», y de su calidad efímera y mortal. Con la excusa de que «el frío absuelve de todo», requiere la compañía de Paulowa, al presentir que ella parece quererse «hacer amar» (R, 268). Pero ella, fiel a su marido, le da una negativa y discurre con resignación: «Más frío tiene él allá...» (R, 268). Con ello se destaca la dificultad de querer reconciliar lo racional y lo sensible. El no alcanza, por medio de la justificación racional, sus propósitos afectivos. A su vez, se reitera que la muerte es para el narrador una verdad inaceptable. Sin embargo, Paulowa, al no darle la espalda al frío demuestra que no le da la espalda al sufrimiento, sino que lo acepta con resignación, por ser propio de la vida.

En el segundo episodio se vuelve a insistir en la incertidumbre que ocurre al tratar de captar verdades, basándose ahora en una experiencia vivida. Se reitera el contraste entre el narrador y los demás, el carácter contradictorio de Paulowa y la necesidad de aceptar esa contradicción. Invitado por Paulowa a tomar té y ver el retrato del marido, al entrar al cuarto de ésta, el narrador cree presentir que ambos sienten la intención de darse al «enlace que insinúa la obscuridad». Al encenderse la luz, piensa que Paulowa parece estar en «una actitud ladeada, difícil, violenta, como si hubiese vivido la misma intención de la sombra»; pero con un gesto que él interpreta como un recurso para evitar las tentaciones, ella descuelga el retrato de Sergio, su marido, para que lo vea (R, 269). Al observar el retrato de este hombre que por primera vez se identifica con un nombre, su descripción confirma una vez más el carácter simbólico del conflicto como uno que se presta a una interpretación basada en la oposición entre lo apolíneo y lo dionisíaco, la razón y lo afectivo. Su apariencia es la de un Dionisos. Un adolescente de melenas rubias, recio aunque con delicadeza, de aire noble único y sensato (Meurnier, 302). El narrador recapacita y se da cuenta de que hay una diferencia entre los «hombres líricos» que, como él, han vivido «sin padecimientos demasiado ensañados ni demasiado sordos», los cuales piensan en la ilusión de eternizarse, y seres como Sergio y Paulowa que perciben la vida a través de experiencias sensibles, y muestran conformidad ante el padecimiento, el frío y la muerte como realidades inevitables de la vida (R, 270).

Al mismo tiempo, se amplían las implicaciones temáticas y se profundiza sobre el carácter contradictorio de Paulowa, quien se define cada vez más como la presencia de lo sensible y, por lo tanto, es incomprensible. El narrador siente que, aunque había proyectado en Paulowa la idea del obstáculo para el logro de su eternidad, ella también era fuego vital, ya que le dedicaba a Sergio «toda la atención de su alma», para evitar que él se extinguiera en el frío de Siberia. También se da cuenta de que en vez de tratar de afirmarse y eternizarse luchando con la mujer (vida), debe hacerse «discípulo» de Sergio. Como él, debe aprender a «saber amar a la mujer como Dios» y por ello, portarse «tan suprema y tan divinamente en todo lo demás» (R, 269). Por último, ve que el anhelo por eternizarse está en conflicto con una verdad trágica, la que revela que el padecimiento, el frío y la muerte son realidades inevitables de la vida.

La conclusión de la segunda sección aparece en «La conformidad», cuando el narrador, lleno de incertidumbre, reflexiona sobre las vivencias previas y discurre sobre lo imposible que resulta tratar de dar con verdades definitivas y lo engañoso de la apariencia. Si para él Paulowa representa la mujer inicua, también llega a ver en ella la amante fiel. Por lo tanto, ya que ella le demuestra que participa de su contrario, acepta que no existe la mujer únicamente inicua, y desiste, agradeciendo a Paulowa el haberlo curado «del deseo encarnizado y agudo por la mujer» (R, 271). En cuanto a las implicaciones relacionadas con la muerte, tomando el ejemplo de Sergio, el narrador vislumbra la dura verdad de que, es aconsejable dejar de luchar contra la muerte y aprender a amar la vida en toda su crudeza. Es importante notar que en esta segunda sección, Ramón, aunque enfoca la atención en el problema de querer distinguir entre lo aparente y lo real por medios afectivos, también trata de integrar nuevamente como parte central al conflicto el tema de la muerte.

En la última sección, la narración vuelve a su punto de partida, y reexamina la situación por segunda vez. Se reitera, al mismo tiempo que se profundiza, sobre la actitud y los propósitos del narrador, prestándosele especial atención al tema de la muerte. De nuevo al comienzo de su búsqueda, él va al Ruso «por última vez», y de un modo paralelo al de la primera parte de la primera sección, piensa que «*El Ruso* aquella noche volvió a ser *El Ruso* del día del hallazgo» (R, 271). Vuelve a notar la calidad marginal del ambiente y el conflicto temático entre lo apolíneo y lo dionisíaco se afianza aludiendo a la «gran sensatez» de Sergio y describiendo a los comensales como gente de «cabezas más originales y con una vida más formidable», por su actitud de aceptación adquirida a través del sufrimiento y la cercanía a la muerte (R, 271). Repite que pasa por un «momento de crisis» en el cual se enteraba de su edad como si «cumpliera en vez del aniversario del nacimiento, el aniversario de la muerte», y aunque es tarde para volver a comenzar, procede de nuevo a pasarles revista a las mujeres. Vuelve «a ver como por primera vez después de los primeros días» a las dos que le interesaron primero. En todas cree comprobar otra vez su perversidad y su carácter contradictorio. Aun en la más joven pretende ver la perversidad: observa que «con una cruz de niña desnudita al pecho», lleva el pecado en las piernas porque viste medias caladas; y supone lo fáciles que le «hubiesen sido de poder recomenzar» (R, 272). Cree ver a Paulowa «con un alma más fuerte, más animosa, más perversa, diferente a la de los otros días», y capaz de ofrecerse al adulterio (R, 271). Piensa que ha sido «pusilánime y estúpido al creerla imposible», y se lamenta de no haberse decidido a llevar a cabo sus propósitos iniciales de venganza con el arte de la audacia (R, 271, 273). Es decir, se vuelve a sugerir la oposición entre lo afectivo y lo racional. Al mismo tiempo, se determina abiertamente que Paulowa es un símbolo:

> Veía todas las mujeres de la noche de París con sus distintos sombreros y sus distintos perfiles, todas Paulowas al fin y al cabo, contándose entre ellas la primera novia, las otras, la última y las parientas más cercanas. Todas siendo encantadoras predestinadas a ser mortales en el corazón antes que en la tierra, después de haber sido inmortales a una hora, inmortales por su sabor a tierra el día insustituible en que más estuvieron en su punto, inmortales por su diferencia inconfundible. (R, 273)

En la complicación suceden nuevos acontecimientos que presentan la situación específica desde otro punto de vista y reiteran las implicaciones y los resultados temáticos ya examinados en la complicación de la segunda sección. En su última confrontación con Paulowa, el proceso narrativo y los resultados son los mismos de los de las secciones anteriores, aunque ahora la complicación se debe a que el narrador aparece a la merced de sus sentimientos. El conflicto se define aún más como uno entre lo apolíneo y lo dionisíaco y se centra en el problema del conocimiento, ilustrándose los efectos de su adquisición mediante la experiencia afectiva. El motivo de lo dionisíaco se afianza aludiendo a la fidelidad de Paulowa hacia Sergio como una hacia un dios. Se le describe mirando «lejos como quien ofrece una nueva prueba al Dios de sus pensamientos» (R, 274-75). El narrador acentúa más su condición de ser desplazado de la colectividad, y se identifica como «espectador» más que como partícipe «metido en su gabán, en su vida», o coraza individual [6]. Pero a su vez, considera su experiencia con Paulowa un «drama» en el cual, desorientado porque no puede determinar a ciencia cierta cuáles son los verdaderos sentimientos de Paulowa hacia él, por un instante, es presa de un «mareo del alma». Llega al borde del arrebato y acosado «por el abuso inocente o intencionado de su superioridad», sobrecogido por la duda, cae en una incertidumbre suprema que precipita la conclusión de manera abrupta (R, 274-75). Duda entre lo que hizo y lo que debió haber hecho, entre lo que se dijeron y lo que quedó impronunciado, entre si debió haberse dejado llevar de sus impulsos primarios, o si debió ser el caballero que fue (R, 275). La narración concluye con lo siguiente:

> —No.
> —Sí.
> —No.
> —Sí.
> —No.
> —Sí.
> —No.
>
> Los «sí» y los «no» siempre iguales, insistentes, cerrados, en líneas sinuosas, en largas espirales, los «sí» y los «no» infusionables siempre, vivos, impenetrables los unos a los otros, me llenaron de esa confusión por la que se vive y se piensa, pues ellos se completan formando ese «pasatiempo» que es la vida y su conciencia. Y con esta testarudez atrabiliaria revuelta en mí, sintiendo que su estribillo se prestaba al ruido del tren que lo acogería en todo el viaje, combatiéndome, ojerosándome, rindiéndome, señalando por lo menudo la distancia del camino, cogí aquella noche el tren que me devolvió a España. (R, 276)

En su desorientación llega a una conclusión que representa el mensaje de toda la obra. Capta «una lección que resumió a París y el universo mundo»: que la verdadera vida «es cruel»; la vida consciente es un «pasatiempo» formado de alternativas contrarias, de síes y noes que representan por un lado lo afectivo vital y por otro la razón, los cuales por ser irreconciliables llenan de la confusión por la que se vive y se piensa (R, 271, 272, 276). Pero al final, se muestra que no está preparado

---

[6] En varias ocasiones Ramón toma una imagen que aparece en una narración breve como punto de partida para otra obra. La imagen del gabán con el significado simbólico sugerido en «El Ruso» (1913), por ejemplo, se convierte en una imagen central en «La capa de don Dámaso» (1924).

para reconciliarse con dicha verdad y, desorientado, huye. Toma el tren y se vuelve al mundo de su vida usual.

Esta conclusión revela una verdad que se deriva de la actitud del narrador frente a la situación específica desde el principio de la narración y concuerda con la conclusión que se anuncia en la primera sección: la imposibilidad de dar con la verdad. Querer explicarse la verdad lleva a la incertidumbre, a la desorientación y a la confusión, ya sea mediante la razón y la observación —primera sección—, o mediante el camino contrario, mediante la vía afectiva en las dos secciones restantes. Si bien la conclusión parte de una experiencia específica, la relación del narrador y una mujer, también tiene implicaciones mucho más amplias. No sólo se deduce que la relación con Paulowa lleva a la duda y la confusión, sino que la vida en general es una confusión formada de alternativas contrarias e irreconciliables. Considerada la revelación a la luz de los primeros propósitos, la actitud del narrador y la temática que se intenta destacar como parte del conflicto en las tres secciones, lo que se deriva al reflexionar sobre la narración es una serie de inversiones temáticas: el narrador descubre una verdad que está en contraste con la actitud y las ideas que él tenía al comienzo de su jornada, primero en un plano inmediato y luego en un plano más amplio. A su modo excluyente y unilateral de juzgar la vida, se pone de manifiesto la presencia de aspectos contrarios, igualmente válidos. El conocimiento por medio de la observación y el de las vivencias se complementan para dar con mayor intensidad con la misma verdad: el imperio de la duda y la confusión en el mundo. La vida es simultáneamente lo bello aparente y el orden; lo oculto y el caos. Lo femenino es a la vez perverso y noble, y eternizarse no consiste en negar la muerte, sino en verla como parte de la vida y conformarse con ella.

Es preciso subrayar que desde el punto de vista temático, en «El Ruso» (1913) se establecen las bases del simbolismo de las narraciones breves, el cual de manera invariable se centra en la tensión entre una tendencia racional y una afectiva de ver la vida. Además, su mensaje sirve como punto de partida a subsecuentes búsquedas por parte del antihéroe de las narraciones breves posteriores. Esta primera visión desorientadora del mundo que percibe el narrador y con la cual no se reconcilia, inicia innumerables narraciones breves donde en la mayoría de los casos un personaje masculino, con actitud similar a la de este narrador, se enfrenta a situaciones específicas, emprende búsquedas y vislumbra verdades semejantes.

Desde el punto de vista de la técnica narrativa, «El Ruso» de 1913 muestra gérmenes del patrón que se cimentará como la estructura narrativa preferida por Ramón. En él se nota su inclinación hacia el uso de una estructura recurrente. Tanto las secciones como los episodios subrayan y profundizan la temática; los episodios tienden a incluir detalles inconexos; la primera sección sirve de exposición a toda la narración y su conclusión guarda bastante correspondencia con la conclusión final. A partir del primer reexamen comienza a sugerirse una inversión gradual en la temática. El hecho de que el mensaje se expresa abiertamente como una «lección» no deja dudas de que en su narrativa corta Ramón persigue una manera de expresión artística no sólo con fines estéticos, sino también de repercusiones trascendentales (R, 272).

A pesar de todo, es de observar que, aunque Ramón mantiene una unidad entre las tres secciones en cuanto al tema del problema del conocimiento, el énfasis especial dado al tema de la muerte en los propósitos iniciales del narrador en la segunda sección, y en partes de la tercera, no mantienen el relieve esperado ni en la conclusión de la primera sección ni en la de la última.

Sin embargo, «El Ruso», de 1913, visto a la luz de los cambios efectuados en una segunda versión, permite deducir que Ramón desde su primera versión posee los gérmenes y por fin encuentra una fórmula narrativa que será constante a lo largo de su creación de narraciones breves.

«El Ruso» (1928)

Una comparación entre las dos versiones comprueba que en la versión de 1928 la tendencia es hacia la brevedad en la presentación, la concentración e intensidad temáticas, la coherencia y la unidad orgánica entre la sección expositiva y la conclusión. Entre los cambios más notables sobresale la omisión de varios capítulos y de los subtítulos a los capítulos externos. Desaparecen «La conformidad», «Los celos», «La despedida», casi todo el titulado «Mi transfiguración», varios párrafos de «La desazón», «El pretexto», «El retrato» y un párrafo del capítulo inicial, «El hallazgo» (R, 271-76, 270-71, 264-65, 255-56, 265-66, 267-69, 249). Eliminadas estas partes, desaparece toda la tercera sección correspondiente a «La despedida», y la narración se convierte en una estructura episódica recurrente formada solamente de dos secciones, una expositiva, donde se presenta el modo de proceder del narrador y se expresa el resultado a que lleva esa actitud. Otra, en donde se vuelve a examinar la actitud del narrador, se manifiestan nuevas implicaciones temáticas derivadas de la situación examinada, y de la conclusión se deriva una verdad que tiene implicaciones que rebasan el límite de lo narrado.

Por consiguiente, la narración se convierte en otra creación literaria; su planteamiento y su resolución son distintos, ya que las omisiones hacen que resalten detalles que antes se perdían en el texto. Además, los cambios traen consecuencias positivas y negativas. Entre las positivas, omitido el párrafo del capítulo inicial, toda la tercera sección y muchos de los párrafos parciales de la segunda sección, el tema de la muerte desaparece entre los centrales a los propósitos del narrador. La preocupación por la búsqueda de la eternidad y la falta de conformidad para incorporarse al mundo de la inconsciencia por parte del narrador, se relegan a segundo plano. Con ello se obtiene una mayor intensidad narrativa, ya que al reducirse los propósitos temáticos centrales a la situación específica, la atención se fija solamente en el problema de la percepción racional en choque con la afectiva, y se logra una mayor unidad entre las dos secciones y sus respectivas conclusiones. Al suprimirse los párrafos de «La desazón», «Los celos», «Mi transfiguración», «El retrato» y toda la última sección, Ramón suprime, entre otras cosas, la tendencia al sentimentalismo a que se da en varios párrafos el narrador. Así contribuye a que se le pueda considerar más como un símbolo.

Entre las consecuencias negativas, éstas lo son sólo desde el punto de vista del estudio evolutivo de la narrativa de Ramón. De no existir un ejemplar de «El Ruso» de 1913, sería posible, pero menos obvio, desde el punto de vista temático, dar con el simbolismo básico constante a todas las narraciones. Al suprimir los párrafos mencionados, referencias que auxilian la interpretación del simbolismo de Paulowa sin que dé lugar a dudas como lo vital afectivo desaparecen. Por ejemplo, las referencias a ver a «todas las mujeres de la noche ... todas Paulowas al fin y al cabo», o la alusión en que el narrador piensa que siguiendo el ejemplo de Sergio, debe aprender a amar «a la mujer como Dios» (R, 269). En relación con el simbolismo del personaje masculino, desaparecen la imagen del hombre metido en su gabán y las referencias a que pasa por una crisis en que celebra el aniversario de su nacimiento/muerte, y toda su preocupación directa acerca del problema de la muerte.

En cuanto a la técnica narrativa y con consecuencias temáticas, ciertas omisiones evitan la identificación obvia de los pasos y la evolución a que Ramón somete a su personaje al plantear la situación como una paralela al rito dionisíaco y la experiencia menádica, patrón temático básico constante en todas sus narraciones breves. Líneas como «desde el día siguiente al de la revelación», «Mi transfiguración», «La conformidad» o «fue una lección que resumió a París y al universo mundo» desaparecen, y el mensaje no se enuncia sino que es forzoso inferirlo en su totalidad (R, 267-72).

Tomando en cuenta estos cambios, la primera sección de la segunda versión comprende los capítulos I a VII (R, DA, 144-162). Un cambio fundamental es que se elimina todo el párrafo donde se determina la serie de propósitos señalados en la primera versión (R, 249; T, 50). A causa de esta modificación, la actitud del narrador que resalta es la del ser que basa sus ideas en juicios preconcebidos, confía en las conclusiones basadas en la observación y lleva como propósito la venganza hacia las mujeres, por representar la belleza engañosa «infiel en principio», que aunque hayan pecado no lo parece (R, DA, 147). La situación específica sitúa al narrador en confrontación exclusiva con los personajes femeninos. El conflicto queda así enfocado en el problema de tratar de distinguir qué es lo aparente y qué lo real oponiendo la razón a lo afectivo. De igual modo, la caracterización de los personajes femeninos, basada en las observaciones que de ellos hace el narrador, destaca más la posibilidad de ser identificada con lo dionisíaco. El resto de esta parte se dedica a presentar la caracterización dionisíaca del ambiente, incorporando en sí las alusiones a la muerte y la conformidad a la misma, que están presentes en la primera versión. Pero ahora, por la omisión del párrafo en que su mención formaba parte de los propósitos del narrador, su presencia adquiere la función de complejo temático dentro del engranaje alusivo del texto.

La segunda parte de esta sección o complicación, aunque coincide con el material expuesto en la primera versión, por los cambios previos destaca mejor los puntos que se tratan allí (T, 51-53). Así, resalta mejor la actuación del narrador hacia el personaje femenino de acuerdo con su actitud basada en la observación de las apariencias y los ademanes. Facilita interpretar la confrontación entre ellos como una entre lo apolíneo y lo dionisíaco, y destaca mejor la ambigüedad que el narrador comienza a descubrir en el personaje femenino.

Eliminado todo el capítulo donde se expresaba la conclusión de esta sección en la primera versión, la conclusión es completamente distinta: se elimina el capítulo «Los celos» y con ello un episodio que reitera el sentimiento de incertidumbre que la aproximación de Paulowa le causa al narrador. En su lugar, al día siguiente de haber estrechado ambos las manos del camarero con fiebre, en vez de continuar con los coloquios silenciosos e inciertos, se incorpora un cambio sutil que anuncia el reexamen: «como presentados por la mano casual y febril» se saludan «con palabras» en francés y ella inicia una conversación con el narrador (R, DA, 175). Este se informa de que se llama Paulowa, es casada y la naturaleza del amor hacia su marido exige de ella toda la fidelidad posible. Se demuestra con esta conclusión que la actitud del narrador para dar con una mujer para emprender la venganza hacia la mujer infiel y falsa, lo ha llevado a lo inverso: a encontrar una que es fiel. En términos abstractos, en la conclusión se comprueba que la percepción basada solamente en la razón, la observación metódica, juicios preconcebidos y las apariencias, llevan a una verdad contraria a la esperada y no dan con la verdad.

A causa de los cortes, la segunda sección es muy breve. La exposición se señala cuando el narrador, a pesar de saber que Paulowa es una mujer fiel, como en la primera versión, se mantiene firme en su actitud al declarar que no espera renunciar a su propósito inicial. Vuelve así la situación a su punto de partida, concentrándose la atención únicamente en la relación entre el narrador y Paulowa, reiterándose lo

sutileza. Con todo esto, Ramón logra un efecto de mayor concentración e intensidad al presentar un tema central haciendo posible la inferencia de un mensaje que se desprende directamente de lo narrado y del cual se derivan implicaciones que van más allá de la situación específica.

También queda comprobado que Ramón, ya desde «El Ruso» de 1913, tiende a presentar una inversión temática. Conjuntamente, ambos recursos tienen el efecto de estimular al lector para que recapacite sobre lo complementario de los aspectos aparentemente contradictorios expuestos en la narración. Aún más, con esto se sugiere, desde el punto de vista formal, que los aspectos temáticos que entran en tensión no se excluyen entre sí, sino que por el contrario son partes opuestas pero complementarias de una misma totalidad.

Esta técnica narrativa a base de una estructura recurrente formada de episodios ilustrativos en la cual se distinguen dos secciones, una que sirve de exposición y otra donde se reconsidera lo expuesto en la primera sección desde otro punto de vista, resulta ser la constante en las narraciones breves de Ramón.

TEMÁTICA

El patrón básico

Al someter el resto de las narraciones breves de Ramón al procedimiento analítico utilizado en la sección anterior para determinar su estructura narrativa, descubrimos que éste es válido para todas. Para el progreso de esta investigación, hemos tomado este paso preliminar. Al mismo tiempo, hemos notado que estas obras, a más de conformarse con la técnica narrativa expuesta, muestran con constancia un patrón básico que les da unidad temática [7]. En este esquema, un personaje que varía de edad, estado civil, etc., pero que en el fondo es el mismo, emprende una búsqueda para dar con la felicidad o el sentido de la vida. El relato, el estilo y el tono, cambian; la estructura narrativa, a pesar de ser siempre la misma, evoluciona haciéndose en unos casos más compacta, en otros, más fragmentada, pero a pesar de todo, el patrón temático es constante y aparece en interdependencia mutua con la estructura narrativa expuesta. Por consiguiente, a continuación se presenta de modo global dicho patrón.

En general, coincidiendo con la práctica común a la *novella,* las narraciones aparecen narradas en tercera persona omnisciente y a veces en primera. Desde el punto de vista temático, su estructura básica se centra en el conflicto entre dos fuerzas opuestas que se presentan en

---

[7] Las semillas de este patrón temático y su base nietzscheana se anuncian ya en *Entrando en fuego* (1905). Véanse, por ejemplo, «La mentira y la verdad» (2-4) o «¡Celos!» (4-5).

constante tensión, identificables con las tendencias apolínea y dionisíaca de explicarse la vida. En la mayor parte de los casos, una fuerza está representada por un personaje masculino, y en algunas ocasiones por uno femenino, que simboliza la tendencia a ver la vida tras el velo de la ilusión, la razón, y la voluntad. La fuerza contraria está representada por uno o más personajes femeninos que simbolizan una totalidad de aspectos opuestos y contradictorios en que se subrayan las manifestaciones naturales e irracionales de la vida. En el transcurso de la acción se hace evidente que las dos tendencias participan de características propias de su contraria.

El personaje apolíneo, que está acostumbrado a vivir dentro de las reglas establecidas y rehúye enfrentarse a los aspectos desagradables de la existencia, aparece alejado de su rutina y en un momento de crisis. Presa de la necesidad de obedecer a sus propios apetitos siente una inmensa soledad. Consciente de su pequeñez, y temeroso de su impotencia ante la naturaleza, la fatalidad y la muerte, desea afirmar su individualidad. Como consecuencia, se siente impulsado a perseguir un fin con gran optimismo. Obsesionado, quiere poseer o dominar la fuerza contraria, en la cual sólo ve la promesa de la felicidad. Se le aproxima, y al hacerlo, cae bajo su influencia y la de las fuerzas naturales e irracionales del ambiente. En un estado de abandono en que aparece extasiado o ensimismado, la fuerza se le revela gradualmente contradictoria, y el personaje, víctima de sentimientos encontrados de atracción y rechazo hacia la misma, entra en un estado de inconsciencia. En dicho estado, por un breve instante, logra o se acerca al logro de su fin, pero, entonces, capta en la fuerza características opuestas a las que esperaba; él mismo se revela partícipe de un fondo opuesto al que tiene por suyo. Por consiguiente, siente contrariedad y desengaño, se resiste a admitir lo que encuentra, y huye del ambiente que se lo ha mostrado, pero no sin antes haber adquirido consciencia de un aspecto de sí mismo o de la existencia hasta ese instante negado por él. Por lo tanto, una vez vivida la experiencia, se restituye a su modo de vida usual, aunque algo desorientado y con menos confianza en sí mismo.

Lo que determina la conclusión no es la lucha entre las dos fuerzas identificadas tal como aparecen en oposición en un principio, sino lo oculto al fondo de cada una y que en una primera impresión no se percibía: aspectos negativos de la vida; la naturaleza primaria, la fatalidad y la muerte, que gobiernan por debajo de la razón y la voluntad individual.

En algunas narraciones el personaje no se restituye al mundo de la norma usual, sino que termina vencido por la muerte. En estos casos, la verdad vislumbrada ocurre en un momento cercano a la muerte, que por lo general, es el resultado de una acción absurda. Con ello Ramón dramatiza la tontería del personaje de querer desafiar lo inexorable a través de conclusiones paradójicas que parecen una broma cruel. En otros, el personaje, al ver patente la fatalidad de la vida, se da por vencido y acepta su derrota con un gesto de resignación que se expresa algunas veces mediante un tono amargo —«¡Hay que matar el Morse!» (1925)—, uno de serenidad resignada —«Los dos marineros» (1927), «Los adelantados» (1949)—, o uno humorístico de matiz agridulce —«Se presentó el hígado» (1937).

Aunque la fuerza contraria está representada la mayor parte de las veces por un personaje femenino, también aparece en forma de un objeto, un ambiente, o una idea. Cuando se trata de un objeto, éste adquiere formas diversas: una prenda de vestir, un microbio, una partícula microscópica, o un órgano del cuerpo humano. En todo caso, la fuerza se caracteriza por ser enigmática, incontrolable, y arbitraria. Está formada por una totalidad de aspectos opuestos y posee en sí lo que atrae al personaje que la persigue y su opuesto. Pero sobre todo, es contradictoria, ya que, en realidad, simboliza las fuerzas vitales, las cuales están siempre en tensión con el individuo.

Ramón presenta este esquema de modo constante desde «El Ruso» (1913), hasta «Los adelantados» (1949), en narraciones breves de apariencia tan diversa como «La tormenta» (1921); «La capa de don Dámaso» (1924); «El dueño del átomo» (1926); «El gran griposo» (1927); «Peluquería feliz» (1934); «Se presentó el hígado» (1937); y «Doña Juana la Loca» (1944).

En cada una de estas narraciones el personaje es un ser soberbio, egocéntrico y un crédulo iluso que ha perdido contacto con el mundo de la naturaleza. Siempre se muestra «optimista» en el poder de la razón y la voluntad para dominar su vida y su alrededor (Hig, 172, 175; Cap, 331; Pel, 131; Gri, 67). Está seguro de que con estas armas, a pesar de que la mayor parte de las veces ha sufrido desengaños previos, saldrá vencedor de cualquier problema o por lo menos, podrá recobrar el «optimismo perdido» (Pel, 128). Es muy metódico y «concienzudo en todo»; teme «lo inseguro que es siempre el porvenir», pero confía en que para tener éxito ante las fuerzas del destino basta con «pensar» bien «lo que hay que hacer en la vida» (Due, 59; Cap, 342, 336). Está tan convencido del poder de sus facultades, que le gusta imponer su voluntad con una tenacidad comparable a la soberbia de «Adán el día de la falta» (Tor, III). Tiene la seguridad de que mientras él esté bajo el mando de alguna empresa, por arriesgada que sea, no habrá peligro que temer. Todo lo tiene previsto y no repara en el efecto insospechado de las reacciones irracionales externas ni de sus propias emociones (Due, 72, 73). Su espíritu científico es tal, que vive en un mundo de ensueños y «fantasías científicas», confiado de que los médicos y las medicinas darán con la fórmula necesaria para curar las enfermedades y evitar la fatalidad (Due, 62; Gri, 71; Gri, DA, 114).

Pero sobre todo, muestra una fuerte tendencia a no querer enfrentarse con los aspectos vitales de la existencia y rehúye admitir el caos y el desorden que está al fondo de todo. Absorbido por su intelecto, niega y subyuga a un plano inferior, su obligación hacia los mandatos y las leyes de la vida. Por lo tanto, con frecuencia es un solterón empedernido que se defiende de las «tentaciones». Incapaz de darse a la exteriorización de sus emociones e impulsos naturales de modo espontáneo, toma «demasiado en serio todas las cosas», lleva una vida «muy retirada, muy sobria», y es «adusto» en el amor (Gri, 334; Tor, IV; Due 60). Su necesidad de ilusiones es tal que si se nota obeso, se convence de que se trata de una obesidad «sólida ... saturada de energía ... maciza y racional» (Híg, 171-72). Si su cuerpo revela su naturaleza primaria, se cubre con ropa elegante y se ve «más solemne que nunca» sin sospechar que el ropaje puede, irónicamente, acentuar su primitivismo. A menudo su descripción subraya que oculta su cuerpo bajo capas, chaquetas, gabanes, abrigos, sombreros y monóculos, sugiriendo así, de manera tácita, su dominante apolíneo (Cap, 333). Si busca una conquista callejera, su actitud en materias de amor está matizada de tal «romanticismo de caballero», que se expone al ridículo (Tor, I). Por último, su tendencia a evitar ser testigo evidente de la fatalidad es tal, que empeñado en no admitirla, cae en «tonterías» y estratagemas absurdas, ya sea de tenor científico o supersticioso, con tal de ocultarse la trágica evidencia de su inexorabilidad (Due, 70). Doña Juana, por ejemplo, recurre a cualquier hechicería por ridícula que parezca, con tal que le ofrezca esperanzas para evitar la muerte. En resumen, el personaje se resiste a ser dominado por elementos externos o enfermedades, ya que para él, eso representa «una claudicación» insoportable (Híg, 175).

Dotado de estas cualidades, el personaje se presenta en una situación específica en que, alejado de su rutina, pasa por una etapa difícil de su vida en la cual se da cuenta de su carácter mortal o de su incapacidad para dominarlo todo. Ya sea un chico, un solterón empedernido o un ser dotado de poder, aparece viviendo un «momento culminante de su existencia» (Híg, 173). Este puede ser la crisis de la adolescencia en que, agobiado por el imperio de los impulsos primarios, quiere apurar todas las experiencias de la vida antes de morir; pero también puede ser otro, en que pasados «los treinta años ... la vida hace crisis», comienza a «templar su violín de muerte» y el personaje sufre uno o una combinación de problemas cotidianos (Híg, 177). Padece frecuentes ataques de hígado o de gripe; siente los primeros síntomas de una soledad inexplicable, o de una «vejez precipitada»; añora la alegría de la niñez, o se encuentra sobrecogido de amor o en una lucha «feroz contra la muerte» (Gri, 65; Due, 75; Jua, 32). En esta crisis, se da cuenta de su condición limitada, y al adquirir consciencia de la fatalidad, trata de afirmar su superioridad. Con este fin, entra en choque con fuerzas fuera de su alcance, las cuales ingenuamente persigue dominar.

Entonces aparece obsesionado con elementos que constituyen la fuerza contraria: un personaje femenino, su hígado, el microbio de la gripe, el átomo, el ambiente de una peluquería, el amor, y la presencia de la muerte. El adolescente Rubén se propone descubrir «el secreto de la vida» y compensar un fuerte sentido de soledad cósmica tomando «por la cintura a la primera mujer» (Tor, I; T, 82). Don Alfredo, el dueño del átomo, intenta dominar el átomo, para convertirse en el «amo ... y el hombre más poderoso del mundo» (Due, 59, 60, 62). El narrador de «Peluquería feliz» vuelve a la peluquería de su niñez porque piensa que allí está seguro de poder dominar por breves momentos su destino y liberarse de la consciencia de lo fatal, remontándose a los recuerdos y alegrías de la edad de la inocencia. Antonio Rojas, el gran griposo, y Rodolfo, el afectado del hígado, tratan de controlar su mal para «no oírlo» y evitar con ello el constante recuerdo de la asechanza de la fatalidad (Híg, 185). Doña Juana se esfuerza en lograr la inmortalidad física e histórica para «no dejar de reinar» ni como reina ni como mujer, negando el hecho de que la muerte existe. Y don Dámaso, un solterón empedernido de provincia, de naturaleza bastante rústica, persigue aseverar su individualidad comprando una capa con la cual intenta dar con el equilibrio entre vivir la vida y alcanzar sus ilusiones, ocultando su naturaleza primaria: pretende con ella darse «vuelo», «prestancia», y protegerse contra la amenaza del matrimonio y la muerte (Cap, 347, 332). Es decir, una situación específica de naturaleza cotidiana, encierra en sí las semillas de un conflicto donde se presentan inquietudes trascendentales. El conflicto del individuo en choque con los secretos de la creación, la fatalidad y lo inexorable.

En este estado y con estos propósitos, el personaje aparece sumergido progresivamente en ambientes donde impera el dominio de la naturaleza y lo irracional. Rubén, por ejemplo, vive su experiencia «bajo el imperio» de la primera tormenta del año, que dura dos días, y «una mañana que había salido mañana de domingo», no va a la escuela, sino que decide ir en búsqueda de un equilibrio armónico entre ser y naturaleza. Entra en un jardín, donde se siente «como en el Paraíso» o la pasa «fuera del mundo en el balcón» de su casa, el cual está impregnado del olor de las acacias de un paseo próximo y de «toda la fuerza de la vida bajo» una «tormenta» (Tor, III, IV, III). Doña Juana se aleja de las reglas de la corte y cae bajo la influencia de lo irracional cuando en los últimos días de septiembre emprende un peregrinaje por los campos de Castilla. Se le describe bajo la influencia de una atmósfera con «aire muerto» que inspira «un deseo de suicidio por sumisión al invierno», y sumergida en castillos «hechos de la tierra», con sólo su amor y el féretro embalsamado del marido como única compañía (Jua, 39, 40, 43). Los enfermos quedan hundidos bajo influencias irracionales cuando sus primeros ataques se sitúan en las épocas del año que insinúan declive vital: «el momento del invierno en que todos ... los hoteles son rascacielos de gripe», o una tarde de otoño en que la luz de las «cinco y media» domina con «luces de carpeta de cuero repujado». Afectados por sus dolencias, se les describe trasladados a una dimensión hasta entonces desconocida por ellos: el griposo, se siente asomado al «vacío de la muerte» en el «balcón sin balconada» donde se pierde «el equilibrio de un momento a otro»; y Rodolfo, en un «sector de la vida que se podría llamar la antetumba» (Gri, 57, 63, 72; Híg, 172, 177).

En muchas ocasiones, el personaje simplemente vive o está en sitios en las «afueras» de la ciudad, o visita lugares en el «entresuelo ... al margen del mundo» (Due, 60; Pel, 121, 127). En el caso de Don Dámaso, además de las sugerencias espaciales, éste resulta rodeado de naturaleza cuando con la intención de aislarse en su egoísmo individualista queda «sumergido» en su paño de «piel peluda y animal» que parece «más topo que castor» (Cap, 331, 337).

Todos los personajes frecuentan cafés, restaurantes, y lugares propicios a vivir «momentos» en que la vida consciente se escapa a la vida plena y en comunión con lo primario, buscan la felicidad (Híg, 179, 180). Estos ambientes se caracterizan porque su descripción sugiere un fuerte efecto de liberación evocador de escenas relacionadas con los ritos de renovación y la comedia primitiva. El personaje se entrega a una especie de «asueto» (Due, 63). Se le ve gozando momentos de recreo en la sobremesa de un sábado, una tarde o noche de paseo y tapas en un figón popular, o en una escapada a la vida nocturna. El sitio está dotado, invariablemente, de una atmósfera que invita a la espontaneidad. El aire es embriagador, ya sea por la influencia de la vegetación o la presencia del vino o el champán, y el personaje aparece acompañado de seres mucho más afines que él con el mundo de la naturaleza. Se le rodea del «anticientífico ... brutazo ... francote», que precia más «el buen humor espontáneo» y quiere «salvar de sus obsesiones al amigo»; o del amigo ducho en el amor, de la querida, de mujeres «locas», o de perros y gallos, etc. (Due, 61, 78, 81; Híg, 181; Jua, 39). También aparece rodeado de música primitiva: del «jipío ensartado e interminable» del cante jondo y de comidas que insinúan la comunión ritual: el personaje se describe comiendo «cabrito» o «criadillas» (Due, 78, 81; Híg, 181). En fin, el ambiente se caracteriza porque incita a «no pensar», a clarificar «los conflictos de la ciudad», o a buscar el anonimato. Los clientes de la peluquería, por ejemplo, «no querían tener nada unos con otros» y bajo el ámbito liberador de su atmósfera, se sienten «personajes» de una «larga comedia sin término ni posible desenlace» por estar «libres de las manos de ese autor dramático que rige los destinos ...» de todos (Pel, 124, 125, 127, 130, 131, 133) [8].

En estos ambientes el personaje se aproxima o aparece en estrecha relación con la fuerza contraria, que se le revela gradualmente contradictoria y, por consiguiente, le inspira atracción y rechazo. La mujer, si bien de lejos simula encarnar la belleza y encerrar la frescura de «todos los perfumes del jardín», de cerca desengaña: despide un olor decadente «a gato de portería». Si en un principio se muestra pura, obediente y sumisa, también resulta toda instintos y «cómplice» del amor, Si da la impresión de ser liberadora de cuidados, complaciente y amorosa, también resulta inasequible, cruel, fría, displicente, indiferente, inspiradora de odio y causante de problemas y responsabilidades (Tor, I, IV, III, VI).

La capa, promete ser fuente de satisfacción de ilusiones; infunde aires de nobleza, sueños de grandeza, distinción personal, y protección contra la muerte:

> Pero don Dámaso comenzó a ser don Dámaso cuando tuvo su capa sobre los hombros y sintiéndose más solemne que nunca se dejó crecer la barba.
> ... ...
> De todas maneras su capa le daba vuelo, prestancia, toda la personalidad de hombre abroquelado que huía por los paseos.
> ... ...
> No tenía un poro ni una transparencia, y por eso daba la sensación de ser un broquel contra todo.
> No podía haber cosa que la traspasase ni pulmonía que hiciese en ella una brecha por qué pasar. (Cap, 331, 333, 347)

Pero también, acentúa la naturaleza primaria del personaje. Le hace claudicar su celo individualista y, al mismo tiempo, lo sume en la soledad. Lo lleva al matrimonio que se empeñaba en evitar, y acentúa su naturaleza rústica dándole una apariencia incongruente y ridícula de «una especie de escribano de pueblo sin título», revelando gestos de «monte de pueblo» y «olores de tomillo» cuando se empeña en alternar en la Corte (Cap, 333, 334, 337, 348). Por último, al servirle de símbolo de distinción y escudo protector contra la muerte, priva al personaje de vivir una vida a plenitud: lo hace reprimir sus emociones y sentimientos naturales, revelar un egoísmo supremo, y como consecuencia, lo hunde en la soledad: «bajo la campana de la capa sintió cómo se aislaba con el egoísmo que es cada vida en sí, ... gracias a que la capa forma un aire aislador en el vaso de su envoltura». Y al revelar su egoísmo, se queda sólo como un «sacerdote de las soledades ... completamente solo en los altos del

---

[8] Hay una coincidencia notable entre estas líneas y unas de Nietzsche (*Origen,* 44).

camino» (Cap, 331, 341, 347). La peluquería, que al principio promete contener la «única felicidad pura de la vida», una vez frecuentada, llega a ser un lugar en que «la autoinspección de los espejos y la indiscreción de los rapadores» deja vislumbrar «la verdad de la vida». Una verdad que vista desde el revés de los espejos se interpone «entre el deseo y la realidad», y en vez de ser un escape a la época de la inocencia, deja al descubierto un hervidero de pasiones donde pululan los impulsos primarios y la fatalidad. Su trasfondo revela «lunas cornudas»; hace visible la imagen latente de agresividad que agobia al peluquero; trasforma su navaja en «daga» y muestra en un cliente asiduo al «tipo nefasto ... de canillas con el hueso afilado» (Pel, 133, 135, 123, 144). Es decir, pone de relieve una atmósfera de incertidumbre y crea una mezcla de sentimientos en el narrador, de modo que si el «niño» dentro de sí lo tira a ir a la peluquería, el adulto presiente la fatalidad y se deja halar, sólo para apurar todos los recuerdos felices que le evoca el lugar, antes de que la fatalidad le robe su único refugio de escape contra ella.

El átomo, es a la vez lo mínimo y lo máximo; elemento de creación y de destrucción. Para el físico Don Alfredo es una «minucia», el «verbo», la «riqueza suprema», y la «última esencia»; la «única realidad del mundo ... lo que hace que todo tenga condiciones materiales de procreación y adopción»; el «límite de lo menos» mediante el cual se llega «al límite de lo más;» y lo minúsculo que lo complica todo y no deja saber «si el sostenimiento de la vida es interior o exterior» (Due, 65, 63, 70, 64, 74, 76, 69). Pero también inspira «inquietud» y temor; si bien promete ser la partícula que «contará la historia de los mundos», también causará su destrucción.

En cuanto a la asociación con las ideas de la vida y la inmortalidad, es necesario destacar que la fuerza contraria también se presenta contradictoria: en general, si protege contra la muerte, aísla; si destruye, lo hace para construir, y si confirma el carácter finito de la existencia del individuo, lo hace de modo que no se destaca como conclusión, sino como parte integrante de la vida. La capa, por ejemplo, protege contra la muerte, pero lo hace aislando al personaje. Peregrinar con la muerte a cuestas, mientras le da la ilusión de inmortalidad y de perpetuidad de poder a doña Juana, también la aísla en los «sitios desérticos» donde la recluyen (Jua, 43).

El átomo, la gripe, el ataque del hígado y la idea de la muerte, si, por un lado, le confirman al personaje su carácter perentorio y la aniquilación y disgregación de que es víctima, por otro, lo instigan a tener consideraciones distintas acerca de la vida y la muerte. Estas se le hacen visibles entonces, no como estados absolutos e independientes, sino como fases complementarias de la vida.

Las enfermedades y la idea de la muerte, a la vez que sugieren la aniquilación personal, por un lado representan el «'morir habemus'», el «filo de cristal» o el «trasluz de bisel» que corta «la iniciativa», rebasa «los proyectos» y envaguece «la afirmación de la vida» (Híg, 182, 175, 183), también se manifiestan como señales de vida. El átomo, según el personaje, hará posible concebir la vida como un estado que admite la transformación de su materia en otro y contribuirá a crear una nueva mentalidad en cuanto a la manera de concebir la muerte. Entendido su mecanismo, la muerte no representará el acto de «acabar» con el individuo, sino el de «devolverle íntegro a la fábrica de harinas tal como salió antes de amasarse en su forma» (Due, 73). Es decir, gracias al átomo se entenderá como proceso de transformación por medio del cual el ser pasa de una fase vital individual, al caos o la confusión de que forma parte, aunque el ser individual se niegue a reconocerlo.

El hígado representa una fuerza que destruye para construir. Emerge como símbolo de renovación al calificarse de «el impecable hacedor de sitio en la vida» o «el verdugo que prepara los suficientes vacíos en la vida para las nuevas generaciones» (Híg, 182). Y las enfermedades hacen que «todo» parezca «subrayado» de una manera distinta a la que se tiene antes de padecerlas (Híg, 183, 174). El griposo se pregunta si «quizás el no tener gripe es haber muerto», mientras que el hígado aparece como «la madurez de la vida» y el «aviso enternecido de que se vive», lo cual despierta la consciencia hacia el aprecio y el goce de la misma (Gri, 65; Híg, 183, 182).

Entonces, alejado de su rutina, liberado y sumergido en un mundo que le pone en evidencia lo contradictorio de todo, el personaje cae bajo la influencia de la fuerza contraria. En un estado de encantamiento e inconsciencia, experimenta una atracción muy fuerte por abandonarse a sus impulsos naturales y se le describe presa del olvido y la despreocupación. Dominado por una «pereza desobediente ... desmayado ... borracho», y «ensimismado como un rebelde» se duerme «como muriéndose» y sueña «largas horas» (Tor, I, IV; Cap, DA, 89). Tiene la impresión de que se va a «desvanecer», le falta «la vida por la base», sus piernas están «muertas» y su cabeza está «blanca y fría» (Híg, 174, 175). Cae en «la hiperestesia», la «indiferencia gripal» o la «desmemoria suprema» (Gri, 75, 76, 77). Tiene momentos semejantes a los propios de una experiencia de comunión ritual. Siente arrebato, es presa de la ceguera de la sinrazón, pierde el dominio de sí, y entra en éxtasis: mira hacia el cielo «como ahogándose» o simplemente mira «hacia atrás» o «con la cabeza echada hacia atrás» (Tor, I; Pel, 138). Con frecuencia, toma la apariencia de una figura frenética. Don Dámaso, envuelto en su capa «huía por los paseos ... en los altos del camino»; y doña Juana, cubierta con una toca, parece una figura veloz que «vuela en el viento» como «mechón suelto del desconsuelo flameante y vivo» (Cap, 347; Jua, 38). En estas circunstancias, el personaje sufre una transformación: «sobrecogido» por lo irracional, pierde el sentido de la propiedad y da la impresión de ser presa de la locura. Ríe con «carcajadas frenéticas», le salen «opiniones insólitas», grita «hasta hartarse» o cae en un «silencio complicado» (Gri, 63; Cap, DA, 91, 92; Pel, 126, 39; Jua, 34). «Poseído» por su dolencia física, por la emoción o por una «histeria de amor», toma apariencia de «posible loco», parece un «chiflado» o un «apoplético»; se le nublan los ojos y actúa como un «desesperado» hasta el punto en que a veces pierde la coordinación de sus movimientos corporales (Gri, 63; Due, 64, 70, 80, 81; Jua, 38; Tor, VI). Rojas, «emplastado» de ungüentos toma la figura de «una máscara de nariz postiza»; Juana se transforma de reina que «no quería dejar de reinar», en «reina de la muerte ... feliz mirando de vez en cuando su querido baúl de amor»; y don Dámaso se convierte de «embozado en seriedad», en «emboscado en sonrisas» (Gri, 76; Jua, 42, 34, 44; Cap, DA, 89, 98).

En este estado, causado por la comunión o un acercamiento extremo a la fuerza contraria, la actitud racional y el velo ilusorio con que el personaje acostumbra ver la vida ceden el paso por un instante a la percepción de verdades captadas mediante lo vivido. Como consecuencia, vislumbra una idea que extiende su visión acostumbrada sobre la vida. Llega a inferir a través de la fuerza contraria la complejidad y las oposiciones de que está formado todo y por medio de ello, se le hace evidente una dimensión de sí mismo o de la existencia con la cual había evitado enfrentarse dentro de su vida consciente.

La mujer, la capa, la peluquería, el átomo, las enfermedades, y la idea de la muerte, si prometían ser únicamente la base de la felicidad y la satisfacción personal, vistas más de cerca también son obstáculos a sus fines. Si parecían ser sólo fuentes del amor, el cumplimiento de las ilusiones, o el refugio contra la evidencia de la fatalidad, ahora parecen también fuentes de desorientación, contrariedad, y frustración. Terminan revelándole la evidencia de su naturaleza primaria, su participación y atracción hacia lo irracional y el caos, su carácter mortal y en ocasiones, su tontería al querer oponerse a estas evidencias.

Rubén, una vez pasado el arrebato pasional, recobra la razón, pero sólo para ver en la satisfacción de sus apetitos la dificultad de mantener el equilibrio entre vivir la vida y cumplir con sus aspiraciones individuales. La mujer resulta ser el instrumento traicionero de que se vale la naturaleza para que el individuo cumpla con sus responsabilidades naturales y, por consiguiente, le trae obstáculos para su progreso y el cumplimiento de sus anhelos e ilusiones individuales. Por lo tanto, Rubén, contrariado, se siente «obligado y arrepentido de haberse obligado». No pudiendo encontrar un equilibrio entre el sentir y la razón, tiene que someterse a la fuerza dominante de sus apetitos a pesar de querer mantenerlos subyugados y tiene que relegar sus aspiraciones de grandeza individual a segundo plano. Como consecuencia, por su propia inclinación termina siendo «un fracasado de por vida», que se casará, «tendrá muchos hijos», y será el que «no enseña nunca a su mujer» (Tor, VI).

Don Dámaso, en su conflicto entre realizar sus ilusiones y vivir la vida, en convivencia con la capa adquiere sensatez: gracias a la capa le salen «a flote ideas altas», se vuelve «más desdeñoso de la obra humana y de su afán» y vislumbra con dolor dos verdades opuestas a las que perseguía: la distinción consiste en encontrar el «maridaje» entre cubrirse de nobleza con una capa, y sin negar su naturaleza vital, «ser siempre el mismo» en el fondo (Cap. 336). Que a pesar de querer evitar la muerte, tanto el hombre como la capa o cualquier otra cosa sólo «es inmortal mientras vive», siempre y cuando haya quien valore sus «dobleces y actitudes de bronce perdurable» dentro de la existencia y el recuerdo (Cap, DA, 91; Cap, 347). Es decir, ve que el hombre no es distinto de lo que lo rodea y no tiene una posición privilegiada en el concierto universal; que los valores para él en un principio absolutos, son relativos, y admite la naturaleza primaria y la fatalidad como aspectos inexorables e intrínsecos a la condición humana (Cap, DA, 93). Por lo tanto, se siente «hombre vencido» y viendo en la capa «el testigo» que lo «separaba» de una vida más natural y auténtica, se deshace de ella (Cap, 350).

La peluquería resulta, en vez de cuna de la felicidad, nido de fatalidad, al ser escenario de una deshonra, un crimen y un suicidio pasional. El personaje entonces, comprobando lo imposible de evadir la fatalidad, al ver su «paraíso perdido» es presa de la desesperación, se siente completamente «perdido» y se da al «paseo más desorientado» de su vida (Pel, 147).

En un número considerable de narraciones, como lo ilustran las precedentes, el personaje, al recobrar la razón, se restituye al mundo de la norma contrariado ante la revelación del predominio de la fatalidad, la cual debe aceptar muy a su pesar.

En otros casos, la revelación se concentra en acentuar la arrogancia ingenua del personaje que quiere desafiar la fatalidad y lo irracional mediante la confianza que tiene en sus actos racionales, forzándolo a que vea la imposibilidad de negar la influencia intrínseca de estos elementos en su propio ser. Entonces éste resulta una tonta víctima de la presencia del aspecto afectivo irracional en su propio cuerpo. Don Alfredo, si en un momento de compenetración total ve lo maravilloso del poder del átomo, también percibe que es «la fuerza destructora más formidable» capaz de corroer y «disgregar» todo lo que se interpone en su camino. Pero aún más, a través del mismo, percibe su propia incapacidad humana para dominar, no sólo las reacciones irracionales fuera de sí, sino también las inherentes a sí mismo: frente al goce y entusiasmo de ver el átomo en acción, en su primera demostración junto con su mujer y su discípulo, no atina a coordinar los pasos que tenía planeados para prevenir su peligro y es víctima de lo que le prometía la felicidad por la traición de sus propias emociones:

—¡Basta! ¡Basta!— gritaba don Alfredo, pero se le veía no acertar con la clave del socorro ... Aquello obraba más vertiginosamente que se podía sospechar ... —¡Basta! ¡Basta!— seguía gritando don Alfredo crispado por su torpeza de no poder libertar el medio microelectrón cautivo. Nervioso, desesperado, temiendo ver nuevos paisajes irreparables, dio un puntapié al trípode del nido de vidrio y se rompió el tubo a espaldas de los tres.

—¡Ah!— gritó con una A mayúscula como aguja de catedral; pero el medio microelectrón, retrocediendo al sentir el imán de su otra mitad, invadió un nuevo sector de disolución y devolvió también a lo indivisible a los tres seres atónitos. (Due, 84)

En otros casos, el personaje supera el golpe y acepta la fatalidad como parte de la vida, reaccionando ante su evidencia con una actitud positiva donde se reafirma el goce de la misma. Sobrecogido por sus enfermedades, reconoce «lo que tiene de suceptible de muerte el hombre», y cómo vivir o «caminar por el mundo es ir por la vereda de una cuerda floja». Ve en ellas una advertencia de «que se tenga cuidado para preciar bien un hecho tan precioso» —la vida—, de que se tengan «más delicadezas» con ella y de que no se olvide «de felicitarla el día de su santo» (Gri, 77; Híg, 182-83). Comprende lo inoperante de querer luchar contra su naturaleza mortal y convencido de que no podrá dominar sus enfermedades, discurre «que no vive la vida el que cree que es inmortal» (Híg, 174). Por consiguiente, en vez de privarse de gozar la vida con el fin de prolongarla en lo personal, decide dejarla correr su curso completo y vive ésta a plenitud aunque cada día que pase lo acerque más a la muerte. El solterón empedernido Antonio Rojas, decide fundar «el hogar que todos le estimulaban a formar», viendo en la prole, no la perpetuación de sí, sino «un cultivo de nuevos griposistos» en cuyos cuerpos las «células» y los «átomos» mostrarán su «insinuación disgregadora» y declararán «su rebeldía disolvente». Don Rodolfo, por su parte, al ver que la muerte se le anuncia por el desgaste de haber vivido, se da a excesos, a pesar de saber que el goce de cada día lo acerca más a la muerte (Grip, 77, 78). En fin, aprende a aceptar la fatalidad al punto de llegar a ver en ella su aliada, tal como lo ilustra doña Juana, quien vencida al no poder dominarla discurre que lo mejor es entregársele a voluntad. Por lo tanto, se suicida sonriendo, con la ilusión y la esperanza de que por lo menos, si no en vida, gracias a la muerte vivirá cerca del marido sin que él pueda «poner resistencia» (Jua, 34). Paradójicamente, el personaje concluye ilustrando la inferencia de don Dámaso, de que sólo se es inmortal mientras se vive o mientras haya quien valore a otro dentro de la existencia y el recuerdo. Doña Juana, recordada por su locura de amor y su sentimiento ambivalente hacia la muerte, encuentra en lo que pensaba que le negaba la inmortalidad, la inmortalidad personal e histórica: le da nombre «a una época, la época de Doña Juana la loca y también con su locura la época de don Felipe el hermoso», destacando gracias a un hecho cotidiano, la «lesa majestad de la reina... su reinado sobre la prosa enjuta y escueta de los historiadores» (Jua, 34-35).

En todo caso, la felicidad que el personaje esperaba encontrar resulta en desgracia desde el punto de vista del ser individual y causa una reacción, en el mejor de los casos, de conformidad, de aprecio hacia la vida o de escape hacia el mundo de las esperanzas y las ilusiones. En el peor, lleva a la contrariedad, la desilusión, la desorientación y hasta la muerte. O sea, crea un efecto opuesto al esperado, inversión temática que se entrecruza con una inversión en la línea narrativa y guarda armonía con la misma.

Estas observaciones, derivadas de narraciones de una apariencia tan diversa como las discutidas, permiten afirmar que en todas las narraciones breves de Ramón está presente el empleo constante de un patrón básico donde el personaje que emprende la búsqueda puede identificarse con el «ingenuo» en el arte por su actitud dominante de querer guiarse mediante la razón y la ilusión (Nietzsche, Origen, 34). Además, ya que en dicho patrón algo fundamental es la relación que existe entre el personaje apolíneo, la esfera de lo sensible encarnado en la fuerza contraria y el ambiente, es posible concluir que en las narraciones breves, Ramón ensaya dar con una correspondencia entre el mundo y el individuo, y lo dominante es una defensa y afirmación de la vida en toda su complejidad de elementos positivos y negativos: —ser individual, caos; muerte, vida; razón, ilusión—, comprendidos en la concepción artística que proclama en Dionisos el símbolo de la vida total (Concepto, 21-22; Nietzsche, Origen, 16-17; Things, 117-120).

En términos de la *novella,* en las narraciones breves se observa un patrón temático basado en la presentación de una situación específica que a pesar de partir de un hecho sacado de la vida diaria, encierra en sí un conflicto de carácter insólito. En cada caso, los personajes funcionan como símbolos. El personaje masculino representa al ser humano, civilizado, amante de la distinción, el orden, la razón, la permanencia, etcétera; el femenino, objeto o idea, con el cual se enfrenta, representa el mundo fuera de su dominio, o lo vital en toda su complejidad de elementos positivos y negativos. Por consiguiente, el personaje masculino, al entrar en choque con la fuerza contraria, está en una situación de desafío que consiste en querer sobreponerse a su naturaleza humana y a aspectos de la vida que están fuera de su alcance. Al emprender su búsqueda, en realidad emprende una lucha encaminada al vencimiento de lo natural. Pero, sumido en un estado de inconsciencia que se hace patente en el transcurso de su aventura, ve descorrerse el velo de la ilusión con que se oculta a sí mismo verdades que le muestran la tragedia de la vida. Con ello, a partir de una situación específica, la temática se concentra en la lucha del hombre común o el antihéroe, preocupado por la importancia personal, en choque con el mundo que lo rodea y lo amenaza inexorablemente. Es decir, la narración incita consideraciones de carácter universal que rebasan los límites de lo narrado y atañen a la naturaleza humana en general, notándose que Ramón, a medida que avanza su trayectoria narrativa varía la manera de revelar este fondo trágico valiéndose del humor para resaltarlo[9].

[9] En este trabajo se comprueba que el «cliché» de citar como característica principal de toda la obra de Ramón el humor, entendiendo esta palabra con un significado restringido, impide percibir el lado serio y hasta sombrío de ella (Richmond, 27). Las narraciones breves, conforme con Ramón, para quien, entre otras cosas, «en el humorista se mezclan el excéntrico, el payaso y el hombre triste, que los contempla a los dos» (Ismos, 206), revelan lo siguiente: en las medulares, la «almendra de tragedia» (Camón Aznar, 309) predomina cuando se reflexiona sobre lo leído en dieciocho de veintiséis que constituyen este grupo. Por ejemplo, «La malicia de las acacias» o «¡Hay que matar el Morse!». Entre las narraciones que constituyen una recreación de la «fórmula», de veintisiete, dieciséis, a pesar de dedicarle considerable espacio al elemento humorístico, terminan con efectos que van del tono irónico desconcertante, «María Yarsilovna» o «La mujer vestida de hombre», al trágico, «Peluquería feliz», o al trágico grotesco, «El defensor del cementerio». Unas infunden sentimientos de nostalgia, soledad o resignación, por ejemplo, «Los dos marineros»; de angustia, «La virgen pintada de rojo», o contienen un humor de matiz agridulce, por ejemplo, «Se presentó el hígado». Por lo tanto, el humor aparece, y debe entenderse como un recurso del que se vale Ramón, dentro de un cuadro más complejo, para revelar una verdad que resulta más bien trágica. Proponemos que al asociar el humor con Ramón se tome en cuenta la definición contemporánea a él que ofrecemos en la nota 29 del primer capítulo. Para el papel del humor en relación con este estudio véanse además, T, 44-45, 67, y el capítulo IV.

Narraciones medulares

La «fórmula» de Ramón

Entre 1913 y 1921 Ramón escribe «El Ruso» (1913), «El Doctor inverosímil» (1914), «El miedo al mar» (1921), «La tormenta» (1921) y «Leopoldo y Teresa» (1921). Con la excepción de «El doctor inverosímil», libro formado de episodios breves en yuxtaposición y narrados en secuencia lineal, las cuatro narraciones restantes forman un grupo que revela el punto de partida de una fórmula narrativa preferida por Ramón, la cual aparece ya cimentada en «La tormenta» y «Leopoldo y Teresa». Los elementos constantes de esta fórmula son los siguientes:

La situación específica y el hecho insólito

En todas ellas se presenta una situación específica sacada de la vida diaria, en la cual aparecen dos personajes en tensión; esta situación es muy breve, y se limita a la búsqueda de una mujer por parte de un personaje masculino. Sin embargo, a pesar de su aparente matiz ordinario, en cada caso dicha situación encierra en sí un hecho insólito, el cual es ilustrativo de algo que tiene que ver con una preocupación inherente a la condición humana.

Las cuatro situaciones específicas en este grupo se pueden resumir de la siguiente manera: en «El Ruso», el narrador, resentido con las mujeres, que según él, por naturaleza hacen del hombre un juguete de sus frivolidades, se dispone a conquistar una en la cual vengarse de la perversidad esencial a todas. En «El miedo al mar», Prudencio, un ingeniero, desesperado de tener que vivir otro otoño e invierno frente al mar, desea volver a la ciudad y trata de convencer a su novia para que se vaya con él. En «La tormenta», Rubén, un chico, al sentir el despertar de la adolescencia, emprende su primera conquista femenina, y en «Leopoldo y Teresa», Leopoldo, un señorito fracasado, feo y vagabundo por voluntad propia, desea encontrar una señorita de más o menos iguales condiciones, pero a su vez tonta, para hacerla su compañera.

Lo insólito de la situación radica en que el personaje emprende dicha búsqueda en un momento crítico de su vida. Ha percibido una verdad que se relaciona con problemas esenciales a su condición humana: se ha dado cuenta de lo efímero de la vida y ha adquirido consciencia de la muerte. Ha sentido la «angustia de muerte» que despierta con el surgir de la adolescencia, la entrada del invierno en un lugar desolado, o con la muerte de un ser querido. Su despertar de la consciencia es tal que a Leopoldo, por ejemplo, hasta los sillones de mimbre le insinúan «la alusión a lo que iba pasándose y quedándose en los huesos por su egoísmo» (Para el simbolismo de los sillones de mimbre, T, 85). También se ha dado cuenta de lo amorfo y falto de estructuras que existe bajo lo aparente. Ha sentido en carne viva la soledad y la pequeñez humana ante lo inexplicable y lo primordial, la incapacidad humana para dominar la fuerza omnipotente y arbitraria manifiesta en la naturaleza, y ha tenido la convicción de que existe un abismo que lo separa del mundo que lo rodea (T, 55, 56, 58; Tor, V; Leo, IV).

Si es un adolescente, percibe «lo oruga que se es» frente al despertar de sus propios impulsos primarios; adquiere consciencia del ser dividido, y bajo el agobio interno de los impulsos primarios y los externos causados por las fuerzas naturales en el ambiente, se describe «más uno ...» o más separado o individual frente al mundo externo (Tor, III; para cita completa, T, 101)[3]. Si cree que posee los secretos de la tecnología, ve que su concepción ordenada y estructurada del mundo no lo capacita para comprender y dominar lo irracional, lo amorfo, y lo caótico que impera en la naturaleza. La falta de estructura es una amenaza para él porque le hace palpar su incapacidad para reafirmar su voluntad ante la naturaleza, indiferente a su sentir individualista. Por ejemplo, Prudencio, lleno de «una inseguridad atroz», ve en el mar una «burla contumaz» o una fuente de humillación que le hace «pequeño». Lo teme a tal punto que lo odia, y le grita para «reanimar» contra él, para «vengarse de su ruido» y para «no dejarse achantar por él», hasta cuando llegue el momento en que con despecho pueda «arrancar a la costa una de sus hijas», de la siguiente manera (Mie, I, II)[4]:

> Playa eterna, me induces a una grandeza que no puedo conseguir y no me ofreces como ejemplo nada más que el espectáculo de tu brutalidad, de tu eternecedora epilepsia; invertebrado, completamente invertebrado mar
>
> ... ...
>
> Logras borrar mi amor y mi dolor, y como no te quiero tener a ti por ideal, vano cachalote, veo me quieres dejar sin ideal... (Mie, I)

Por lo tanto, ese buscar a una mujer, aunque aparenta un hecho ordinario, encierra en sí motivos más profundos que se derivan de la preocupación del personaje por reafirmar su individualidad en actitud «rebelde» y de inconformidad hacia fuerzas superiores. Se trata en todos los casos, de «hallar una mujer en que ser verdadero y sostenible» para vengarse, sentirse superior, o tratar de subyugar en ella la burla que siente le dirige lo primordial, representado por el mar, el «mujerío inicuo», o la «belleza engañosa» que le ha sido «infiel en principio»; o

---

[3] La preocupación de Ramón en cuanto al problema de la soledad y el ser dividido se expresa en libros anteriores. Por ejemplo, en *Muestrario*, 154, 174.

[4] Esta «inseguridad atroz» es comparable a la del narrador de «El Ruso» (T, 58-59).

para descubrir «el secreto de la vida» y «salvarse» de morir sin haberlo conocido. En fin, se trata de un egoísmo que lo aleja de toda intención de cumplir con las leyes de la convención o de la naturaleza, para reafirmar su individualidad (T, 50, 51; Tor, II, IV).

En suma, lo insólito de la situación radica en que la búsqueda y conquista del personaje femenino tiene como origen problemas trascendentales que dan motivo, a su vez, a la búsqueda de soluciones igualmente trascendentales.

Función simbólica de los personajes

Es preciso subrayar que en todas las *novelle* de Ramón, los personajes tienen una función simbólica. El personaje masculino, en vez de representar un ser humano particular, es un ejemplar humano común y corriente, que sirve para ilustrar un modo de proceder común a la humanidad: el de ver la vida como algo ordenado, la belleza como algo permanente y la verdad única como aquella que se obtiene mediante la razón. El personaje femenino, objeto o idea con que se enfrenta, por su parte, se destaca como la manifestación de fuerzas primarias caóticas, cambiantes, incontrolables y arbitrarias, cuya comprensión, más que la razón, exige el contacto con la experiencia sensorial.

El personaje masculino

El perfil de los personajes que permite llegar a estas generalizaciones se establece ya en «El Ruso» y se cimienta en las otras tres narraciones del primer grupo. En ellas el personaje masculino, debido a su actitud al iniciar su búsqueda se identifica con la de un ser dominado por el *principium individuationis*. Está acostumbrado a valerse de la razón y el orden, vive dentro de la falsa seguridad que deriva de las leyes establecidas que rigen al ser social, y confía en el dominio del mundo que lo rodea, mediante el poder de su voluntad. Ya sea el narrador de «El Ruso» o los otros tres, este personaje percibe la vida a través de un velo ilusorio. Es un escritor, «españolito, hijo de un país de hombres líricos», que se preocupa por problemas como el de la validez de la belleza, y no ha conocido «padecimientos demasiado ensañados ni demasiado sordos». O un ingeniero, un chico de instituto, o un abogado fracasado que, si a la vez es un vagabundo, se siente «dueño» o rey en una «especie de reservados del Rey» dentro de los jardinillos en que se refugia. Gran soñador, ante la conquista fácil usa «un romanticismo de caballero» que mueve a la sorna a los que lo presencian (R, 269, 270; T, 56; Tor, I, III; Leo, I, III).

En su reto con lo sensorial, es un joven obstinado y astuto que con determinación intenta afirmar su individualidad y probarse superior a toda costa, y escoge para ello, el dominio de una mujer. Llevado por esa confianza de sí y su voluntad, con soberbia discurre que «una mujer no es imposible sino por la muerte, y ni por la muerte, sino porque se la ignore» (R, 255).

Ramón con frecuencia señala su tendencia a evitar confundirse con la colectividad indiferenciada y a esforzarse en cubrir la evidencia de que es partícipe de ella. Lo describe «metido en su gabán, en su vida», o sea, como un ser que se resguarda en su coraza individual. En el restaurante El Ruso, aparece separado del resto de los comensales, un grupo de refugiados que muestran conformidad con el sufrimiento, la fatalidad y la muerte, «arrinconado en una mesa del fondo». En el jardinillo, se sienta «del revés» sobre el respaldo de sus bancos para mirar desde fuera, «como acodado al balcón más bajero, la marcha de los acontecimientos». Y preocupado por evitar el anonimato a que lo llevará la muerte, se le ve tratando de encontrar una mujer que fije su vida hasta ese momento «sin hora y sin calendario» (R, 249, 273; Leo, I, III) [5].

Este fuerte impulso individualista se refleja en su sentimiento de la propiedad, su amor propio y su inhabilidad para dejarse llevar por sus impulsos primarios, ser espontáneo o reconciliarse con la idea de la muerte: teme el ridículo, y evita entregarse al sueño o confundirse con la multitud, porque ve en estas actividades una asociación con el anonimato y la muerte (T, 52, 55). Tiene consciencia del pecado y la culpa: siente «la ira de Dios antes de haber pecado». Leopoldo, por un lado, se aprovecha de Teresa, y, por otro, se confiesa a sí mismo «un miserable», que no le podría pagar a Teresa nunca el que se fuera a vivir con él. Ramón lo pinta como un ser tan austero que su fisonomía da la impresión de «un chico con dolor de muelas», que toma «demasiado en serio todas las cosas» y es capaz sólo de «un cariño adusto». También se detiene a demostrar que carece del arrojo natural necesario para enamorar, y huye para evitar, hacerse «violento, injusto», o no poderse «contener», es decir, para no perder el dominio de sí (Tor, V, III; Leo, I, III; Mie, I).

---

[5] De ninguna manera se puede identificar este personaje con un héroe de novela tradicional a causa de la técnica selectiva con que se presenta. Ya que en la *novella* el mensaje es lo esencial y no las circunstancias que rodean al personaje, su tratamiento no se detiene en planteamientos causales, detalles sobre antecedentes familiares o el modo de vida que lleva. Lo importante no es que sepamos qué le pasa, ni que se despierta interés o simpatías por lo que le ocurre. Su presentación se hace con insistentes referencias e imágenes simbólicas como las anotadas, con el fin de revelar gradual y constantemente la comprensión del lector hacia la actitud frente a la vida de un ser en un estado de crisis que debe tomarse como representante de un tipo humano. Con estas imágenes repetitivas se ilustran conflictos o problemas pertinentes a toda la humanidad, y se le da énfasis no al personaje como un ser humano, sino a la actitud ante la vida que él representa. En el caso de Ramón, ésta es la tendencia apolínea de enfrentarse a la vida; para la comprensión de estos conceptos, véanse Gillespie, 226-27; Springer, 12-13; 19; 75, 130-31; Leibowitz, 34-44, 57.

La confianza en sí mismo se indica con actitudes y ademanes que sugieren un optimismo ingenuo por su aire de desafío hacia el reino de lo sensorial. Ramón lo describe convencido de que es él quien conquista. Leopoldo escoge a Teresa porque le parece tan «rematadamente tonta que caería con facilidad», y «sus gracias rusticanas fuertes no la dejarían huir de su lado, porque nunca podría ser una señorita». Con un aire de superioridad, disfruta y se sonríe al ver que Teresa «creía en él» (Leo, IV). Frente a una tormenta cobra aires de «marino de la tormenta» o de «capitán de barco». Si se escapa del colegio en búsqueda de aventurillas amorosas, se dice que «hace novillos», se despide de sus compañeros «con gestos toreros», y se va de «excursión a la sierra de los novillos» [6]. En las terrazas, su gesto al coger los sillones es uno de «verdadero alarde de hombría, como si cogiese por el cuello y sopapase a antiguos enemigos» de modo que «parecía, por su confianza con los sillones de mimbre, que hacía así como distribuir los asientos del comedor de su casa: 'Aquí tú... aquí yo'». Y agobiado por la indiferencia de la naturaleza, frente al mar, se le pinta haciendo las veces de domador: «él que no tenía caballo, se ponía las botas de montar y salía con una fusta corta de jinete, ... para despejar su mal humor latigueando los zarzales» (Tor, I, II; Leo, IV; Mie, I). En efecto, Prudencio siente un fuerte convencimiento de que en el mundo tiene que haber un sitio en que puede ser el rey del universo. Y piensa, con ingenuidad, que «tierra adentro» existe un lugar reservado para poder disfrutar de su vida «de hombre», sin darse cuenta de que, a pesar de los secretos de su tecnología, la tierra es tan traicionera como el mar (Mie, II, III; T, 115). En todos los casos, su ingenuidad consiste en creerse capaz de dominar la fuerza bruta o lo indomitable, aludidos con referencias al toro, la tormenta, la tierra, el mar y los muebles de mimbre. Según Ramón, los muebles de mimbre, por lo «quebradizo» y por su «envejecimiento rápido» hacen evidente lo efímero de la vida (*Libro nuevo*, 76).

A pesar de que lo dominante en este personaje es su fuerte tendencia apolínea, Ramón da a entender que en el fondo de su ser, aunque subyugado, bulle un mundo de impulsos y tendencias irracionales. Este detalle se revela de manera bastante sutil y sólo de modo esporádico. Se nota que lleva «una piedra de luna», la cual, por su apariencia equívoca sugiere afinidad con «el poder oscuro y primitivo de fuerzas secretas» que permite ver una intención por sugerir la naturaleza equívoca del personaje (R, 266; Litvak, 112). La descripción de su modo de proceder también incluye detalles que permiten inferir en él la presencia oculta de tendencias irracionales. El narrador de «El Ruso» siente admiración

---

[6] Con el mismo significado del hombre que se cree en posesión de todo y en dominio de la naturaleza, esta imagen recurre con frecuencia en varias narraciones breves. Entre ellas, en «La hija del verano» y «Suspensión del destino».

por la colectividad anónima a pesar de su incapacidad para incorporársele, y es víctima de las pasiones. Es vengativo y perverso (T, 50). En las otras *novelle* se observa que la presión de las reglas convencionales lo incomodan y trata de evadirlas. Rubén, por ejemplo, siente impulsos de «llegar pronto a casa para quitarse el traje» que le pesa «de modo agobiador». Leopoldo desiste «insistir en las buenas lides de la vida»; renuncia al trabajo, y desea olvidarse de su apariencia de señorito: desea «ser siempre ese ser misterioso, roto, que no hace absolutamente nada y lleva siempre unos periódicos saliendo por el bolsillo» (Tor, III; Leo, I, IV). Prudencio, que vive en una aldea, a la vez que añora la ciudad, se muestra ambivalente y hubiera querido que su vida frente al mar hubiera transcurrido desde el primer invierno «sin la compensación contraproducente de los veraneos civilizados». Además, se le describe como un «lunático», preso de una «manía», y «como un loco». Hasta sus orígenes a veces le hacen afín con lo primario. Leopoldo se describe como «hijo de un rico labrador de Guadalajara al que su padre había hecho difícilmente abogado»; tiene cara de «mono ictérico» y, de usar corbata, sería una roja. Con todos estos detalles Ramón subraya la afinidad del personaje no sólo con el mundo de lo primario, sino con la presencia de la fatalidad mediante referencias a la enfermedad y los colores preferidos por Ramón para insinuarla: el rojo y el verde amarillento (Mie, I, II; Leo, I; T, 91, 101, 113, 117-18).

El personaje femenino, símbolo de la vida

De acuerdo con el «método» de la *novella,* el conflicto de la narración generalmente ocurre entre un personaje en que se subraya una actitud frente a la vida y un agente (otro personaje, un animal o un objeto) que funciona como símbolo en que encarna todo aquello con lo cual él lucha (T, 28). En las narraciones de que se ocupa este capítulo, dicho agente aparece en la figura de uno o más personajes femeninos que representan una serie de dualidades y ambivalencias propias de lo vital. Este significado lo logra Ramón mediante el empleo de alusiones evocadoras de elementos menádicos en una gama simbólica común al arte y la literatura de fin de siglo. Con ellas le imprime al personaje femenino el significado de símbolo de la vida, con todas sus contradicciones, y lo dota de una función especial: la de intermediario en la revelación de verdades que están más allá de lo aparente mediante una experiencia sensible, función relacionada de modo directo con el rito menádico[7]. A menudo esta mujer evoca la máscara, a veces sólo sugerida con una insistente refe-

[7] Para una explicación de las influencias de Dionisos, la experiencia menádica y la creación del simbolismo del personaje femenino de Ramón, véase el apéndice «La mujer y la ménade».

rencia a su palidez. Partes de su cuerpo o lo que viste la asocia con pájaros, serpientes o tigrillos. Su modo de moverse, su mirada y su cuello se describen con expresiones de éxtasis. Asociada con el vino, la leche o el dulce, es sensual, provee vida y es muerte; embriaga y empalaga. Ramón sugiere su armonía con lo primigenio con referencias a la *krotala* o el *sparagmos*. En más de una ocasión se le relaciona con castañuelas o se le compara con una gitana clarividente, o evoca a la ninfa en su cueva húmeda. Se le califica de «amazona», o «selvática», y su amor es de una dimensión extrahumana. El amado, semejante a Dionisos, es un hombre con aspecto de adolescente, melena rubia, «aire noble y único» de belleza perfecta, de «una gran sensatez», a quien sus ojos, como los de Ariadne, buscan «como quien ofrece una nueva prueba al Dios de sus pensamientos». O, resulta ser el mar, a quien considera su «Dios», o «su divino esposo», resistiéndose a apartarse de él por ser «lo que más quiere» (R, 254, 269, 271, 275). En el consentimiento de la entrega, no va por compañerismo hacia el hombre, sino impulsada a obedecer los dictados de la Naturaleza, que le exige cumplir con su papel de madre y nodriza. De allí que su entrega, con «tan gran naturalidad» y «tan sencillamente» a un desconocido, sorprende a éste y le hace exclamar: «¡Es que la Naturaleza da a tantas mujeres senos y sexo!...» (Mie, I, II, III; Tor, III; Leo, II, III, IV). Simultáneamente inspira promesas de vida y revela la presencia de la muerte. Su modo de proceder es contradictorio, y siempre es la intermediaria para que el personaje apolíneo reciba la evidencia sobre una verdad dura de la vida, que hasta el momento permanecía oculta para él.

Ramón a veces presenta al personaje de manera independiente en la figura de una sola mujer. Esto ocurre en «El Ruso» y «Leopoldo y Teresa», pero con frecuencia, también lo acompaña de otros complementarios. Por ejemplo, en «El miedo al mar» se trata de Sagrario y Asunción; en «La tormenta», de Elvira y una hija de una portera.

En «El Ruso», es vida y muerte. Es superior, mortal en el corazón e inmortal por su sabor a tierra; inspira ideas conflictivas y termina por representar la vida (T, 56, 58; R, 271, 273). En las otras narraciones se superponen y se complementan referencias que subrayan aún más su función simbólica. Aparece descrita como «lo femenino»; el «'ora pro nobis' el común aglutinante» de todos los nombres de mujer; «un poco infantil, pero femenina como la primera mujer», o comparable a «Eva en el día inicial» (Mie, III; Tor, VI).

La gama simbólica para expresar lo que significa se establece ya en «El Ruso» (1913). La caracterización del personaje masculino aparece allí como la del representante del *principium individuationis* y el personaje femenino cristaliza como encarnación de la colectividad, de la vida natural y del mundo de lo afectivo. Conforme con esta dicotomía, la caracterización simbólica del personaje apolíneo queda delineada a través de un personaje único en contraste y oposición con el ambiente, mientras el femenino emerge de una colectividad, una especie de coro anónimo de mujeres que forman parte del ambiente y de modo gradual se afianzan y se singularizan en Paulowa (T, 94-95).

La máscara, la serpiente y el *sparagmos* son los primeros elementos descriptivos de tenor menádico que se destacan para delinear su caracterización. Su fisonomía es indefinible y cambiante, más bien propia de una máscara que de una cara. Por ejemplo, aparece como de «una belleza indecisa» y «plástica», que parece esconder «el rostro de la coquetería bajo un rostro como de tela blanca». Su figura da la impresión de estar «envuelta en el boa de su sombra»; reacciona con «un respingo culebroso», y su cuerpo «como el de una serpiente» se muestra ansioso de anillarse y matar (R, 266, 253). Llama la atención porque come sólo «un plato de carne y a veces un vaso de té», y pródiga, le da de su único plato a un perro hambriento. Además, su actitud ante la vida armoniza con el significado menádico que se desprende de estas alusiones. No teme a la muerte y para ella la vida es un eterno retorno: cree en «el mañana», en «una resurrección real» sólo con la fuerza del sentimiento afectivo, y ve vida eterna en el fuego vital: según ella, «en el fuego eterno se arde, es decir, se vive eternamente ...» (R, 260, 270, 274). Por último, será aquel personaje con el cual el narrador vivirá una confrontación que en última instancia le hará percibir la confusión imperante en el fondo de la vida. Es decir, como la ménade, está relacionado con la percepción de verdades de naturaleza sensible y sirve de intermediario para que el personaje apolíneo dé con una verdad que trasciende la común.

En «El miedo al mar» su caracterización acentúa su afinidad con el furor indomitable de las fuerzas naturales. Amante del mar, su corazón «incontinente» desconcierta y desorienta. Parece una «sirena» y es capaz de echar «al hombre tierno y de espíritu delicado contra el hombre bestial pero fuerte» que conviven en el interior del personaje apolíneo (Mie, III).

En «La tormenta» es la ménade que en contacto con la naturaleza aparece en trance; también es lo colectivo, la vidente de ojos entornados y la mujer primigenia, capaz de revelarle al personaje apolíneo el secreto de la vida. Todos estos atributos se infieren de pasajes como el siguiente:

> ... entró toda la fuerza de la vida bajo la tormenta, todo lo que se aglomeraba en el paseo y quería penetrar en los balcones ...
> Como daba la casa a un paseo con acacias, de todas las acacias brotaba ese enjambre de su olor de novia y buscaba sitios en qué meterse. Eran como unas mariposas gordezuelas, unas mariposas de olor, las que brotaban de las acacias y penetraban por el balcón.
> Elvira, después de abrir, respiró en el balcón las bocanadas de la tormenta, los copetes de árbol con que hace su rica ensalada, y se volvió hacia

Rubén con una mirada eteromana, porque había aspirado el éter que exhala la tierra florida y abonada bajo la tormenta. Rubén, que al verla de espaldas miraba las piernas de su prima como si recordase las de la Celinda del Botánico, se quedó confundido ... Era la otra, lo mismo que la otra, ...

... ...

... con ese instinto refinadísimo de mujer que hay hasta en la jovencita, se dio cuenta de cómo runruneaba a su alrededor su primo, con un runruneo que ella recordaba como si a través de los siglos hubiera tenido que encararse muchas veces con la misma acechanza.

... ...

... con sus ojos, unos ojos en los que lo precioso, lo inquietante, lo que brillaba, no era la pupila, sino el blanco de la córnea, ese blanco de esmalte de azulejo que hay en el fondo de los ojos ... (Tor, III)[8]

En «Leopoldo y Teresa», es la mujer vital, flor y fruto[9]; la fertilidad y la fecundidad espontáneas al servicio de la naturaleza que fuerza al personaje apolíneo a reconocer y aceptar la ley natural de la procreación. Teresa parece «una magnolia caída»; tiene «la frente de magnolia», «olor a magnolia», y toda «la melosidad que habían adquirido las magnolias». Con un sincretismo pagano abarcador, Ramón la califica de «la verdadera, la suprema, la única Eva», un «magnoliero de magnolias asequibles, la Eva del magnoliero público, en vez de ser la del manzano clásico». Y con evocaciones que sugieren a la ménade pródiga, es la escanciadora de vino: la que «en chancletas y con la blusa suelta bajaría por el pan y una botella de vino fresco» (Leo, II). Pero también, como la vegetación, evoca a la vez lo pródigo y lo fatal: por un lado «en su boca había el aguache delicioso de las sandías que se derriten» y, por el otro, tenía un «vello crecido por todo el cuerpo», una «pelusa fatal, verdadera pelusa de melocotón» (Leo, I, II, IV, V, VI).

En todos los casos, las referencias de tenor menádico que apoyan este enfoque vital son innumerables. Algunas de ellas son las siguientes: el personaje parece estar siempre en trance o fuera de sí. A Paulowa, sólo la música del violinista ciego «la sacaba de su éxtasis», pero sólo para meterla en el de la música a la cual responde «vidreando los ojos y cerrando los puños» (T, 53; R, 253-54, 258). En todas, la mirada característica es entornada, vacía, lejana y fija: a menudo se mencionan sus

---

[8] Pertinente al significado de dicha mirada como señal de éxtasis o el estar fuera del mundo sensible, Ramón escribe: el blanco de los ojos «es lo frío, lo aporcelanado, lo de nadie»; es el «brillo del otro mundo, una invocación a lo que no se sabe, unos brillos de lo vacío, de lo neutro, de lo que es cosa», que «tiene la ignorancia de los recién nacidos o de los nonnatos», lo cual desconcierta y desorienta (*Muestrario*, 174). Nótese lo similar de esta cita con el pasaje de «La tormenta» (T, 88-89).

[9] La relación entre Dionisos y la vegetación de modo estricto sólo se refiere a un número de plantas como la vid, el pino, la higuera y el mirto. Sin embargo, se le conoce también como el dios de las flores (Otto, 115-20; 139, 157; Henrichs, *Greek and Roman*, 4-6; Houser, *Dionysos, Circle*, xv, xvi).

«ojos entornados» o su «mirada indecible», que se pierde «en un paisaje lejano ... ultramontano» como «para adivinar el más allá». En el amor, mira fijamente con una «expresión pura sin la incorrección de un gesto, sólo mirando, mirando ...» y en contacto con la naturaleza, adquiere «una mirada de eteromana» al aspirar los aromas que exhala la naturaleza (R, 250, 254; Mie, II; Tor, III; Leo, II; T, 88-89).

Otros ademanes que sugieren el trance menádico son: da la impresión de ser la mujer que siempre «tira la cabeza hacia detrás» o «hacia atrás con una mirada insostenible», y al hablar, «sacude la cabeza». Con un efecto caricaturesco, su figura evoca «el cuello de la jirafa por la elevación de sus ojos, por el arranque cada vez más dilatado de su cuello y por lo reciamente apretujados y encogidos» de sus hombros. Exaltada, arremete «hacia lo lejos, fuera de su cuello, con fuerza», lo cual de manera grotesca semeja «la conmoción de los cuellos de los pavos cuando se les dan las nueces». Y para expresar el goce sensual, su cabeza y cuello semejan «la posición flotante de la cabeza fuera de la almohada» (R, 253-254, 260, 264; Mie, II; Leo, II). Evocando el furor vital, a menudo se le describe corriendo «como si fuera a perder no el tren a la ciudad, sino un supuesto barco», «envuelta en un chal cuyas puntas» flotan «como una larga melena al viento» y dan la impresión de «una mujer que va en un raudo automóvil». Impulsiva, su exaltación sólo la controla «su gabán de hombre, que, ... todo tirante» la retiene «en su sitio» (R, 253; Mie, III). Pero también, es dada al silencio. Paulowa habla poco. Ella y el narrador sostienen «un diálogo sólo conduciendo los dos las miradas sobre las mismas cosas, un diálogo en el más puro castellano, pronunciado por su mirada con toda claridad» a tal punto que las palabras que no se decían los «unían» en una «mayor intimidad» y los hacía «efímeramente amantes» (R, 261, 263).

Su asociación con la música sugiere afinidad con la vida afectiva y lo primario de modo intencional: en un caso está «siempre aprendiendo las piezas más difíciles del piano» para ser «la maestra, suma, cargo paralelo» al «eterno ruido del mar y el eterno sonar del piano» (Mie, II). En otro, su ritmo al tejer crea un estado de inconsciencia unificador:

> pimpeleando con su aguja de ámbar, la especie de burritz [10] (sic) de caramelo que deben algunos de chupar ... como si castañeteasen sobre la labor sus dedos ... Prudencio y Sagrario la miraban abstraídos también, todos tejiendo el jersey de sus pensamientos sobre la pauta material de un jersey cualquiera, especie de modelo: patrón para la labor de sus pensamientos. En el silencio que les reunía como tres cabezas sobre el mismo horóscopo Sagrario abrió de pronto desmesuradamente los ojos ... (Mie, II)

La convivencia con tigrillos, la capa de macho cabrío y las serpientes colgadas de los hombros de las ménades se convierten en chales flo-

---

[10] Se lee «barrita» en Mie, MAL, 157.

tantes, o «el mantoncito de seda negra y flecos largos como la melenita desgreñada de una niña» que usa Teresa (Mie, III; Leo, III, VI). Insinuando la ambivalencia vital del personaje, a menudo se describe con atributos que combinan lo humano con lo animal. Se le compara con una «mosca» en un terrón de azúcar; su «boca fruncida» hace pensar en un pico; semejante a un pez, «abre las narices con un aleteo encantador», o parece un «faisán de cola ondulada» (R, 250, 260; Mie, I, II; Leo, IV, V)[11].

La síntesis de todas estas asociaciones menádicas aparece en la hija de una portera que, conforme a la concepción de la ménade como espíritu de lo colectivo, nunca se llega a identificar con un nombre propio. En un jardín público donde salta la comba desde muy temprano, queda descrita como «una cachorrilla juguetona ... esa bailarina saltarina en el Music-Hall del jardín» a la que los chicos «piden el frenesí que muestra más desvelada y más arrebatadora a la joven que salta». Salta tan vertiginosamente que parece desaparecer; «se le cae el pelo sobre la cara», queda «exhausta, acabada, con el pecho lleno de latidos, como después de una carrera loca» y parece «desmayada, accidentada, próxima a morir ... con la cabeza hacia atrás» como quien respira «del cielo» (Tor, I).

Ramón también recurre a flores, frutos y colores para darle énfasis a la calidad primigenia y vital del personaje femenino. Este se identifica con las celindas, las acacias, las magnolias y los nardos. Por la relación de estas flores con colores como el amarillo, el ámbar y el blanco, y por su naturaleza efímera conforme con el ritmo de la naturaleza, tanto los unos como los otros se convierten en modos de señalar la asociación del personaje con la fatalidad, el abandono, la sensualidad, la muerte y la vida[12].

El personaje aparece como «la mujer» que «en el jardín invernal ... hace brotar la hoja en los árboles», y «pone rosas en los rosales» (R, 269). Ramón la dota del poder embriagador del perfume o la atracción natural de flores y frutos. Si el personaje apolíneo no sabe su nombre, la bautiza con el de una flor: «se llamaba celinda, era Celinda, la Celinda», y proyectando en una los atributos de otra, las considera una: era «la otra, lo mismo que la otra», la «Celinda del Botánico» dice Rubén

---

[11] En el *Art nouveau*, el pavo real es un ave favorita a la cual se le atribuye una intención simbólica, por insinuar mediante los ojos en sus plumas la correlación de diversos elementos vitales en la materia orgánica (Schmutzler, 261). No es aventurado ver en el faisán una evocación semejante por el reflejo metálico y las bandas de color que acompañan su plumaje.

[12] Las flores, por su color blanco o crema sugestivo de lo homogéneo, o el substrato inferior y anterior a toda forma, se asocian con la muerte; pero por su perfume embriagador se asocian con el abandono, que si por un lado puede llevar a la muerte, por otro hace posible el triunfo de la sensualidad y la vida. El amarillo, por ser color intermedio, es para Ramón el umbral del más allá, y relacionado con la enfermedad, despierta aprecio por el «goce de la vida» (Leo, IV, V). Ramón formula el significado expuesto con mucho detenimiento en *Libro nuevo* (200-03; 236-39).

cuando, después de ver a la hija de la portera, en su casa observa a su prima (Tor, I, II). Su estado de ánimo cambia de acuerdo con el ritmo de la naturaleza. En el entretiempo aparece algo marchita, guarda «lo que más brillaba en ella» y oscurece; mientras que en la mañana, se ve radiante (Mie, I, III). Y a la vez, con vestigios de juventud eterna y la sensualidad propias de lo vital, también sugiere la descomposición propias de lo vital: su cuerpo se compara con un plátano almibarado, apetitoso y agridulce; su rostro resulta «un poco pasado, membrilloso ya»; posee una barbilla «muy niña para un rostro lleno de madurez», una suavidad «juvenil» y una gracia «engolosinadora», y «confitada» (R, 254, 261). Si de lejos parece «la más guapa» y está rebosante de energía, de cerca evoca la descomposición y «huele a gato de portería» (T, 71; Tor, IV). Atrae y encierra en sí la fatalidad: comparada con el «pan y quesillo» de las acacias, es apetecido, pero semejante al mismo, su placer puede convertirse en tragedia. La flor, como tal, por un lado, atrae como un «pan floreal», y despierta la sensualidad que es promesa de vida; pero por otro, asociada con su perfume embriagador, a la vez que atrae, causa indigestión y tifus de los que muchos niños en Madrid morían al comerse las flores como si fueran confituras (Tor, IV; Mali, Mal, 15; *Libro nuevo*, 237-38). Si sus caderas, ensanchadas, anuncian que lleva vida en sus entrañas, también anuncian la muerte: atraen a los sillones de mimbre que «encariñados con ella, no la querían soltar» (Tor, IV; T, 85; Leo, V).

En su papel de madre tierra o naturaleza o símbolo de la dualidad primigenia, el personaje es ambivalente, contradictorio y muestra amoralidad con respecto a las leyes humanas. Es a la vez compasiva y cruel, «carnal e inocente ... incitante y tonta»; si niña, es «indefensa» pero parece «haber sido una mujer antes de una niña»; reacciona con «coquetería» y posee sentimientos de «adolescente y de mujer». Algo diabólica, al saltar la comba parece que salta «con el largo rabo del diablo». Si mujer, es fina y basta. Posee una gran «ingenuidad», pero afirma las piernas «contra el suelo con coquetería de mujer que sabía lo que hacía con sabiduría consumada» (Tor, I, III; Leo, III, IV). Es, de modo simultáneo, cambiante, frívola y clemente, «perversa» e «incorruptible», y su manera de ser refleja una superioridad que por lo indefinible e irracional induce a que el personaje apolíneo vislumbre la confusión y el caos al fondo de lo aparente (R, 270, 274-75).

Al mismo tiempo que el personaje es contradictorio y primario, lo primario en él se considera superior. La superioridad de Paulowa, por ejemplo, se señala con un ademán. Al salir se va «sin volver la cabeza» con «una mirada alta y larga, como el asta de telégrafo a su alambre», y mira al narrador «desde lo alto, como una amazona» (R, 255, 262).

Si en la caracterización del personaje masculino se sugiere la existencia en el fondo de su personalidad de una base irracional reprimida, a partir de Teresa, se observa una intención por señalar que el personaje femenino también participa de aspectos contrarios a los que dominan en su caracterización. Teresa, aunque es la representación de la sexualidad y la voluptuosidad, pide el matrimonio y muestra una «vaga ilusión a aquel velo blanco que la hubiese gustado ponerse un día» (Leo, V).

A la luz de las observaciones precedentes, es posible concluir que la caracterización del personaje femenino está creada mediante una combinación de descripciones que se destacan por el uso insistente de referencias afines con evocaciones menádicas. Por esta cercanía tan manifiesta, el personaje se presta a ser identificado como Dionisos, símbolo de la vida afectiva y natural, que tiene el poder de servir de vehículo que encamina a la revelación de verdades distintas a las posibles mediante la razón. Esta interpretación, basada en las referencias directas de Ramón, ofrece una gran coherencia con el patrón básico donde el personaje apolíneo, que aspira a la distinción personal, a la realización del orden y la belleza, y a imponer su voluntad, emprende una lucha guiada a vencer lo natural. En contacto con la mujer, a quien percibe como un polo opuesto «en tanto que representa el prototipo humano de la fecundidad de la naturaleza», experimenta sentimientos conflictivos hacia ella, y percibe la revelación de verdades vitales distintas a las posibles mediante la razón (Hinterhäuser, 77) [13].

Por consiguiente, en el personaje femenino Ramón crea, no la representación de una mujer real, sino la esencia de lo femenino como símbolo de la vida, con sus múltiples facultades ambivalentes y contradictorias [14].

Una vez sentadas las bases de su función y significado como aquello a lo que se opone el personaje apolíneo, Ramón emplea en sus *novelle* posteriores otros modos de representar este agente de la narración. En las que afianzan la fórmula se observa que si bien Ramón continúa subrayando su carácter vital relacionándolo con la vegetación y las fuerzas de la naturaleza, también lo va despersonalizando. Este agente aparece siem-

---

[13] A la vez que Ramón establece una ecuación entre el personaje femenino y lo menádico, él también le da apariencia de mujeres ordinarias: la refugiada, la adolescente, la chica de aldea, la hija de las «huertas de Madrid», de una portera, o de una lavandera (Leo, III, IV). De esta forma Ramón obedece a sus fines de presentar con imágenes contemporáneas a la mujer como símbolo evocador de todo lo que es naturaleza y afirmación de lo vital «con todos sus determinantes específicos y veraces», la mujer «histológica, física, capilar que acosecha la nueva concepción», de cómplice de la naturaleza (Concepto, 18-19, 27). A su vez, coincide con el propósito de la *novella* moderna de rechazar el sentimentalismo y tratar de mantener un equilibrio entre lo representativo y lo simbólico (T, 34).

[14] Si Valery Larbaud gozó de la fama de «haber mostrado el papel de la mujer si no como héroe, como centro de fenómenos sentimentales» en la narrativa francesa de la decena de 1920 (Correa Calderón, sn), tras este análisis es posible concluir que Ramón muestra el papel de la mujer como afirmación de lo vital en la literatura española de la misma época. Quizás también explique la pregunta que según Ramón le hacía Cansinos Assens de «¿Por qué introdujiste entre nosotros la mujer?» como figura literaria (Cansinos, 303).

pre en la figura de una mujer, pero íntimamente relacionado en algunos casos con objetos, por ejemplo, el Morse, la máscara, una gallina, y un maniquí. Luego, en los grupos que sugieren tendencias a la recreación de la fórmula se verá que irá perdiendo cada vez más su figura femenina: será la idea de la muerte, referida solamente con el pronombre personal «Ella» en «El hijo del millonario»; o una capa, una casa, el átomo, una galería, o los pies de un personaje, en diversas narraciones del grupo de las del tipo apólogo moderno. Entre las narraciones del último grupo llegará a estar representado por un invernadero, el hígado del personaje, el sombrero, y hasta una ciudad, la del Cuzco, en «Los adelantados». No obstante, a pesar de que su forma exterior cambia, la característica de estos entes será y representará invariablemente lo que representa el personaje femenino de las narraciones donde se establece la fórmula narrativa de Ramón: una serie de dualidades y ambivalencias propias de lo vital.

El ambiente

En lo que atañe al ambiente de las primeras cuatro narraciones es importante señalar que éste representa un mundo alejado de las faenas del diario vivir del personaje apolíneo. Ya sea el café, una sala de un mitin político, la playa, el jardín público, una atmósfera que anuncia tormenta o sitios complementarios —terrazas, un mirador, una casa o un balcón—, lo característico de estos lugares es que se describen de manera que constituyen sitios de escape. Como tales, ubican al personaje bajo los efectos liberadores de la naturaleza. Expresiones reiterativas los comparan con el campo o las afueras de la ciudad, y terminan por ser nombrados sintéticamente con la frase «al margen» del mundo o de la vida acostumbrada. En él predomina lo vital, y su efecto ulterior es revelador y restaurador.

Para darle tal significado Ramón establece una estrecha interdependencia entre el personaje femenino y el ambiente, valiéndose de alusiones evocadoras de lo dionisíaco. El personaje femenino resulta así ser la personificación del ambiente. Si Paulowa es una máscara que le revela al personaje apolíneo el caos y la confusión al fondo de todo, el ambiente del restaurante está formado de refugiados sentenciados a muerte, entre los cuales sobresale un grupo anónimo de mujeres que también parecen máscaras. Una especie de coro colectivo, su descripción evoca asociaciones con la atmósfera ritual del ditirambo arcaico, prepara y afianza el carácter simbólico de Paulowa, y subraya por sí mismo las características propias de lo vital. El narrador, considerándose a sí mismo un «espectador de la pantomima», observa a estas mujeres y se refiere a ellas principalmente usando motivos relacionados con la máscara, la pantomima y el drama, en escenas breves de un efecto visual cargado

valentía de las mujeres que dejaban iniciadas, anhelantes y entreabiertas, los sátiros». Por otra parte, las amas de cría, «convierten los jardinillos en alcoba de sus niños» y se agrupan «de tres en tres como unidas por sus delantales blancos» (Leo, I).

Si en el ritual a Dionisos se bebe vino, y se manosea o se come carne, en el ambiente de «El Ruso» la hora del té se convierte en un «momento trascendental» y el té en el elixir que libera de las preocupaciones y da esperanzas, y alusiones al rojo sugieren la presencia de la fatalidad: «aquel vaso de té ... enriquecía a aquellos miserables, de un oro oriental ... superior a los otros oros; los ilusionaba, los coronaba, los esperanzaba ...». La mujercita que lo sirve, aparece, semejante a una bacante sacerdotiza en trance, o la ninfa en su papel de nodriza, «aniñada ... pensativa», y con «una gracia sentimental y maternal como lactanciosa». En uno de los comensales relucen las «barbas rojas de carnaval», y la primera mujer en que se fija el narrador es una que a pesar de vestir de luto y tener un aspecto trágico, él había conocido cuando vestía «su traje cereza y su sombrero adornado en rojo» (R, 250, 260, 261). Y no falta la música: de un efecto exaltador, su ritmo y melodía conduce a un sentimiento de confraternidad. Según las palabras del narrador: en «El Ruso», «yo mismo me sentía emocionado sintiendo que todos éramos los mismos, porque en los aires rusos hallaba algún motivo asturiano, andaluz, o hasta la nota ligera ... de la tonadilla» (T, 53; R, 258). De igual manera, el silencio aparece asociado con efectos de comunión y armonía. En «El Ruso», el silencio en que el narrador se encuentra a causa de no saber ruso, da la impresión de ser un «primitivo silencio», en que las palabras, incomprensibles para él, resultan elocuente «música imitativa de pasiones y ardores conocidos», cuyo significado es de «una traducción clara y casi literal» (T, 51-53; R, 266, 252, 260-63).

Lo más importante y la razón por lo cual todo lo expuesto necesita mencionarse es porque en esta interdependencia entre personaje femenino y ambiente, el personaje apolíneo aparece en contraposición con lo sensible y afectivo, que es para él un mundo fuera de su vida acostumbrada, el cual ejercerá sobre él un efecto especial. Este se destaca por ser liberador, propicio a la revelación de verdades ocultas, y restaurador, atributos que guardan paralelo con los pasos de la experiencia menádica.

Ramón define lo que considera estar al margen de la vida acostumbrada señalando el contraste entre lo que es usual para el personaje apolíneo y lo que no lo es. En los cuatro casos, éste al vivir su experiencia aparece desplazado. En «El Ruso», el restaurante representa un mundo doblemente alejado de la vida corriente del narrador por estar en París y estar lleno de refugiados rusos sentenciados a muerte, mientras él es un español que no sabe ruso. La playa es un sitio inhóspito para Prudencio, un «castellano de tierra adentro». La mañana que Rubén se niega ir a la escuela, inicia un período de dos días en los cuales él se rebela contra las reglas de conducta y se va al ambiente de «primavera» de un jardín público. Y el jardín madrileño es el lugar donde Leopoldo, un «señorito de carrera que sabía de letras y leyes», escapa de las obligaciones que le imponen una vida sometida al rigor de su formación (Mie, I; Tor, I; Leo, I).

Para que no quede duda sobre esta interpretación del carácter marginal y el efecto de esta condición, Ramón se detiene a definir el ambiente: en «El Ruso» el restaurante es «lejano a todo ... sensato», «espeso, hondo y restaurador». El narrador explica que por estar completamente alejado del de su diario vivir, posee una calidad reveladora y favorece la percepción de realidades que se le pasan inadvertidas en el mundo de su rutina. Declara que hasta no haber entrado en el Ruso, no se había dado cuenta de París, ya que «como a España desde donde se le ve bien» es desde París, «a París había que verle desde Londres, desde Rusia o desde *El Ruso,* tan lejano a todo, tan sensato ...» (R, 249, 251-52, 266; T, 50, 53). Esta misma intención reaparece en todas las narraciones cuando Ramón establece una analogía entre el ambiente y la atmósfera de una experiencia dramática. Este se transforma en un teatro en el cual los personajes son abonados, espectadores o debutantes que ven subir y bajar la cortina o el telón, ven «pasar la marcha de los acontecimientos» o participan en una función que los acerca a un mundo extraño a ellos (Leo, I).

El narrador del Ruso ve en los comensales «personajes»; en los acontecimientos que suceden en él, «estrenos dramáticos», y se considera a sí mismo un «espectador» que a la vez que observa, participa y vive allí el «final» de un «drama». Como tal, el ambiente es distinto al que vive cuando está reprimido, «metido en su gabán, en su vida, en la otra vida cuotidiana, que va a vivir al llegar a su casa» (T, 50, 51, 58; R, 249, 262)[17]. En «La tormenta», se comparan el balcón con «el antepalco de la tormenta»; y el atardecer y la tormenta con un «telón que cae sobre la perspectiva», al cubrir con su sombra el paseo. Contemporizando la idea del teatro con el cinematógrafo, los episodios recurrentes frente al mar ocurren en una casa «con un ventanal que daba al mar, que parecía la pantalla de un cinematógrafo de cinta inacabable». Y en «La tormenta» se lee: «sentados frente al balcón, en el fondo de la sala, parecían asistir a un espectáculo de cinematógrafo... a la verdadera película titulada 'La tormenta'» (Mie, II; Tor, VI; Leo, I, IV, V, VI).

---

[17] Esta referencia reitera el pensamiento de Ramón en relación con las dos caras que forman la verdadera vida: la usual, regida por la razón y las leyes que mantienen el orden, y la cotidiana, dominada por los impulsos primarios. El hecho de que el narrador llame «la otra vida cuotidiana» (sic) a la que va a vivir cuando se restituya a la norma es una manera tácita de expresar que tanto la vida de la norma como la oculta al fondo no son excluyentes, sino aspectos de una misma realidad.

Gradualmente, Ramón también alude a esta calidad marginal de manera implícita con frases breves cuando se refiere a la playa y los jardinillos con la expresión «al margen de la vida» y variantes de ella. La playa y los jardinillos están «al margen de la vida» humana. La playa, al «margen del mar», o de lo primordial e irracional; es el «final del mundo, donde termina lo humano». Ya sea la playa, un día de asueto o una tarde de escape de las obligaciones en las terrazas, el ambiente se distingue de los lugares corrientes por parecer una franja blanca de luz, de arena de circo o de playa, que sirve de «límite» neutral desde donde se pueden ver en yuxtaposición dos lados contradictorios de la existencia: lo humano y lo primario. La atmósfera que anuncia tormenta se compara con una de «fin» o de «rincón» del mundo, en que aunque se viva en la ciudad, parece que se está «en el campo», «fuera del mundo» o en las «afueras» (Mie, I, III; Tor, I; Leo, I, V).

Ramón no sólo se detiene a destacar su carácter marginal. También le dedica mucha atención al subrayar que su efecto es liberador. Octubre, cuando comienza a sentirse la influencia indomitable de la naturaleza, es el «mes del abandono» (Mie, I). Los jardinillos, por ejemplo, se describen como lugares que invitan a desvincularse de las obligaciones que impone la vida civilizada. Son lugares de escape reservados para los que, dotados de cierta nobleza de ánimo, saben vivir la vida en su plenitud:

> Nada como esos jardinillos madrileños ... que ofrecen un descanso inesperado a las pobres gentes hidalgas. Ni los pobres de solemnidad, ni los ricos de solemnidad saben utilizarlos. Sólo ciertas personas hidalgas que saben gozar las alegrías y las ventajas de la vida. Aun no cae sobre estos jardinillos la abrumadora o impasible ciudad ... no se cree con derecho a ellos toda la humanidad que pasa por la calle; ni los ve, ni los entiende. Están en un rincón, en un estanque de sombra y desapercibimiento. (Leo, I)

Ramón insiste en dejar bien sentado que son sitios en que se olvidan los rigores de la vida diaria. Son «la oficina de la pereza», y ofrecen liberación. Dentro de ellos, se está «en medio de la libertad». Ramón lo puebla de seres que al entrar en él cambian su modo de actuar: de guardias que cuando les toca vigilar el jardinillo se portan como chicos en recreo, alegres y animosos como en «su día de asueto»; de «mujeres descotadas y con collares de perlas, que se han escapado de los jardines palatinos porque se ahogan en ellos»; de niños «un poco atravesados», y de niñas díscolas y rebeldes, o que si están de luto allí pueden jugar (Leo, I, II). Leopoldo mismo los busca para vivir allí en el anonimato, ya que, en ellos, «se puede pasar ... todo el santo día sin que nadie lo note», el hombre «desgalichado» que no se preocupa si viste «pantalones arrugados y americana colgandera», o si «tiene roto el pantalón» (Leo, I).

Los personajes aparecen con frecuencia atontados, mareados, atufados o con jaqueca. El aroma de las celindas transforma el jardín en una cabeza saturada de brillantina que marea. El magnoliero genera excitación y pone fuera de sí. Pasajes como los siguientes son frecuentes:

> Leopoldo estaba atufado por ese surtidor de perfume lácteo que es el magnoliero y se aproximó con valentía a la joven ... que estaba como atontada bajo la magnolia del jardinillo.
>
> ... ...
>
> El magnoliero les echaba encima una sustancia adormecedora y excitante. El magnoliero les envolvía en la nieve, en la seducción de su perfume. Ella estaba mareada ... buscaba de algún modo ... un alivio para la jaqueca que le habían armado en la cabeza las magnolias rezumantes, goteantes, indigestas y embriagadoras como el preámbulo de una boda. (Leo, II)

Tanto el magnoliero como la tormenta se describen con el poder de sonsacar, y hacer perder la vergüenza: la tormenta «despierta todos los apetitos y todas las ansias», permite la pérdida del rubor; hace que todos se sientan en «un barrio demasiado sincero, como en el barrio de los amores libres» y que hasta los pájaros se llenen de ternura. Rubén, «escondido de la vergüenza por los grandes árboles altos y tupidos», lleva la conversación hacia el tema del amor, el cual entonces quiere «explorar una vez más con más ansiosas preguntas que nunca» (Tor, I, VI). Los magnolieros que «enseñan sin rubor», y son un «ejemplo digno de imitarse», se convierten en refugio para la sensualidad y el amor (Leo, II).

Esa calidad liberadora tiene el poder de crear un efecto de comunión en que todo, los elementos de la tierra, del mar y los olores de diversos espacios, se confunde. El riego en un jardín levanta «un sabor a hierba tan vivo, tan agudo, tan evocador», que el personaje apolíneo recuerda:

> ... todas las veces que había pasado en este mismo tiempo por sitios en que la hierba acababa de ser regada. No había encontrado nunca ninguna imagen que, como aquella (sic), hubiese hecho coincidir en un solo tiempo todos los momentos parecidos del pasado. Se acordaba de la Casa de Campo, de la Moncloa, de los jardines de su pueblo. (Tor, I)

Siguiendo las etapas del despertar de la consciencia en contacto con lo sensible, las narraciones señalan la calidad reveladora del ambiente. Todos hacen patente la idea de la mortalidad y la pequeñez humana ante las fuerzas de la naturaleza. En el restaurante, la elocuencia mayor la dan las «esquelas de defunción» que hay en una pared y con excepción del narrador, los presentes forman un grupo de «sentenciados a muerte» que «parecen divinos» por estar conscientes y mostrar la conformidad que se deriva de ver la vida desde el lado de la muerte o con una perspectiva distinta a la usual (R, 249, 252; T, 50, 53). La playa hace evidente la pequeñez del personaje: «la playa se lo tragaba todo y lo hacía pequeño», y le hace sentir la «inseguridad atroz» con que la arbitrariedad de la naturaleza puede aniquilar a la humanidad (Mie, I, II). Prudencio expresa: «El mar ha cubierto esto y cualquier día, porque eso no se anuncia, hoy, dentro de un rato quizás, el mar, de un modo más espantoso que el fuego, por ser más imponente y no admitir siquiera la huida, caerá sobre esta casita y pagará así a sus enamoradas...» (Mie, II). La tormenta es fuente reveladora de la consciencia del ser dividido: «se veía bajo la tormenta que cada uno estaba ... teniendo que resolver su vida. Se sentían más individuales. Más *uno y una*. Los dos como bajo una catástrofe, como los que se reúnen bajo el temor de los cometas o de los temblores de tierra», con el deseo de «querer salvarse a morir en vano, a perecer bajo el rayo, sin haber sabido cómo es lo sospechado» (Tor, III). Las terrazas y los balcones semejan nichos o cementerios de vivos desde los cuales se puede apreciar la vida de la mejor manera posible, que es el verla como muerto que mira a los muertos (*Muestrario*, 19-20; *Libro nuevo*, 27; *Ismos*, 27) [18]. De hecho, éstos resultan reveladores de la fatalidad, la soledad y «lo que es la vida» en toda su plenitud:

> Todos se sentían en una especie de teatro, disfrutando la vida de relación de los grandes casinos, y, sin embargo, todos se sentían aislados ...
> Leopoldo y Teresa miraban las casas de alrededor. Los dos habían coincidido en el gusto de mirar balcones. Los complacía perder la vista, no sólo en los balcones en que había luz o gentes asomadas, sino en los que estaban obscuros y eran como los nichos de la vida.
> Aquel obscuro fervor por los balcones no sabían bien lo que era; pero era el goce de la vida, el sentirse en medio de la vida, en el cementerio de los vivos, ese cementerio que está en opulento e importante contraste con el cementerio de los muertos.
> ... ...
> ... veían las habitaciones amarillentas en las que se desnudan y se acuestan los matrimonios entre un montón de niños que están como muertos, con los rostros cansados, sofocados, hundidos, como si hubiesen trabajado en hacer alguna excavación. (Leo, IV, V)

Desde las terrazas oscuras Leopoldo y Teresa ven «mejor las cosas de su alrededor»: ven la luz brillante de los faroles de los barrios de clase media y la «amarilla y empantallada de la enfermedad» de los barrios bajos; ven «la posición mejor de los otros», y meditan «mejor en la vida». Es decir, ven y sienten «el goce de la vida», después de haber palpado «¡lo que es la vida!» tras el contacto con la enfermedad y la muerte (Leo, V).

Esta capacidad del ambiente de despertar la consciencia hacia el significado de la vida se enfoca con una intención positiva la cual se sugiere con alusiones simbólicas. La playa, a la vez que revela la fuerza destructora del mar, también ofrece la oportunidad de despojarlo de su poder.

---

[18] Ramón le da énfasis a la característica niveladora de la muerte evocada en un ambiente, en *El Rastro* (1915) (¿?), donde reitera la imagen recurrente del Rastro como «rasero común a la gran ciudad» (sn) (*Obras selectas*, 23, 25), y en «La abandonada en el Rastro», donde lo describe como «barranco en que caen todas las verdades de la ciudad» (260).

Es «una gran cuartilla» en blanco, creada por el mar para que «las pisadas del ingeniero o las de alguna mujer ... lo invalidasen». La tormenta transforma el balcón en un «confesionario volado sobre la calle». Tanto las terrazas como la sombra de las acacias, la tormenta y las magnolias se comparan en imágenes repetitivas con el riego que despeja, no sólo objetos, sino también mentes. Son «la ducha que devuelve la razón»; un remanso, o un puesto de horchatas en el verano, donde se puede «refrescar». Su sombra, «es como un riego» que inspira la meditación sobre la condición humana y crea una reacción de aprecio por la vida. En fin, desde estos ambientes, el personaje apolíneo ve mejor su posición relativa dentro del acontecer vital, aprende a considerar la felicidad como una que se conforma y corresponde con los placeres y tragedias de la vida, y en esa contemplación siente impulsos por el aprecio y el goce de la misma (Mie, I; Tor, III, VI; Leo, IV, V).

En resumen, las referencias precedentes hacen patente lo siguiente: la interdependencia simbólica entre el personaje femenino y el ambiente. Permiten la posibilidad de una interpretación de estos agentes de la acción como representantes del mundo externo al personaje apolíneo. Y afianzan la función del ambiente como un medio proveedor de una influencia liberadora y reveladora de verdades mediante la percepción sensorial.

El conflicto temático

Una vez sentado que los agentes de la acción desempeñan el papel de símbolos, el choque entre ellos representa el conflicto temático. En las narraciones formativas, éste surge de la tensión creada por la actitud de dominio hacia todo mediante la razón y la voluntad propias del personaje masculino, en choque con la presencia de fuerzas irracionales y naturales que se escapan a su voluntad, encarnadas por el personaje femenino.

En «El Ruso» el conflicto temático presenta la tensión entre la actitud racional del narrador, y la actitud afectiva o anímica de sobrellevar la vida, personificada por Paulowa. En «El miedo al mar», se centra en la idea de dominio sobre la naturaleza que el personaje masculino cree poseer, en choque con derivaciones de la idea de lo irracional, la arbitrariedad, lo impredecible y lo indomitable de la naturaleza, representadas por el personaje femenino.

En «La tormenta» y «Leopoldo y Teresa», el conflicto se establece entre la lucha que siente el personaje masculino por aseverar la supremacía de su individualidad, y la pugna interna de sus impulsos primarios, la fuerza de lo natural, la espontaneidad, la sensualidad o la naturalidad de la mujer primaria, personificadas en el personaje femenino.

Se trata, en todo caso, de la tensión entre la actitud de dominio de todo mediante la razón y la voluntad, propias del personaje masculino, en choque con la presencia de las fuerzas irracionales de la naturaleza que se escapan a la voluntad: los sentimientos, las emociones, la confusión, la arbitrariedad, la fuerza de los instintos, la sensualidad, todos éstos, aspectos de la existencia que el personaje apolíneo rechaza como ser pensante, pero hacia los cuales siente inclinación, por ser, a pesar de todo, el sustrato básico inherente a su ser.

Efecto del ambiente y el personaje femenino en el personaje masculino

En el análisis del patrón básico se observó que el personaje masculino reacciona hacia la fuerza contraria con sentimientos de atracción y rechazo porque ésta es fuente de cualidades contradictorias. Esta reacción aparece ya en las primeras narraciones y se explica porque el personaje femenino, en estrecha interdependencia con el ambiente, subraya el predominio de las tendencias vitales que permanecen al margen de la vida usual del personaje masculino. Se nota que el personaje admira el espíritu de conformidad hacia la muerte de Paulowa y de los presentes en El Ruso; se inclina a pensar que la felicidad consiste en el logro de una mujer, o darse a la vida libre de cuidados de un vagabundo. Pero también, teme al ver que esas inclinaciones están en marcado contraste y amenazan las posibilidades de triunfo de sí mismo y de sus anhelos individualistas. Entonces, a la vez que desea a la mujer por representar una posibilidad de dominio hacia la vida natural, la teme y siente la «preocupación por el vil disgusto ... sensual» (Tor, IV). Leopoldo desea a Teresa, pero tiene el presentimiento de que su atracción lo hará claudicar sus planes y la teme: ve que con ella vive una «luna de miel» que le haría «comprometerse para toda la vida», y siente aprehensión al pensar en «lo que acabaría en manos de la comadrona» (Leo, III, VI). La voz narrativa reitera este conflicto de atracción y rechazo simultáneos de modo insistente en estas obras. Por ejemplo, hacia Teresa se comenta que Leopoldo «iba con aquella mujer miserable, que le daba un poco de miedo cómo se había puesto», pero «se agarraba con fuerza del brazo de ella, porque aquella (sic) iba a ser su única definitiva luna de miel», la luna de miel que «llenaría, que enredaría su vida» (Leo, III). Y ante el anuncio del advenimiento del hijo se lee:

> Leopoldo había temido aquello, pero estaba dispuesto a soportarlo. Toda su vida la había cambiado en gracia a ella, y ahora se sentía más decidido ... Aquello anclaría a aquella mujer en su casa, aunque se pusiese más hermosa de lo que se iba poniendo ... Aquello acabó de cerrar su cadena, de afianzarle a aquella mujer. (Leo, VI) [19]

[19] En «Leopoldo y Teresa» hasta el empleo del demostrativo *aquello* y *aquella* de modo reiterativo para referirse a Teresa y al futuro hijo auxilia para destacar el sentimiento simultáneo de atracción y rechazo de Leopoldo hacia Teresa.

En «El miedo al mar», aunque Prudencio añora los veraneos civilizados, se comenta: «hubiera preferido que aquella casa fuese sin transición la del primer invierno que pasó en el pueblecito marino, sin la compensación contraproducente de los veraneos civilizados»; se nota con insistencia que «con su repulsión al mar, ... no dejaba de dirigirse a la playa todas las tardes», y pudiendo «coger el camino de las otras aldeas», tomaba el del mar (Mie, II, III). El personaje mismo confirma lo contradictorio de su sentir: «el caso es que no quiero apartarme de él, que lo que me gustaría es estarle gritando siempre, decirle cosas terribles, que rebajasen su orgullo idiota...». Hacia su novia, su reacción también es ambivalente. La quiere para saciar su afán de dominio, para someterla al «suplicio de su voluntad» y como reemplazo del mar para hacerse valer: «como no habría otra manera de reñir con el mar que tirarse a su fondo, prefiero reñir contigo» le dice. Y cuando decide marcharse, se subraya la estrecha relación entre mujer y ambiente. Huía del mar para «perder el ruido del mar, la amargura del invierno metido en una caracola», y «de su novia se apartaba por esas mismas razones y algunas más». Pero el conflicto de sentimientos es tal, que «pretextando un telegrama de su padre», se marcha «precipitadamente aquella misma noche». Y no se despide para evitar la tentación de quedarse: «ni carta de despedida quiso escribir por si la carta le retenía» (Mie, I, II, III) [20].

A la vez que el personaje apolíneo siente una reacción de atracción y rechazo hacia el personaje femenino y el ambiente, por un momento logra comunión con ellos y sus reacciones se expresan de manera que guardan paralelo con los momentos claves del trance menádico tales como el olvido de sí, el arrebato y la serenidad última. Es frecuente leer que el personaje apolíneo ante el femenino y el ambiente se siente exaltado, sobrecogido por una pereza, embriagado o atufado por aromas de flores; borracho de emoción, desmayado o al borde del sopor o la locura. Se le describe semejante a un poseído, un lunático, o afectado de una manía. Es presa de la sinrazón, aparece sin poder pensar y exterioriza ademanes de gran

[20] Desde «El Ruso» la huida es una reacción acostumbrada de muchos personajes masculinos. La de Prudencio en particular, entre otros detalles de «El miedo al mar» (referencias al ventanal frente al mar, alusiones a eucaliptos, el piano, y la preferencia del personaje femenino por el mar y una amiga (T, 90, 95, 108, 116-17) sugieren una posible relación entre esta narración y La Quinta de Palmyra. Conforme con la naturaleza seminal de estas cuatro narraciones, se observa que varias imágenes que aparecen en ellas recurren y se convierten en centrales para futuras narraciones. Por ejemplo, la imagen del gabán en «El Ruso», aludida en relación con el narrador y Paulowa, es central en «La capa de don Dámaso» (T, 58, nota 6, 90). Una que alude a Teresa como «la mujer salvática con la que se vuelve de la selva como un salvaje y verdadero conquistador» (Leo, IV), puede tomarse como punto central en «La virgen pintada de rojo». La imagen de Leopoldo sentado del revés en el banco del jardinillo mirando «como acodado al balcón más bajero la marcha de los acontecimientos» (Leo, I, T, 94), o sea alejado de la rutina y próximo a la tierra, se evoca en «María Yarsilovna», en «Peluquería feliz», y es central en Piso bajo.

semejanza con gestos característicos de las ménades (Leo, I, III; Mie, I; R, 253; Tor, I; T, 73).

En estas narraciones tempranas, a pesar de que el personaje muestra dificultades por dejarse ir, tanto el personaje femenino como el ambiente lo transportan a un estado de inconsciencia considerables. Entonces se le describe, con imágenes y frases iterativas, presa del abandono. El modo de hablar de la mujer lo deja «embriagado»; la presencia del mar «sin voz y sin oído y hasta sin alma» además de que lo magnetiza (Mie, I, II). El ambiente de la tormenta, el despertar de los impulsos primarios o el perfume de las flores le hacen sentirse «un poco borracho ... como un bizcocho borracho, por como el bizcocho borracho está saturado de borrachera» igual que un borracho al que el vino le huele a «perfume natural», «encantado» o «entusiasmado», o sea, presa de un estado de embriaguez sensual (Tor, I, III; Leo, I). Al contacto con la mujer siente «un mareo del alma» o que todo le pone «la camisa de fuerza»; y si es muy tímido, pierde el pudor y logra expresarse con frases «medio galantes y atrevidas» (R, 274-75, 256-57; Leo, I; Tor, I). Se describe corriendo y gritando, haciendo «muecas», con «arrebatadas miradas», «arrebatado como en un día de verano», o con un «arrebato» mayor junto al personaje femenino (Tor, I, IV). Cuando se señala que se siente liberado, aparece lanzando «un silbido espontáneo, ... olvidado de todo, raudo, frenético, en una especie de inconsciencia voladora» (Tor, I). Para sugerir el trance que resulta de la cercanía inmediata, Ramón contagia al personaje masculino de ademanes menádicos y emplea con preferencia la imagen visual del movimiento de la cabeza y el cuello para referirse al mismo. El narrador de «El Ruso» al darle la mano a Paulowa por última vez, llega al borde de la irracionalidad. Se la retiene algún tiempo en un apretón «largo y hondo» como «queriéndola tatuar» su mano en la de ella y confiesa: «di la mano a Paulowa, tirándome hacia atrás para no darla un beso inexplicable, deseoso de hacer el extrago final, inútilmente, estúpidamente, 'porque sí' por arrebato», e insiste: «miré hacia detrás y me llené de sal el alma» (R, 274-75). Y Ramón busca modos de disimular el gesto. Prudencio, a la llegada del invierno, teniendo como única compañía la playa y su novia, desahoga su incomodidad disparando sin blanco fijo: «se echaba un poco hacia detrás como si rehuyese la posible caída de la estrella muerta». Ante el mundo tan vacío que es el que está junto al mar, hace un gesto que insinúa el trance: muestra en su rostro un gesto de «despertar, algo como si le hubiese picado una mosca en la cara», y con «las manos muy agarradas a lo alto», y «la cabeza hacia adelante», expresa los horrores que percibe en el mar (Mie, II). A Rubén, el ahogo vital «le subía al cuello ... le levantaba los hombros» y agarrándose «a las estrellas como un desesperado, como el que se agarra a un clavo ardiendo», mira al cielo «como si ahogándose en el mar más proceloso pidiese un salvavidas a los que se asomaban a la borda de un trasatlántico, allá arriba, junto a Dios» (Tor, I, IV). Leopoldo, olvidado de sí, logra dejarse ir. Duerme «una siestecita, echando la cabeza sobre su brazo» o «echada la cabeza sobre el tejido duro de los sillones de mimbre», se da a mirar balcones (Leo, I, IV).

La mirada también se convierte en un detalle que auxilia en la evocación de rasgos menádicos y sugiere el trance. Los ojos de Rubén tienen «algo así como esas espumas de miradas que los llena cuando la vida efervece con voluptuosidad». Cerca del personaje femenino aparecen «inyectados ... tiernos, huevudos, deslavazados, llenos de la primera miel», y afectados «con ese nublado que pone la tormenta en los ojos» (Tor, VI). El narrador de «El Ruso» adquiere una mirada contemplativa y mira a Paulowa «como el perro de caza observa a su dueño» (R, 260). Leopoldo, con una mirada lejana, se complace en «perder la vista» y ver más allá de lo fácilmente accesible: en mirar no sólo en los balcones donde se ve la vida agraciada, sino también en los oscuros y en los que se vislumbra la enfermedad (T, 101). Es decir, adquiere una mirada penetrante que le hace compartir con Teresa la facultad de percibir el otro lado de lo aparente (Leo, IV).

Lo más importante de estos detalles es que ya desde «El Ruso», se advierte que tras ellos el personaje apolíneo experimenta una «transfiguración» y una «revelación», las cuales representan un choque de reconocimiento acerca de una verdad que él considera una lección no aprendida hasta entonces (R, 253, 255, T, 58). Esta experiencia se convierte, en última instancia, en un aprendizaje en el cual, vía afectiva, se le descorre el velo ilusorio que le ha mantenido en el espejismo con que combate el dolor, y palpa otro lado de la vida, que aunque él sabe que existe, procura mantener alejado de su vida consciente.

Esta verdad que tiene que ver con la posición y el sentido de su vida dentro del concierto universal de un modo hasta entonces no experimentado por él, es lo que en términos de la *novella* constituye el mensaje de la narración.

El mensaje

En las *novelle* de Ramón el mensaje es invariablemente el resultado de una resolución inesperada que a más de causar un efecto sorpresivo, presenta una inversión entre los fines que se propone lograr el personaje apolíneo y lo que realmente sucede. Lo que se espera y lo que sucede son hechos opuestos que guardan armonía con una inversión temática. Como consecuencia, el efecto total de la narración muestra un énfasis en aspectos temáticos que atañen a la condición humana, contrarios a los que el personaje apolíneo percibía como los únicos válidos al iniciar su búsqueda. Este mensaje se expone de manera que, por un lado, requiere un esfuerzo por parte del lector para ser inferido, tras la invitación causada por el efecto sorpresivo de la resolución. Por otro, puede corroborarse porque puede reconstruirse. Casi siempre se encuentra formulado en comentarios ubicados intencionalmente de modo disperso y arbitrario a lo largo de la narración. Estos comentarios aparecen expresados por la voz narrativa o por algún otro personaje al cual se le atribuye la sensatez y el sentido común propios de la sabiduría basada en experiencias vividas. Por último, el mensaje, al subrayar la presencia de aspectos de la condición humana contrarios a los que se consideran válidos generalmente, incita a la reflexión de consideraciones temáticas relacionadas con la condición humana que ponen en evidencia la presencia de lo vital, del otro lado de la vida o lo otro, o sea, adquiere implicaciones temáticas que van más allá del fin de lo narrado.

En «El Ruso», por ejemplo, el narrador se proponía eternizarse como hombre y busca una mujer «dispuesto» a quedarse «en definitiva, como para toda la vida, con la que encontrase primero» (R, 249, 252; T, 51). Pero al entrar en estrecha relación con Paulowa se da cuenta de su naturaleza ambivalente. Su propósito, irónicamente, lo lleva a un resultado inverso al que se esperaba. Paulowa resulta simultáneamente fiel/infiel, sincera/enigmática, inflexible/cambiante, y el narrador termina huyendo de ella para siempre.

En «El miedo al mar», mientras Prudencio pretende afirmar su dominio tratando de convencer a su novia de que se vaya con él tierra adentro, termina no pudiendo convencerla, sino precipitando en ella su preferencia por la vida frente al mar.

De manera semejante en «La tormenta» y «Leopoldo y Teresa», el logro de la mujer y la evasión de las responsabilidades a cambio de una vida libre, en vez de desembocar en la felicidad, lo que implica es obligaciones que le ponen valla a los planes individuales del personaje. Rubén entra en posesión de la primera mujer, sólo para despertar a esta realidad; para ver «en su proporción lo que acababa de hacer. Estaba obligado y arrepentido de haberse obligado». Por lo tanto, la narración concluye con el siguiente comentario:

> Puesto que lo ha querido, los padres le darán todas las facilidades que niegan para su bien a los hijos, y será el que se casó muy joven y tiene muchos hijos y no enseña nunca a su mujer. Lo que sea ya lo será de un modo mediocre y será un fracasado de por vida. (Tor, VI)

Leopoldo, que buscaba la vida libre de las leyes del hombre junto con una compañera en medio de la libertad de los jardinillos y las terrazas, lo que consigue es comprometerse y anclarse en casa a causa del advenimiento del hijo.

De estas inversiones sorpresivas relativas a la línea narrativa, se desprende una inversión temática de la cual emergen implicaciones que rebasan los límites de lo narrado y constituyen el mensaje de la narración. El narrador de «El Ruso» persigue reafirmar la validez de las ideas de permanencia y de la belleza, o sea, lo aparente, y percibe la ausencia de verdades definitivas: la evidencia de que al fondo de lo aparente se oculta una realidad caótica, cambiante y contradictoria en que el ser humano es intrascendente, y su vida consciente un pasatiempo donde éste se entretiene tratando de reconciliar el sentimiento con la razón.

A partir de esta revelación y la inseguridad que trae consigo vislumbrar el imperio del caos, Ramón se da a la tarea de presentar al personaje apolíneo en distintas situaciones en que persigue un modo de reconciliar las oposiciones que ve presentes en la vida. Y en cada caso, el fin muestra una solución inesperada de efecto sorpresivo, que revela la validez de lo inverso a lo que en un principio se proponía el personaje apolíneo.

Es decir, una inversión en la línea narrativa guarda armonía con una inversión temática y el efecto último de este recurso es doble. Permite que en el mensaje se destaquen con énfasis aspectos temáticos relacionados con lo humano, opuestos a los que normalmente se tienen en cuenta y, por lo tanto, sugiere implicaciones temáticas que invitan a la reflección de aspectos que van más allá del fin de la narración.

Si Prudencio le rinde culto al darse a valer retando al mar con gestos que él considera de valentía, su novia, la «sensata» Sagrario, le revela que en el fondo, lo que demuestra su actitud es «el miedo del que quiere ser más valiente que nadie y no lo es». Mientras él dice: «al mar lo alabaron los hombres como esclavos, como haciéndose así más fuertes que su miedo... Yo que soy más valiente que ellos le miro de arriba abajo y no le alabo...», ella le contesta: «sin embargo, parece que tú tienes más miedo que nadie... Que el cobarde eres tú» (Mie, I, III). Sagrario, comprendiendo la imposibilidad y la tontería de querer demostrar superioridad ante lo indomitable, admite el miedo frente a la naturaleza y propone el mensaje de la narración, en que se subraya la conformidad con lo irremediable, y la confraternidad humana como mejor medio de compensar el temor que causa cuando afirma: «el mar nos debe enseñar a unirnos, a no dar reposo al cariño». Y resuelta a no abandonarlo, con una amiga camina frente al mar, a quien considera su «divino esposo» silenciosa y encantada por la luna y «la serenidad de la muerte en un mundo muerto y sereno». Decisión que opone a la supremacía de la valentía, la de la cobardía y la conformidad (Mie, III) [21].

[21] El significado pleno de los mensajes de Ramón se hace más patente cuando éstos se relacionan con ideas expresadas por Ramón en otras obras. En *Morbideces*, por ejemplo, explica que la cobardía es el único medio de lograr la paz humana: «la cobardía significa firmeza de carácter y plenitud personal. En la naturaleza el espíritu de conservación requiere la cobardía». Cuando cada uno se haga dueño de sí mismo, y se hagan todos «cobardes prácticos», egoístas y «antialtruistas», luego «nacerá la paz entre los hombres» (62). También allí está presente su preocupación por la intrascendencia de la vida humana dentro de la confusión y lo

Si el personaje apolíneo cree que se realiza como ser completo con la conquista femenina, tanto la chica como su voluntad por dominarla, no son más que instrumentos para que se cumplan las leyes de la vida. El personaje resulta entonces un juguete de la naturaleza, que coloca sus designios en primer plano y desconoce las aspiraciones individuales. Y en una inversión temática, a la afirmación de la individualidad y la voluntad, se antepone la afirmación de las leyes de la naturaleza y de la vida. Expresado por el «padre sensato» de Rubén tras el haber pasado ya los años críticos de la adolescencia y ver el trance por el que pasa el hijo como proyección retrospectiva del suyo y del de toda la humanidad, la vida es amarga; «el defecto del mundo, por el que nunca queda claro su sentido», es que «al volver a brotar la fuerza de la Naturaleza en cada ser, sucede que de nuevo se apaga todo, se obscurece toda máxima de buen sentido», y «lo torpe campea con tenacidad» (Tor, IV, II).

Por último, si el personaje apolíneo persigue gozar de «la felicidad que corresponde con la vida» y evitar los trabajos del hombre civilizado, el darse a la vida libre, aunque sea por voluntad propia, le acarrea más trabajos y paciencias de los que se imaginaba. Con palabras del narrador, aunque Leopoldo «había cambiado» toda su vida «en gracia a ella», o sea, Teresa, y estaba decidido a vivir su vida evadiendo responsabilidades en los jardinillos, «por renunciar al trabajo productivo y en medio de todo ligero, iba a pasar los trabajos peores y a gastar más paciencia que en ningún otro oficio» (Leo, I, VI). Mensaje que se integra armónicamente con la imagen que concluyen la narración. Allí, de un modo tácito se le da énfasis a la inversión temática que reafirma la superioridad de la naturaleza sobre la voluntad apolínea, la razón, las instituciones convencionales, la formalidad, el protocolo, etc., que creen subyugarla y forman el andamiaje que rige la vida en sociedad: el hijo, que es producto de la espontaneidad, se define como «el hijo del jardinillo» y su superioridad, con el mismo recurso que Ramón emplea para indicar la superioridad de Paulowa, se señala cuando el padre en su imaginación lo coloca mirando desde una posición superior, y anticipa que será el que «desde lo más alto del árbol de los jardinillos públicos ve la procesión o la cabalgata o la entrada del Rey extranjero, subido en la rama más alta y más estratégica» (Leo, VI; R, 255, 262; T, 92). Si en la línea narrativa el logro de lo perseguido en vez de la felicidad resulta en contrariedad, desde el punto de vista temático, en vez del triunfo del valer, de la voluntad y la individualidad, lo que resulta es que tanto la voluntad como los impulsos primarios se manifiestan aliados en aras

---

amorfo del caos universal (119, 120). En *Muestrario* expresa que avivar la consciencia de la muerte tiene el fin de hacer que el ser humano reconozca su intrascendencia y aprecie la vida en toda su justeza sin el vano intento de querer «conservarse y hacer cosas supremas» o sin darse a la «idea viciosa de la importancia», lo cual impide el despreocuparse y poder fijarse en las cosas (17, 19).

de la «Naturaleza». Pero en un revés aún más sorpresivo, que refleja la visión de la interdependencia de los contrarios, la naturaleza, al mando de todo, irónicamente, guía la restitución del individuo al mundo de la norma. Leopoldo, al cerrar su cadena con Teresa y tener que cuidar del hijo en casa, se somete por vía natural y voluntariamente a las responsabilidades de tener una familia. Por consiguiente, desde las primeras cuatro narraciones, Ramón ve en la naturaleza, o las fuerzas más allá del dominio del individuo —Dionisos—, la base, o el sustrato vital que genera la sublimación o lo excelso, o sea a Apolo.

Ya en *Morbideces* y en «El concepto de la nueva literatura», Ramón explica que su literatura trataría de crear en los lectores una nueva consciencia en cuanto a la relación entre las reglas e instituciones convencionales que él denomina lo «usual» o las «hipérboles», que subyugan la condición natural y la realidad vital del ser humano. Su propósito es poner estos dos componentes que forman la vida en una perspectiva de equilibrio que él llama en su «justiprecio» y se reconozca la interdependencia que existe entre los dos (*Morbideces,* 38; Concepto, 15-17, 25; Novelismo, 357; Hoddie, Programa, 135).

Estos cuatro mensajes revelan una visión del hombre y su condición que subraya un aspecto del lado oscuro de la vida: «el conocimiento trágico» de la misma (Nietzsche, Origen, 93, 94). Se amolde o no el individuo a las instituciones creadas por él para darle orden al caos y poder operar en sociedad, la naturaleza tiene la última palabra. Los mensajes subrayan la interdependencia estrecha entre los dos polos opuestos que rigen a la humanidad, la razón y la naturaleza, y revelan lo fútil de la vida, pero con la intención positiva de que el ser humano reconozca que es temporal, reafirme la vida y los deseos de vivir en términos temporales y se dé importancia en el momento «actual», no como eterno en un «todo quimérico» en que no hay nada que lo afirme. Es una visión integral del mundo en que la totalidad de la existencia se concibe formada por oposiciones contradictorias pero complementarias, de modo que el ser humano es parte integrante de esa totalidad (Concepto, 22 y sig.).

Es importante destacar que la influencia que tiene el ambiente y el personaje femenino para hacer patentes estas verdades ocurre en una serie de pasos que hasta la conclusión coincide una vez más con los pasos del rito menádico y vislumbrada su verdad, el personaje apolíneo se restituye al mundo de su vida acostumbrada. Mostrando una evolución en su actitud, el narrador de «El Ruso», después de vivir su experiencia, al ver el caos y la dicotomía irreconciliable que existe entre sentimiento y razón, huye con horror y se restituye a su mundo. Se vuelve a España. Prudencio, una vez adquirida la evidencia de su pequeñez y su cobardía en relación con lo primordial, también huye con horror y se va a la ciudad, su lugar de origen. Rubén, una vez pasado el estado de sin razón a que lo someten sus impulsos primarios, recupera el buen juicio y, aunque contrariado, vuelve a la vida del orden establecido «despejado por la ducha de la tormenta ... que devuelve la razón» (Tor, VI). Leopoldo, después de vivir su vida en libertad y vislumbrar que la vida compromete tanto o más que las normas del ser civilizado, acepta esas responsabilidades. De hecho, mediante ellas, se restituye a la norma, y con resignación, se refugia en las ilusiones para compensar su contrariedad.

El hecho de que la verdad vislumbrada ocurre mediante una experiencia vivida sugiere la intención de Ramón por subrayar la validez de la sabiduría que depende de percepciones sensoriales para lograr la sensatez necesaria para hacerle frente a la vida; pero también, al restituir al personaje al mundo de la norma, y hacerlo escapar a las ilusiones, demuestra su reconocimiento al hecho de lo imposible que es evitar la vida humana bajo las leyes de la norma y la razón, y la necesidad de deformar la realidad para poder sobrellevar la vida.

Con estos mensajes Ramón, a más de coincidir con las prácticas de la *novella,* afirma la presencia del sustrato vital indefinido prehumano al fondo de la vida y con el juego de inversiones, estimula a la reflección de implicaciones temáticas que rebasan el límite de lo narrado.

El complejo temático

El mensaje que se deriva de la solución del conflicto temático, además de que rebasa los límites de la narración, da lugar a implicaciones temáticas laterales de significados múltiples, pero todos relacionados entre sí. Estas implicaciones se presentan en una red de referencias e imágenes que forman parte de los episodios ilustrativos y el lenguaje empleado para la descripción del ambiente y los personajes. Además, se superponen y se complementan de manera que se entrecruzan con el conflicto central y su efecto es que auxilian con ramificaciones temáticas el significado ulterior de la narración. Ya desde el primer período, las referencias aparecen de manera arbitraria, expresadas bajo una aparente intrascendencia, pero están dotadas de un carácter evocador, que permite derivar de ellas asociaciones múltiples. Los temas dominantes en este grupo representan preocupaciones que Ramón destacará con insistencia y repetirá, ya sea en posición central o subordinada, a lo largo de su creación de *novelle.*

Entre los complejos temáticos constantes a las narraciones que establecen la fórmula de Ramón los fundamentales son: uno que se centra en el problema del conocimiento intuitivo frente al racional; uno que versa sobre el tema de lo aparente y lo real, y otro que enfoca la atención en los opuestos vida y muerte.

El complejo temático que se centra en el problema del conocimiento intuitivo frente al racional aparece con gran intensidad en «El Ruso». Allí las referencias mantienen presente la idea de que la experiencia que

111

el narrador tiene en el restaurante, es una basada en vivencias de las cuales él derivará una lección. El mismo expresa que no puede leer ni entender ruso. Comienza a inferir verdades por medios distintos a los discursivos y los pasos que vive para adquirirlas están expresados con alusiones que permiten establecer un paralelo con los del logro del conocimiento mediante la experiencia menádica. El personaje se identifica a sí mismo como espectador de una obra dramática o de una pantomima. Señala el efecto de comunión que siente en la música y ve en la hora del té un momento trascendental (T, 97). Para iniciar amistad con Paulowa necesita un «mediador». Establecida su relación con ella llega a momentos de «silencio», logra una «revelación», sufre una «transfiguración», y el final, a más de compararse con el de un drama, resulta «una lección» que le resume «el universo mundo». Por último, al darse cuenta de que Paulowa es inasequible, adopta por la «conformidad» de tener que renunciar a ella (R, 270-72; T, 56). En las otras tres narraciones este complejo temático también emerge con numerosas alusiones a la experiencia dramática (T, 98). En «Leopoldo y Teresa», en la caminata hacia las terrazas se describe a los personajes apretando «el paso como los que temen llegar tarde a la función». También ellos figuran a la vez como espectadores, y actores. Se explica que «todos los que estaban acomodados en las casas de alrededor eran como espectadores suyos», que esperaban la llegada de «las cupletistas de las terrazas». Los presentes en las terrazas se convierten en «cómicas» y «cómicos». Teresa se siente allí el centro de atracción, ya que «todos dirigían hacia ellos los sillones de mimbre» (Leo, V). Y, más importante, desde allí ellos refleccionan sobre lo que es la vida (T, 101). Por lo tanto, se sugiere que lo captado es el resultado de percepciones de lo que ven y viven; no de razonamientos teóricos. En «La tormenta», el significado de la experiencia se reafirma con líneas que le dan énfasis a la idea de que Rubén aprenderá el significado de la vida mediante vivencias. Rubén aparece con insistencia dominado por una ceguera que en última instancia le enseñará el secreto de la vida. Su descubrimiento del amor es «el despertar definitivo ... a la vida» que resulta, no de la recapacitación lógica, sino de vivir el período de «las equivocaciones». Período que además se define por ser creador de una especie de trance. Se caracteriza como «la insanía» o «la ceguera» en que «dos velos de sangre cubren los ojos» del que lo padece al punto de que «ya no sabe quién es» o «no sabe nada de nada». Pero una vez pasado el trance, se afirma que ese estado provee de la cordura que se adquiere a punta de golpes. El ejemplo es el padre de Rubén, cuya participación y función es representar al hombre comprensivo que entiende la crisis del hijo como una por la cual ya él pasó (Tor, II, VI).

Ramón también subraya la misma idea mediante imágenes alusivas al origen del lenguaje o la evocación a seres mitológicos que son parte de la corte de Dionisos, o están relacionados con la tierra y lo profundo.

En «El miedo al mar», el mar se compara con un libro de «millones de páginas» llenas de «ilustraciones que no dejan de ser diferentes y maravillosas». Se dice que posee una lengua especial. Una especie de «'bable'» inteligible a los personajes femeninos, a los cuales les «lee en voz alta», pero que también muestra el caos previo al orden creado por el lenguaje: es «poco propicio a la elocuencia» y «enemigo de la frase». Por lo tanto, es inaccesible al personaje apolíneo, lo cual se expresa explícitamente cuando su novia afirma: «no comprende al mar, ya se lo enseñaré yo a entender» (Mie, II). Las referencias mitológicas aparecen en diversas alusiones que evocan la idea de la adquisición del conocimiento mediante la experiencia de lo trágico o lo sensible. El sensato médico de aldea evoca a Pegaso [22], «siempre a caballo, caminando siempre de una aldea a otra, revoloteantes las haldas de su manferland (sic) de paño fuerte, como si así ayudase a volar a su caballo». El personaje femenino teje con agujas evocadoras de la miel o el caramelo, que dan ganas de ser chupadas, despertando asociaciones con el sensato y goloso Sileno. Sus manos, de un rosado extraño, recuerdan las de «un mercurizado» o «un saturniano», creando asociaciones con Mercurio, padre o abuelo de Sileno según diversas versiones y con la saturnalia. Cuando habla, evoca asociaciones con las Mineidas, quienes necesitaron vivir una experiencia trágica para admitir la existencia de Dionisos. «Parece que sacaba punta, como se la saca una enhebradora al hilo que enhebra ... con las palabras para poderlas enhebrar por el ojo de aguja de su boca fruncida.» Al tejer en lana roja, color que evoca el *sparagmos* y, por lo tanto, la fatalidad, mientras los personajes buscan explicarse su temor frente a la fatalidad del mar, parece estar «tejiendo el jersey de sus preocupaciones sobre la pauta material de ... un patrón para la labor de sus pensamientos». Y acompañada de su amiga y Prudencio, la descripción de los tres en estado de reflección sobre la fuerza indomable del mar, evoca al cancerbero al describírseles semejantes a «tres cabezas sobre el mismo horóscopo» (Mie, II, III; T, 90).

Otro complejo temático está relacionado con la naturaleza de lo aparente y lo real. En «El Ruso», se destaca por la insistencia en demostrar la incongruencia que existe siempre entre lo observado y lo sentido por el narrador en relación con Paulowa. La impresión del narrador hasta el último apretón y la última mirada entre ellos le confirma la dificultad de determinar a ciencia cierta qué es lo real y qué lo aparente. Hasta el final de la relación predomina la duda: algo le «hacía dudar» y preguntarse «qué había quedado impronunciado» entre los dos

---

[22] El médico de aldea, con la sensatez propia de Pegaso, reconoce las limitaciones humanas cuando expresa su parecer sobre la imposibilidad de retar a la naturaleza, y comenta acerca de Prudencio: «a él le tira la tierra, tan ingrata como el mar, porque también le matará, y un día estará bajo sus olas mansas» (Mie, III; T, 85, 114-15).

113

(R, 274-75). De estas consideraciones a su vez, se derivan alusiones acerca de la belleza como un espejismo. El narrador se refiere a la belleza engañosa, su ambivalencia de ser infiel «en principio» y reconoce que «todas las mujeres», símbolos de la belleza para él, son engañosas e intangibles como la belleza: tenían el poder de hacer «llorar y reír a un tiempo mismo por lo accesible que parecían, y porque, sin embargo, no eran tangibles» (R, 250, 253, 273).

Otras ramificaciones que se desprenden del complejo temático entre lo aparente y lo real logran darle unidad a varias alusiones aparentemente dispersas. Estas se relacionan con la necesidad humana por la vanidad y las ilusiones como escapes que ayudan a sobrellevar la tragedia de la vida. En «El Ruso», hay varios episodios ausentes de efecto causal relativamente extensos que crean este complejo temático. Una escena describe a «un hombre con monóculo de gentleman y con esa triste figura que da una elegancia exagerada, revistiendo a una pobreza descubierta a trechos». Este hombre, aunque lleva zurcidos disimulados, botas rotas, y está hambriento, soporta su miseria gracias a la vanidad: tiene «monóculo y no hay nada ... que engañe tanto y dé una vanidad más grande que un monóculo» (R, 262). También se presenta una escena donde se describe a una señorita «lujosa, con el interés» y un «lujo original aunque falso». Esta señorita entra al restaurante con unas flores, se sienta «con audacia y soberanía», atrae «una botella del agua» y pone en ella «todo el manojo de tallos largos». El gesto adorna el café de un lujo imaginario «como si habiendo encontrado un botón eléctrico insospechable hubiese encendido una araña de gran salón». Tal episodio, aunque aparece de manera arbitraria y fugaz, es, sin embargo, significativo. Al ser aprobado con expresiones de «¡Me parece bien!» y «pero ha estado bien ¿eh?» por parte de Paulowa y el narrador, sugiere la necesidad de las ilusiones tanto para quienes ven la vida mediante un cristal ilusorio como para los que perciben su fondo trágico (R, 262). Otro episodio auxiliar a estas ramificaciones es el que se detiene a describir la hora del té como un ritual, y el vaso del té como la infusión que da esperanzas a los que frecuentan el Ruso (T, 97). En «La tormenta» y «Leopoldo y Teresa», los personajes se dan a la imaginación. Rubén se cree el capitan de la tormenta y Leopoldo y Teresa, a la vez que ven y participan en la miseria de la vida, se entretienen alquilando «ideal y mentalmente» en cada barrio, «ideales pisos», y soñando que veranean espléndidamente, mientras Teresa sueña con la ilusión de un traje de novias (Leo, V).

Otro modo de mantener presente la interdependencia entre lo aparente y lo real aparece concentrado en detalles particulares que tienden a demostrar cómo las oposiciones en el fondo son partes de una totalidad. Por ejemplo, de acuerdo con la percepción ilusoria del personaje apolíneo en «El miedo al mar», la tierra y el mar son elementos opuestos.

La tierra representa el orden, lo culto y civilizado, donde el ser humano puede vivir «su vida de hombre». El mar, lo bestial, irracional, poco propicio a la elocuencia e ingrato porque destruye sin discriminar; en suma, «otra cosa que la tierra» (Mie, I, II). Pero también, varias referencias al mar y la tierra sugieren una interdependencia entre ambos elementos más allá de lo aparente. Para el médico sensato de la aldea, el mar es vida. Es «el agua de la que salimos en el principio», la cual llama con insistencia y de la cual se siente nostalgia, mientras que la tierra, aunque parezca acogedora, es «tan ingrata como el mar», y también mata «bajo sus olas mansas» (Mie, II, III). El contraste entre la cobardía y la valentía, o el odio y el amor que inspira el mar, también subraya la interdependencia de elementos aparentemente opuestos cuando en el fondo resultan dos caras de una misma moneda. El sentimiento de los personajes se origina, en cada caso, en motivos ocultos. Mientras el alarde de valentía de Prudencio en el fondo está originado en un sentimiento de cobardía o temor hacia el mar, la reacción de amor hacia el mismo por parte de su novia afianza la correlación entre lo aparente y lo real. Surge de un temor, que se declara cuando al escuchar los insultos de Prudencio hacia el mar, ella expresa: «a mí me da miedo ese mar después de oírle...» (Mie, II, III).

En «La tormenta», la yuxtaposición entre lo aparente y lo real se expresa en dos grupos temáticos. Uno establece contrastes y oposiciones que subrayan el vitalismo amoral al fondo de la vida. La tormenta es «añagaza» o artificio diseñado por la naturaleza para satisfacer sus deseos, y es proveedora de vida. Es «el gran pienso ... servido para todos». Pero también es reveladora de la descomposición: mezcla «el concentrado olor de las acacias» con el «olor sucio» de las alcantarillas, los bordales y los solares (Tor, III, VI). Otro se presenta mediante una red de copiosas ramificaciones temáticas que aluden a tres fases integrales que conviven en el hombre occidental. El hombre biológico, el bíblico y el social. El ser social, convencido de su libre albedrío, se yuxtapone al biológico, sometido a la voluntad de la naturaleza. Por un lado hay fuertes referencias al fondo humano primario. Referencias a la adolescencia la destacan como un estado en el cual el hombre es víctima de «todas las fuerzas de sus apetitos», se convierte en «el hombre que come y duerme» y «se le redondean los agujeros de la nariz de oler tanto». Rubén se compara con un «jabalí de instintos recién despiertos», o «la descarada cría del cerdo, que es la cría del hijo». Más animal que humano, rezonga, «como si se refocilase»; y «'envaselinado' de principios de adolescencia, ... repugnante y pegajoso» parece un «baboso caracol». La humanidad entera, bañada por la tormenta, se presenta de manera que afirma la idea de su fondo primario: los transeúntes mojados, adquieren «tipo de perros que han sido bañados en el estanque» (Tor, II, III, IV).

En estrecho contraste con este núcleo asociativo aparecen referencias que atañen al hombre en su condición de recipiente de la moral judeocristiana. Hay referencias bíblicas en contextos que yuxtaponen el conflicto entre la moral heredada y la inclinación por el goce erótico. Se establece un paralelo entre la entrada de Rubén a un jardín que invita al goce sensual con el «Paraíso». El amigo que tiene la «misión» de iniciar a otro en el «humano misterio» del amor se califica de «mal ángel de la Anunciación, o para dejar incólume esa santa palabra, de ángel de la 'enunciación'» (Tor, I). Los sentimientos de Rubén se comparan con los de Adán. Su soberbia, parece la de «Adán el día de la falta bajo la primera tormenta que se desencadenó en el mundo». Su inquietud de amar, evoca la de querer «probar el fruto apetecido»; su temor, semeja el temor «a la ira de dios antes de haber pecado». La tormenta se compara con «el diluvio»; se alude a «sagrados escritores» que no especifican la edad que «tendría Eva en el día inicial»; y la serpiente se describe con una «impaciencia antigua» (Tor, III, VI). Por último, entrelazadas a estas referencias se encuentran las que aluden al hombre en su condición de ser social, sometido a ciertas normas por acuerdo con el grupo. El padre de Rubén se encarga de anotar que si el adolescente Rubén «se quedase en ese estado, en todas partes le tratarían cruelmente», ya que «los hombres no aguantan ... de un hombre ... los apetitos que el hombre sabe reservar y sostener a sus expensas, sólo con el rubor más digno del hombre» (Tor, II).

En «Leopoldo y Teresa» este complejo temático que contrasta lo aparente y lo real se presenta de un modo parco pero directo. Se compara al jardinillo con «la casa de la felicidad ... misteriosa y propicia» en que todos sueñan «una posible luna de miel». Pero también, se ve en él, la casa que obliga a cumplir con las responsabilidades de la vida natural, que en el fondo representan trabajos de una magnitud mayor a las de cualquier otro oficio (Leo, I, VI; T, 109).

El otro complejo temático constante en todas presenta el tema de la muerte insistiendo en la idea de interdependencia entre ésta y la vida. El narrador de «El Ruso» ya se ha señalado, rechaza la idea de la finitud de la vida. Siente el pasaje del tiempo y desea hacerse eterno antes que lo sorprenda la muerte. Teme la evidencia del carácter intrascendente de la vida, y reflecciona en la suerte de sus huesos extraviados «como alfileres orinientos» en el arenado de los paseos públicos. Pero también admira a los hombres que muestran conformidad hacia la idea de su mortalidad. Al recapacitar sobre las mujeres las califica de «mortales en el corazón, antes que en la tierra» e «inmortales por su sabor a tierra» (R, 273-74). En «La tormenta» y «El miedo al mar», este complejo temático aparece en alusiones dispersas y por ello precisamente, su persistencia es más notoria. Ramón parte de, por ejemplo, un piano, para evocar la presencia de la muerte. Su tapa se describe con «gesto de féretro»; su teclado, con una calavera de «blanca dentadura ... con sus especies de melladuras o carcaduras entreveradas» (Mie, II). En muchas ocasiones, los sentimientos, los lugares y las actividades relacionadas con el ser humano y la vida, se confunden o aparecen en estrecha interdependencia con la muerte. La adolescencia, por ejemplo, despierta sensaciones que confunden la vida y la muerte: «entraña angustia de muerte», hace pensar en la posibilidad de morir antes de «poder conocer la vida», y es «ahogo vital» o «ahogo mortal». Rubén con su sed de amar aparece «muriéndose, como el que se ha acostado con todas las flores dentro de la alcoba» sin haber podido sacar a los balcones «aquel intenso olor de la vida que se había despertado en él» (Tor, IV). En «Leopoldo y Teresa», donde este complejo temático se presenta de manera más directa, vida y muerte con frecuencia se confunden. Las terrazas y los balcones se equiparan con cementerios y nichos desde donde los personajes ven su alrededor (T, 101). En el jardinillo, el vago o sátiro de los jardinillos, a más de incitar al goce de la sensualidad que es función vital, se asocia con la muerte. Era «contratado para cosas tan extrañas como llevar una manga parroquial ... en los entierros solemnes», o «vestirse de palafrenero en los entierros extraordinarios». Las niñas del jardinillo, aunque son vida incipiente, son vida que surge de la muerte. De luto, «juegan con trajes de lunares negros», olvidadas ya «de lo poco que recordaban a sus padres» y de «la época en que las llenaron de lazos negros, grandes lazos de arlesianas» (Leo, I). Ramón también utiliza los colores verde, amarillo y la vegetación para sugerir la interdependencia entre vida y muerte. El verde, relacionado con el ambiente alrededor del mar, es vida orgánica, color de «pescado ... serpiente marina», y caos, «tristeza y gelutinosidad» (sic) (Mie, III). Leopoldo y Teresa, de por sí representantes de esta dualidad, sentados en sus sillones de mimbre, que por ser de paja seca evocan la muerte, toman «bocks brillantes y esmeraldinos» de cerveza que, por un lado, saben a «escabeche» o a «cangrejo», o sea, vida, y por otro, a «paja», o sea, materia muerta. Evocaciones a los faroles y las luces, también denotan esa dualidad al presentar implícita y explícitamente la presencia de la muerte con alusiones al amarillo en combinación con la enfermedad (Leo, V; T, 91, 101).

De este núcleo de ideas relativo a la interdependencia entre la vida y la muerte aparecen ramificaciones temáticas que sugieren la presencia de la fatalidad, sobre todo con asociaciones que se apoyan evocando el *sparagmos* mediante referencias indirectas con el color rojo. Del eco anónimo de conversaciones en retazo que «dejaban pensando», en una terraza se escucha: «la fatalidad la llevó a tu casa...». Las manos rosadas del personaje femenino crean la sospecha de que padece un mal «inevitable y fatal» que hace mirar «al suelo como se mira siempre que se habla de la fatalidad». Las garrafas donde se deposita el agua en las terrazas son rojas y fatales, ya que pueden contener «aguas mejores y peores», y a veces «condiciones medicinales». En «El Ruso», la primera mujer en que se fija el narrador es una que, aunque trágica y de luto, él recuerda por la época en que vestía un traje cereza y un sombrero adornado con rojo. También se alude a que la fatalidad persiguió al camarero que presenta al narrador y Paulowa mientras zurcaba el mar Rojo (R, 264; Mie, II, III; Leo, IV). La imagen del barco a la deriva aparece más de una vez en función de la idea de la vida como algo fuera del dominio humano, sometida a lo inexorable. Así, el personaje femenino, en actitud de espera para obedecer a sus impulsos primarios se describe, más de una vez, a la deriva. Sentado en un banco público, aparece «como si hubiese subido en un barco, y de un barco no se puede uno tirar ni bajar, cuando ya ha salido con el marinero agua adelante». Si está en un balcón, se le presenta «a bordo de un vapor en una travesía de luna de miel», por su «palidez complicada». La felicidad de que parecen gozar los personajes se describe semejante a un viaje «en la cubierta de los grandes transatlánticos, surcando el Mar Rojo del veraneo madrileño». De esta manera, se alude a la fatalidad de dos modos. Uno, con el color rojo; otro, mediante el comentario de que veían «una de esas casas» de muchos habitantes como una de «las que llaman 'Titanic' en recuerdo a aquel gran barco que llevaba infinitos pasajeros» (Leo, II, V).

Por el significado abierto y a su vez insistente que brinda el empleo del complejo temático, las narraciones extienden el significado del mensaje y lo presentan con intensidad. A su vez, gracias al mismo, la interdependencia entre diversas ramificaciones asociativas permite intensificar la visión de la vida que se deriva de las narraciones. Además, al hacer armonizar entre sí elementos dispersos, el elemento temático cumple con el propósito de Ramón de estimular en el lector la contemplación de horizontes y límites más amplios para ver si le da sentido a la «novela desunida del mundo» al «desvariar el tema para superarlo» (T, 39-40).

Los elementos constantes presentados en este capítulo serán los que Ramón afianzará en un número considerable de *novelle* como se verá de inmediato.

AFIANZAMIENTO DE LA «FÓRMULA»

Entre 1922 y 1941 Ramón escribe narraciones que siguen muy de cerca el modelo de las cuatro primeras. Estas narraciones comprenden: «La gangosa» (1922), «El olor de las mimosas» (1922), «La hija del verano» (1922), «La saturada» (1923), «La malicia de las acacias» (1923), «El joven de las sobremesas» (1923), «La otra raza» (1923), «El inencontrable» (1923), «Aquella novela» (1924), «El vegetariano» (1924), «¡Hay que matar el Morse!» (1925), «Los gemelos y el guante» (1927), «La gallipava»

(1927), «La roja» (1928), «La hiperestésica» (1928), «El regalo al doctor» (1928), «La abandonada en el Rastro» (1929), «Las consignatarias» (1932), «La niña Alcira» (1934), «Destrozonas» (1937), «Pueblo de morenas» (1937) y «El turco de los nardos» (1941) [23].

En este grupo se observa que, hasta 1923 Ramón mantiene el énfasis en el empleo de un número copioso de imágenes para afianzar y ampliar la caracterización simbólica de los agentes de la acción (personajes y ambiente). Narraciones como «El olor de las mimosas» (1922), «La hija del verano (1922)» y «La malicia de las acacias» (1923) guardan un estrecho paralelo con «La tormenta» (1921) y «Leopoldo y Teresa» (1921). También a partir de 1923, se nota que en algunas narraciones la línea narrativa es más compleja y lenta, mientras que en otras adquiere más movimiento. En «La malicia de las acacias» (1923), por ejemplo, la expresión es lenta. Ramón diluye la narración para extender al máximo el elemento descriptivo del ambiente. Mediante el amontonamiento de imágenes agota el significado simbólico de las acacias en relación con lo femenino y la expresión al margen del mundo [24]. En otros casos, por el contrario, se observa una tendencia a la economía expresiva; la narración se presenta menos descriptiva y más movida. Por ejemplo, en «¡Hay que matar el Morse!» (1925), o «El vegetariano» (1931). Esto es posible porque en la línea narrativa se entrelazan la caracterización simbólica del ambiente y los agentes principales de la acción. También, porque en los episodios ilustrativos se incluyen imágenes dispersas o una profusión de personajes caracterizados con epítetos o descripciones de una sola línea, cuyas referencias dionisíacas sugieren la calidad liberadora, reveladora y perversa del ambiente. A veces Ramón emplea diálogos y soliloquios enigmáticos, carentes de lógica, aparentemente absurdos, pero que por su capacidad para sugerir asociaciones simbólicas, permiten po-

[23] Escribimos el título de cada narración unificando sólo el empleo de las mayúsculas, cuando no es posible decidir qué desea Ramón. En lo demás, éstos se copian tal como aparecen en las primeras versiones. Sin embargo, en algunas obras de Ramón y en varias listas y estudios sobre Ramón se observan variantes a algunos de estos títulos. Por ejemplo: «La otra raza» aparece bajo «De otra raza» en la colección *La malicia de las acacias*; «Aventuras de un sinsombrerista» aparece bajo «Aventura y desgracia de un sinsombrerista» en *Obras completas*. También se notan: «El regalo (del) / al doctor» (Cardona, Ramón, A Study of, 172; Gaspar Gómez de la Serna, 28); «¡Hay que matar (el) / al Morse!» (Cardona, Ramón, A Study of, 172); «El hijo suprarrealista» (Camón Aznar, 532), y La Rusa / «El Ruso» (Richmond, 21, nota 16).

[24] Una comparación entre «La tormenta» (1921) y «La malicia de las acacias» (1923), con la segunda publicación de ambas obras en 1927 comprueba una tendencia deliberada a la experimentación. Ramón extiende la narración con elementos descriptivos que tienen varios efectos: agotan al máximo las posibilidades simbólicas de la tormenta y las acacias, a la vez que diluyen y fragmentan la línea narrativa. Véanse añadidos: Mali, MAL, 8-9, 14-15, 25-26; Tor, MAL, 105, 115, 118. En esta última página Ramón establece la correlación tormenta, corrida de toros y toro, que servirá para crear la tensión central en «Suspensión del destino» (1928).

sibilidades interpretativas que convergen en el simbolismo central. Además, Ramón da por sabido detalles en cuanto a los motivos que llevan al personaje apolíneo a encontrarse en la situación específica que se narra: por ejemplo, no se detiene a explicar que está en crisis; éste aparece ya sumergido en la situación y el ambiente.

Sin embargo, a pesar de todas estas oscilaciones reveladoras de la exploración de horizontes que anuncian el germen de nuevas tendencias en cuanto a la forma de narrar, lo constante y lo característico de este grupo es que afianza la forma, el fondo y el simbolismo común a las primeras cuatro narraciones.

En todos los casos se trata de una tensión entre una actitud apolínea de ver la vida en choque con fuerzas dionisíacas. El representante de los impulsos apolíneos aparece en la figura de un ingeniero, detective, médico, actor, poeta, licenciado en filosofía, o un soñador, o sea, en la figura de un ser que tiene la falsa seguridad de estar en dominio de todo, ya sea mediante la técnica, la lógica o la imaginación. En general es un hombre que se muestra en estado de reto constante contra lo imposible y se aclara que a pesar de ser reacio al matrimonio busca a la mujer para rectificar la historia y afirmar su individualidad: para «hacer que la cosa suceda como debió suceder, siendo Adán el hombre despierto y osado, en vez de resultar la pueril conquista» (Hij, IV). De allí la insistencia de escoger la que le parece más fácil de dominar o la «infeliz ... demasiado boba, ... y un poco tonta», a la «dócil» o «pueril» con el fin de alcanzar «la sumisión femenina soñada» (Hij, V, IV, VI; Gem, 46, 49; Gan, I, VI; Ol, IV; Mali, IV, IX). Cuando se describe su apariencia externa, tiende a ser el hombre de gabán o americana, que lleva sombrero y bastón, y va muy bien calzado. Es decir, se subraya que evita el contacto directo con lo primario, y es feliz dentro del mundo de lo aparente.

Las imágenes que afianzan esta caracterización guardan eco con aquellas empleadas en las narraciones medulares y se repiten constantemente. Se insiste en su tendencia a separarse de la multitud. Aparece «sentado en su rincón» y evita sitios concurridos «donde todo el mundo se mueve y se entremezcla como ... hormigas» (Gan, I). Se reitera su optimismo con gestos ya familiares, pero ahora se hace evidente la intención de la voz narrativa por ridiculizarlo: cuando pasea, Ramón lo describe caminando recto hacia el personaje femenino como «banderillero valiente que casi no hace el quiebro cuando está sobre el toro». Lo presenta creyéndose un rey que posesionado de su papel parece que dijera: «'yo el rey'..., 'yo el rey'..., 'yo el rey'...»; dice que muestra aires de «domador» o de «verdugo» e insiste en su participación con el mundo primario como algo que se remonta a sus orígenes prehistóricos, lo cual es detectable en el «color atejado y el espesor» de la «pelambre bravía», que esconde tras la camisa (Ol, I; Hij, III, VI; Gem, 48).

Hacia 1925, Ramón presenta un personaje que, ya sea en figura de un joven o de un hombre maduro, es un ser abatido, «triste y entrecano» con las «sienes de la preocupación», que ha vivido la experiencia de la decepción. Ha «aprendido un poco lo que es lo irremediable», ha sido víctima del «ensañamiento del engaño» de la vida, está convencido de la existencia de la fatalidad y la fuerza del destino, y, en ocasiones, tiene venas de cínico o siente «compasión humana» por la ingenuidad de los que buscan lo «nuevamente eterno» (Niñ, 287; Mor, 9, 21, 52; Aban, 257, 262).

Si ya en «El Ruso» Paulowa emerge de un grupo anónimo de mujeres, ahora Ramón inicia la diversificación en la presentación del personaje apolíneo, a veces con su desdoblamiento y otras insistiendo con sugerencias simbólicas sutiles, en la idea de que, en última instancia, él también emerge del mismo fondo indiferenciado. De hecho, Ramón deja sentado abiertamente que los agentes escogidos para presentar la situación específica son personajes singularizados para actuar en el «reparto de papeles» de «una comedia». O sea, son símbolos ilustrativos de una experiencia que afecta a un todo más amplio, y, poco a poco, se aleja de las referencias directas con que lo forma en las primeras cuatro narraciones (Hij, II, IV; Mor, 18; Tur, 8, 16).

En «El joven de las sobremesas» (1923), por ejemplo, el personaje apolíneo, un solterón retirado, aparece desde el principio acompañado por una pareja sin hijos. Los tres viven de la imaginación y la fantasía, recordando los días de teatro y ópera en Madrid. Sin embargo, gradualmente se comprende que la atención, enfocada en el solterón, lo convierte a él en un personaje ilustrativo del ser que vive de la imaginación, en choque con toda una población que no puede tolerar a los soñadores y los acosa.

En casos de desdoblamiento, el personaje representa al apolíneo que ya ha alcanzado la sensatez que enseñan los golpes de la vida, y al inexperto que está por sufrirlos por primera vez. Esta clase de desdoblamiento aparece en «La otra raza» (1923) y «El regalo al doctor» (1928), y de modo más complicado, en «El inencontrable» (1923). En esta última, el personaje que vive la experiencia, y en el cual se centra la situación específica, es un detective que se propone triunfar en sus pesquisas. Sin embargo, por un lado, también existe el personaje que comisiona la pesquisa: un aristócrata que se vanagloria de tener sangre pura y vive del orgullo de su identificación con un pasado histórico glorioso. Los dos representan al personaje apolíneo, o sea, el que emprende la búsqueda para imponer su voluntad. Ambos aparecen en oposición con el hijo del aristócrata, el buscado, otro apolíneo, quien dominado por una inclinación primaria claudica su identificación con el linaje paterno. Se casa con una mujer que lo hunde en un descendiente «en que su historia se oscurece». Del hijo del aristócrata, ya vencido por la vida, el detective vislumbra una dura verdad que en última instancia tendrá que aprender el padre (T, 134).

En «El turco de los nardos» (1941), a la par que existe un desdoblamiento entre un padre y un hijo, ambos emergen de un grupo de emigrados y encarnan los anhelos de ese grupo por la búsqueda de la felicidad. Pero como si esto no fuera suficiente, en «Pueblo de morenas» (1937), Ramón crea una narración en que la pugna entre las dos tendencias, la apolínea y la dionisíaca, antes que estar representadas por símbolos individuales, se presenta estableciendo una confrontación entre dos grupos: uno de ingleses como representantes de la tendencia apolínea y otro de todo un pueblo lleno de andaluzas morenas como símbolo de la tendencia dionisíaca.

Además, en estas narraciones Ramón subraya la ambivalencia del personaje apolíneo, no sólo con descripciones sutiles —por ejemplo, evocando el tirso al acompañar su vestimenta con bastones de puño de oro o de plata—, sino también mediante inferencias derivadas de los episodios ilustrativos. Vicente, en «La otra raza» (1923), el detective Rivas Ericson en «El inencontrable» (1923) y don Hortensio en «El vegetariano» (1924), ilustran esta ambivalencia. En los tres casos, su actitud y sus fines los identifican como apolíneos, pero a su vez, se señala su vínculo dionisíaco. Rivas Ericson es el escogido por el aristócrata Oscar Belly para encontrar a su hijo porque, aunque usa sombrero y americana, da la impresión de andar «en zapatillas», informalidad que critica el aristócrata, pero que insinúa la afinidad de Rivas Ericson con lo primario. Se le describe como sensible a «la plantilla de tafilete», que tienen sus zapatos [25] y aunque usa el método convencional para llevar a cabo sus investigaciones, posee un «optimismo doble» que le hace creerse «Rey sin corona, pero con trono». Ramón sugiere su consciencia hacia el mundo sensible, expresando que se deja llevar «de todo hecho fortuito» que ocurra en estados de «trance». Al seguir estas pistas basadas en corazonadas intuitivas, se le pinta con aires de ménade «volando del portal, como si le transportase el globo de su americana llena de aire». Al fin, una corazonada es lo que lo guía hacia el inencontrable (In, 266, 275, 278, 281). Vicente, cuyo fin es afirmar su valer individual, revela su fondo

---

[25] A partir de «Leopoldo y Teresa», Ramón en varias narraciones, «El inencontrable» (1923), «El vegetariano» (1928 ¿?, 1931), «El hombre de los pies grandes» (1928) y «Se presentó el hígado» (1937), utiliza imágenes que le prestan atención a los pies ligeramente calzados o muy predominantes, para insinuar el grado de armonía con la naturaleza, el carácter espontáneo o la naturaleza dual contradictoria de un personaje. Desde *Morbideces* (1908), Ramón asevera que escribe ese libro que no considera libro en el sentido corriente de la palabra, porque lo escribe «calzando unas modestas pantuflas en vez del alto coturno de los trascendentales... tarareando al mismo tiempo un vals de moda» y sin prestarle atención a la lógica. Con la referencia a las ligeras pantuflas y la música de fondo indica la importancia que le da a la experiencia sensorial y al mundo sensible para dar con su visión de la vida (*Morbideces*, 23, 24, 26-28, 30).

primario al describirse como un mestizo de alma complicada en la cual «dos fuerzas» se hostilizan; la herencia europea paterna, y la indígena materna. Su rostro es «obscuro», «amarillo» y «hepático», con impresión de «máscara de museo ultramarino», y su disposición, la de un maniático dado a reacciones violentas (Raz, 5, 18-19). Don Hortensio, por su parte, que pretende negar la inevitabilidad de la muerte con la práctica de un fanatismo razonable y metódico —el del vegetarianismo—, y persigue la «inmortalidad total», se sacia de racimos de uvas, y cuando medita cruje sus pies «desnudos ... echándose hacia atrás en el asiento de su despacho», rasgos que sugieren su afinidad con lo vital por su asociación con el menadismo (Veg, 204-05, 224, 229, 238)[26].

En cuanto al modo de representar lo dionisíaco o lo que está más allá del dominio del personaje apolíneo, hasta 1923, éste aparece en figura de una mujer cuya caracterización guarda estrecha relación con el mundo orgánico. Se le describe con expresiones como, la «dulce señorita de las mimosas ... encantada y convertida en árbol de mimosas» (Ol, I). Con bastante frecuencia recuerda a la Teresa de «Leopoldo y Teresa». Se le identifica con el fruto amarillo como una calabaza, o jugoso como una sandía; tiene la pelusa y el ritmo fatal propios de la misma, y sus estados de ánimo fluctúan de acuerdo con el ritmo de la naturaleza. Su caracterización, basada en evocaciones menádicas continúa. Sigue descrita con rasgos animalescos en que se le da preferencia a la serpiente, el tigrillo, el cordero, el pez y la sirena. Frenética, lleva con frecuencia «figura de loca» y «los cabellos sueltos». Se le atribuye voz de flauta y castañeteo de dientes, pero la piel con que se envuelve, en vez de ser el obvio mantón, queda aludida en la «mantilla de encajes» que le echa encima la sombra de las acacias amarillas, en la toquilla roja, o en el «pañolito» que le sobresale del bolsillo (Hij, II; Mali, III, I; Ol, V).

Sin embargo, pronto las referencias simbólicas de vínculo menádico se expresan de manera más sutil y se acentúa su naturaleza ambivalente. Ya desde 1922, en «La gangosa», «El olor de las mimosas» y «La hija del verano», se subrayan los rasgos apolíneos del personaje femenino. Con frecuencia se alude a su «ingenio superior ... aire erguido y dominador». Su artificio y su astucia superan su naturalidad y se señala que sus ademanes son estudiados. Ramón incluye detalles, como, por ejemplo, el de notar que al despedirse lo hace como si estuviera «en plena escena» para que un público que no existe «admirase su desenvoltura», o explica que trata de «prevalerse de su hotel» para atrapar marido. Aunque con su

---

[26] Para vestigios del proceso de gestación de personajes simbólicos y asuntos de este grupo véanse: en relación con Dulce Nombre en «La otra raza»: «Las señoritas afilipinadas»; y en relación con el detective de «El inencontrable» descrito de modo reiterativo como un detective «espontáneo» y «en trance»: *Ramonismo*, 227-92; 25-26. Para «El vegetariano», «El nuevo fanatismo», en *Muestrario*, 287-292, y para «Destrozonas», *Libro nuevo*, 250-51.

exhuberancia puede conquistar a quien quiera, ya no es el reflejo de la espontaneidad pura, y aunque representa a la mujer natural y sensual, Ramón la encubre. La gangosa, por ejemplo, cuya sensualidad emana de su voz, posee un gesto de «señorita que quiere casarse, ... que es muy parecido al de la cortesana», y esconde su naturaleza con una apariencia «fina y esbelta vestida de telas nuevas y frescas y con sombrero alegre y de moda» (Ol, III, IV, VIII; Gan, VIII). El personaje femenino puede aparecer ahora con un rostro de una belleza y una pureza venusianas y rasgos que aparentan un refinamiento apolíneo. Por ejemplo, se porta digna y altiva o «no contesta cuando la contradicen, la ofenden o la juzgan», pero a su vez es abúlica, posee una «ambigüedad terrible» detectable por una «pequeña desviación del ojo derecho», o de su rostro irradian señales de una «infidelidad posible». Si bien es cierto que su ropaje encubre su calidad primaria, Ramón sugiere su papel como reina de la suerte, el destino o la fatalidad, sentándola «sobre una piedra» o un «gran dado de piedra» (Gem, 46-47; Raz, 18; Mali, I).

No obstante, es más importante señalar que en un número considerable de estas narraciones se acentúa abiertamente el aspecto caricaturesco de la caracterización del personaje femenino para subrayar con él rasgos específicos propios de lo vital. Con ello, Ramón subraya y amplía su simbolismo a la vez que crea un efecto de distanciamiento máximo entre dicho personaje y el lector. Por ejemplo, agota las posibilidades significativas de la relación entre lo dulce y lo sensual mediante referencias que dan por sabido la interdependencia simbólica que él establece entre ellos al referirse en «El Ruso» al tipo de la querida, y crea «La gangosa» (1922). De esta manera, crea en la gangosa a una mujer con una voz que al mismo tiempo es empalagosa y sensual. Es toda «una mujer ... enloquecedora y deseada ... plástica», y «llena de feminidad», gracias a su voz que es «melosa ... voz de chantilly ... de relleno de crema ... con exceso de ... dulce espeso», que «empalaga» y se queda pegada «a la boca como un dulce denso y pesado», o a «los dedos como un caramelo reblandecido por el calor» (Gan, I, VI, IX). No queda lugar a dudas de que se trata de una interdependencia simbólica con el marco de referencia dionisíaco establecido en «El Ruso», porque como Paulowa, la gangosa también evoca la serpiente: semeja «una serpiente boa por aquella voz deshuesada y plástica ... insinuante como la serpiente», que se ciñe «al cuerpo y el alma con el tacto y el enredo de una serpiente larga, de más de dos metros» (Gan, I, 4).

Otros aspectos de lo vital que se plasman en un personaje femenino de modo caricaturesco y siempre a base de referencias menádicas son: el desbordamiento vital eufórico, la fatalidad del destino, la hipersensibilidad clarividente, la irracionalidad, y la coexistencia de conceptos aparentemente contradictorios como vitalidad y muerte, o fidelidad e infidelidad. En «La saturada» (1923), por ejemplo, la chica es la caricatura

del desbordamiento vital eufórico. Se describe con ideas tan «alborota-
das como el pelo», con facha de «bailarina casera y nortivaga», a quien
le gusta «gritar en los cabarets con el tirso de la locura en la mano
muy levantada hacia lo alto como intentando tocar el cielo» (Sat, II, I).
La coexistencia de dos conceptos aparentemente contradictorios, vitalidad
y muerte, ocurre en «La gallipava» (1927). El personaje femenino, ani-
malizado, por su cuidado maternal, sus caderas anchas y un cierto mirar
de soslayo, se asocia con la fertilidad de las gallinas, y es símbolo de la
vitalidad. Pero al descubrirse que su mirar particular se debe a la presencia de una enfermedad degenerativa, ella se asocia con la muerte. Lo
inevitable de la fatalidad del destino se subraya en «La roja» (1928). Allí
se resalta la fatalidad e irracionalidad como algo inevitable e inherente
al personaje mediante episodios ilustrativos en que se usa el rojo en
imágenes que evocan el *sparagmos*. De pelo «color ladrillo y de cejas lo
mismo», los cabellos de la roja son «de carnaval» en que se mezcla «el
vinagre y la sangre», parecen «ensangrentados, ... un pañuelo agorero
que da la señal de matar», o «grandes madejas de lana encarnada». Sus
gritos se desgarran de su garganta «como yendo a echar sangre en flecos
cuajados y largos después de una disputa» y su piel es «un poco exci-
tante, como si ardiese en la llama de un amor fuera de sí, en perpetua
ignición menstrual» (Roj, 175, 161, 165, 155-54). La coexistencia de la
fidelidad e infidelidad, se personifica en «Las consignatarias» (1932) donde el personaje femenino es una especie de ninfa: «nunca acaba de perder su cara de niña» y sacude con ademán menádico «sus cabellos hacia atrás», en un «gesto de salvajismo primerizo» que le va «muy bien».
Por un lado, es «la diosa de muchos corazones ... siempre infiel», que
tiene marido y «todo un mar de marinos». Por otro, es fiel y capaz del
sentimiento elevado de lealtad al amor ideal: en el fondo de su frivoli-
dad, sabe amar y esperar pacientemente la vuelta de un capitán que ha
muerto sin que ella lo sepa (Con, 149, 148, 147) [27].
    En «La hiperestésica» (1928), la mujer es el símbolo de la contradic-
ción pura, la sensibilidad excesiva, y la clarividencia dolorosa, que percibe el mundo por medio de su hipersensibilidad. Ya con asociaciones
menádicas muy sutiles, sus nervios son como «las señales que hacen los
triángulos de pañuelo que componen las señales marítimas», y a través
de ellos, ella percibe el revés de la vida. El personaje actúa hacia todo
con una serie de reacciones contradictorias e irracionales, y aceptando
la muerte como parte de la vida, busca en la muerte el alivio a su viden-
cia (Hip, 58). Por último, Ramón concentra la caracterización del personaje femenino en la idea de la irracionalidad contradictoria en «La niña Alci-

----

[27] La coexistencia de la fidelidad e infidelidad vital es una ambivalencia que
ha preocupado al personaje masculino desde «El Ruso» en otras narraciones. Algunas de ellas son: «El olor de las mimosas», «La hija del verano», «La gangosa»,
«El regalo al doctor», «La abandonada en el Rastro» y «¡Hay que matar el Morse!».

ra» (1934). La idea se encierra en el ansia vital que se resuelve en la muerte voluntaria de una adolescente sensualmente precoz en el ambiente selvático y exhuberante del Brasil. El paralelismo entre el personaje femenino y la naturaleza es fundamental para la creación de su simbolismo, pero éste prescinde, casi que en su totalidad, del auxilio de imágenes menádicas. Con la excepción de la insinuación presente en la descripción de su correr como funámbula en carrera sobre la cuerda «llevada por los caballos de sus pies ligeros», la niña Alcira queda abiertamente identificada con la fuerza suprema y lo vital, con referencias directas: es el «simbolismo total del territorio»: representa «colegios de Alciras sin importancia para el amor, importantes sólo para la maternidad ... facsímil de lo inabarcable ... lectura de lo ilegible ... tono de la naturaleza ... atisbo de su significado ... el alfa de todo» (Niñ, 278, 296, 298).

Muy significativo también es notar que al dotar al personaje de auxiliares para su caracterización, éstos resultan ser objetos, hombres y ambientes que se alejan del vínculo con el mundo orgánico. El efecto de esta práctica es que al relacionar al personaje femenino con objetos, Ramón subraya la idea de que el mundo fuera del dominio del personaje apolíneo no sólo está formado por lo orgánico, sino que en él se confunden lo animado y lo inanimado, las ideas y hasta lo artificial creado por el ser humano. Por otro lado, al relacionar al personaje femenino con hombres y culminar con el empleo de la figura del andrógino, sugiere la idea de equilibrio vital como inherente a lo dionisíaco, ya que esta figura evoca en sí, la unidad primordial concebida como la unión de la bipolaridad cognitiva formada por los principios femenino y masculino (Trotter, sn; Foster, 44-45).

En «Aquella novela» (1924) y «¡Hay que matar el Morse!» (1925), por ejemplo, se inicia una interdependencia entre uno o más objetos y un personaje femenino como contraparte dionisíaco que servirá para establecer una tensión con el personaje apolíneo, en que hasta los objetos parecen conspirar contra él. En estas narraciones, respectivamente, un seductor a la caza de una nueva conquista y un hombre incapaz de reconciliarse con el ensañamiento de la vida y la infidelidad femenina, aparecen en tensión con una mujer; la escogida para la seducción, y la esposa infiel. Pero en cada caso, estas mujeres guardan una interdependencia muy acentuada con un objeto: una novela, y un aparato de radiotelefonía que al personaje apolíneo le parece ser un medio para poder adquirir prestancia personal y participar de la vida sin arriesgarse a sufrir sus desengaños. Sin embargo, estos objetos esconden dentro de sí el poder de fuerzas más allá de la voluntad del personaje apolíneo. El seductor se encuentra triunfante de una desconocida quien se le entrega, de modo que él no puede explicarse, sin ninguna resistencia. El hombre que busca la compañía mediante la radiotelefonía, enloquece, al comprobar que el aparato se resiste a cumplir con sus deseos. Como con-

personaje femenino es marginal se dice que vive en las afueras, ya sea en un pueblo arrabalero que no es «ni pueblo ni ciudad, en una calleja intransitable ... en una calle solitaria ... que da a los cementerios» o como «perdida del mundo», y en habitaciones oscuras «al fondo», en caserones destartalados, con tipo de palacio viejo, y jardines de árboles enormes (Hij, V, I, II, V; también, Hip, 6, 19-20). La gallipava es oriunda de «una calle sin salida» como «del otro lado del mundo, del ambiente neutral, de un misterioso patio de la ciudad» que es como «el revés del mundo»; y la abandonada proviene de un pueblo «asentado en una hondonada» de fondo oscuro que es «laberinto de tejados y vidas» (Gal, 123-24; Aban, 257).

Las doce de la noche del día de año nuevo sirve para sugerir la idea de lo marginal, ya que es «la noche fuera del tiempo, ni en un año ni en otro»; y una tarde de circo también, por semejar «un día de vacaciones» (Mali, II; Mor, 58; Sat, 23). El domingo como día de asueto, por distinto a los demás, alejado de la rutina y lo estructurado, proporciona momentos donde el personaje vive «al margen del mundo». Se define como el «día que marca un límite en la vida», en que se echa de menos lo acostumbrado, y por eso se siente «el deseo de construcción» y de estabilidad, o es un día de escape «a su vida diaria». La casa del personaje femenino se asocia con la idea del «asueto» y si el personaje apolíneo es un médico, ese día, «trajeado de domingo», entra en un ambiente alejado del que acostumbra en clínicas y hospitales para emprender «un tratamiento de amor» (Ol, V; Veg, 221; Reg, 33; Hip, 47).

El ambiente al margen a veces se compone de bajos fondos de una ciudad en que el personaje masculino, «hundido, tropieza con personajes de facha extraña que se han resignado a vivir en el anonimato, huidos, escapados, renegados de sus pasados o de sus tierras de origen». Por ejemplo, un tipo que se oculta «envuelto en algodones» y la nariz o el ojo izquierdo tapados por una venda de seda negra; el borracho, el morfinómano en trance, el marino escapado de su pueblo, el suicida y hasta un gato son algunos de los que se encuentra Rivas Ericson mientras busca al inencontrable (In, 269, 275, 279; In, CL, 13).

Ramón también emplea detalles que evocan el *sparagmos,* pero sin referencias directas. Por ejemplo, alude al tufo del «bacalao en manos del hombre cuaresmático»; al hedor a «bahorrina» o «mojama» que emana de tiendas de ultramarinos, cafés, tabernas, o prostíbulos. En «El joven de las sobremesas» (1923), esta asociación se sugiere con elocuencia, afirmando la interdependencia entre la vida y la muerte al aludirse a la carnicería y el carnicero, como parte del fondo ambiental, que ofrece el espectáculo de un corral «siempre lleno de tripajos y de huesos» y ser «él sólo» quien mata «toda la carne» que se come y mantiene vivo al pueblo (In, 281, 293; Hip, 34; Sat, 10, 14; Jov, 6).

Además, Ramón explora otros escenarios que permiten la asociación con el mundo de lo dionisíaco, aunque la relación con las primeras imágenes es menos obvia. Sitios como el Retiro y el Rastro sirven para evocar con frases breves todo el significado de lo que está más allá de la voluntad del personaje masculino y revelan lo opuesto a lo acostumbrado. Ramón aprovecha la oportunidad de definirlo de esa manera: son «una cosa de margen del mundo», fuera de las leyes del hombre, por donde se pasean «todos los que no saben qué hacer con la vida», o «umbral de la vida ... terreno vago e irresponsable» donde «caen todas las verdades de la ciudad» y se vive en el «revés del mundo» (Mali, VI; Aban, 260, 284, 285). Los espejos se convierten en otro elemento capaz de crear un ambiente de efecto revelador. Según explica Ramón, «recogen más que nada el espectro o los espectros de las figuras, descubriéndolo todo» y dan «a los patios del más allá» (*Muestrario,* 110). Así, en «La niña Alcira» (1932), el personaje apolíneo percibe el revés de lo acostumbrado en un ambiente que evoca una gruta, formado de un «pabellón de espejos» y «serres» con jardín donde la vegetación se ensaña en los espejos, imagen que sin duda guarda estrecha relación con la creación de «La estufa de cristal» (1934) (Aban, 270, 282; Niñ, 298).

En «La otra raza» (1923), «Los gemelos y el guante» (1927) y «Destrozonas» (1934), Ramón utiliza ambientes que pertenecen al mundo de la representación para subrayar el revés del mundo, tales como un carnaval, un baile de máscaras o una noche de ópera. Los define como ambientes donde se va a «la salvajería primitiva de nuevo», y pone a prueba su carácter de «solución de escape o compensación de una vuelta supuesta» al origen, donde los personajes, libres de los rigores usuales, viven una «seria transformación» (Raz, 50-51, 40).

En los tres casos estas atmósferas resultan reveladoras de la presencia de lo inverso a lo aparente por el número copioso de imágenes relacionadas con lo dionisíaco, agotándose estas posibilidades en «Destrozonas» (1937). Allí, Ramón recrea, tomando como punto de partida el motivo del carnaval, la atmósfera de un festival menádico a Dionisos. Los episodios suceden en tres escenarios donde se escala dicho simbolismo, y se destaca la presencia del revés del mundo acostumbrado mediante imágenes que aluden a los elementos simbólicos relacionados con el rito, subrayándose la simultaneidad de contrarios propia de la dualidad primordial. El paralelo es directo. Se evoca la máscara ritual, el tirsos, la cueva, la unión de mar y tierra, la vida y la muerte.

El primer escenario lo forman las calles del pueblo, el segundo las afueras del mismo, y por último, el otro lado de las afueras del pueblo. Cada vez, el escenario intensifica los estados de desorden, confusión, caos y muerte. Fuera de los rigores de la norma, el mundo parece al revés. La destrozona, un hombre disfrazado de mujer con enaguas de mujer y un paraguas negro, que se apodera del personaje apolíneo, como Dionisos, aparece llena de vitalidad y alegría, exalta los ánimos, y

132

desaparece sin que nadie sepa de dónde salió, dejando a su paso un camino de destrucción. En el mundo al revés, domina una «avalancha de máscaras»; la del «bañista con zapatos de cazador», la «desdentada y rota». Poblado de destrozonas, el pueblo es presa de las falsas identificaciones; los locos notan que la locura reina fuera del manicomio; un niño aparece con su mamá vestida de papá y su papá vestido de mamá; los hombres vestidos de mujer se disputan a la mujer vestida de hombre, «desconcertados en sus instintos por su cambio de trajes» (Des, 134). Las evocaciones a la cueva húmeda, el tirsos y la presencia de la fatalidad están presentes, aunque deformadas. Fuera del pueblo, el escenario es el del «caminillo de los burros», y el centro de un «cauce seco de un río». Las máscaras enarbolan, como si fueran tirsos anunciadores de la muerte «espingardas de escobas ... muertas» y «la bandera amarilla de la locura del Carnaval» (Des, 128, 130-31, 135-37). «Del otro lado del pueblo», se acentúa aún más el predominio del revés del mundo. El centro de los episodios ilustrativos es «la casa alegre de la loca María la del Cáncer», donde la confusión es mayor y se llega a confundir la vida con la muerte. Entre profusión de máscaras, preguntados los presentes quiénes son, contestan «ni nosotros mismos lo sabemos». María, como la «máscara suprema», aparece como símbolo de la vida total. Ofrece simultáneamente, el goce de la vida, vino, placer y la muerte (Des, 138). Es la proveedora del néctar vital: «podía dar vino de su bodega a todos los que se presentasen». Pero a su vez, es portadora de la muerte. Traspasar la puerta de su casa es pasar el «umbral aciago» (Des, 136-37). Lleva en su cara «una huella de lupus» que inspira silencio y miedo; pero también, da lugar a que irrumpa la fiesta y el jolgorio. Invita a que todos se diviertan y entre música de flautas primitivas de matiz ritualístico, gestos menádicos y gritos frenéticos, ocurre el desborde vital. Como consecuencia, los travesaños de la casa ceden, y los participantes encuentran la muerte.

En cuanto a los mensajes, se observa que éstos mantienen una visión trágica de la vida. Sin embargo, la reacción del personaje apolíneo ante la presencia del mundo fuera de su alcance y el tono como Ramón conduce la narración, refleja nuevas alternativas.

Los mensajes giran alrededor de la idea de la vulnerabilidad y la pequeñez humana ante el mundo externo. Domina la idea de que «la vida es tan cruel que se aprovecha de las circunstancias para amontonar situaciones sardónicas» y es imposible «contestarla con mayor sarcasmo», ya que ella siempre tiene la última palabra. El hombre es presa para fines ulteriores de la naturaleza en que no se tiene en cuenta su persona y es víctima del destino o la fatalidad; no hay más que «esperar lo que el azar» o la «Providencia» le depare (Mali, IX; Tur, 17, 49). Este es el mensaje predominante desde «La gangosa» (1922), hasta «El turco de los nardos» (1941). Si el personaje emprende la conquista amorosa, se da cuenta de su intrascendencia. Es testigo de lo fácil que se le reemplaza con un tío o cualquier otro, o se da cuenta de que no es superior a la que pretende dominar. Cuando se niega a cumplir con los fines de la procreación, la naturaleza le ofrece lo que rechaza: el hijo; y cuando resuelve doblegarse a sus deseos, ésta le depara el sarcasmo de negárselo. Estos casos ocurren, por ejemplo, desde «La gangosa» (1922), en «El olor de las mimosas» (1922), «La hija del verano» (1922), «La saturada» (1923), «La malicia de las acacias» (1923), y «Aquella novela» (1924). Pero el sarcasmo del destino se presenta en una variedad de situaciones donde no sólo lo biológico, sino hasta las mismas leyes o costumbres creadas por el hombre conspiran contra él. En «Los gemelos y el guante» (1927), el impulso individualista y las reglas del honor, contribuyen a la muerte del mismo. Otra inferencia dominante en los mensajes atañe a la soledad que lleva el deseo obsesivo de reafirmar la individualidad. En «El inencontrable» (1923), «La otra raza» (1923), «El vegetariano» (1924) y «Los gemelos y el guante» (1927), el padre del inencontrable, Vicente, el vegetariano, y el marido de la mujer de los gemelos, respectivamente, aprenden que tratar de mantener la pureza de un linaje aristocrático, su valer individual, el honor o la inmortalidad, en vez de la felicidad, hunden en la soledad y hasta en la muerte.

También se observa que el personaje apolíneo, sin dejar de representar al optimista dominado por los impulsos apolíneos, pasa por cambios de actitud. A veces aparece con un optimismo ingenuo que lo lleva al rechazo rotundo de la verdad vislumbrada en el momento de la revelación. Otras, tras un ímpetu esporádico de optimismo, da paso a la resignación de tener que conformarse con comprometer su celo individualista, lo cual hace unas veces con humor, y otras con una resignación que oculta su desengaño bajo una dosis de esperanza o ilusión.

En muchos casos, ingenuamente, con aires de reto, piensa responderle a la vida con mayor sarcasmo del que ella le tiende, pero desafortunadamente, la vida se le adelanta en cada ocasión. Siempre resulta el cazador cazado o el dominador dominado, y con bastante frecuencia, ante la evidencia de su pequeñez, opta por la huida rotunda; toma el tren y se vuelve al sitio de su vida acostumbrada, para encontrar allí, la seguridad en el refugio de sus amigos y sus papeles. En otras ocasiones, muestra intenciones de reconciliarse con la triste verdad. En «La gangosa» (1922), «El inencontrable» (1923) y «El vegetariano» (1924), por ejemplo, el personaje comienza a mostrar signos de conformidad y escoge una felicidad que compromete su amor propio en aras del logro del equilibrio entre el valer individual y el mundo sensorial o emotivo. En «La gangosa» (1922), con «cierto aire de humillación» acepta su intrascendencia. El padre del inencontrable se da cuenta de la soledad que le acarrea el celo por mantener su prestancia personal y comprende que «cada cual se ha hecho a la resignada felicidad a que le ha impelido el destino ... lo que no tiene derecho nadie es a perturbar esa felicidad». Y se sugiere que aceptará al hijo con su familia, olvidándose de su linaje a cambio de un poco del cariño que el acentuado amor propio le impedía conseguir (Gan, IX; In, 303, 304). El vegetariano, por su parte, abandona los anhelos de inmortalidad al ver que su afán lo aísla de su familia y con humor, resuelve que a lo mejor la vida acaba «con penitencias y sin penitencias ... a la vuelta de un banquete o de una absolución general». Entonces, en una especie de acto menádico que evoca el ritual simbólico del *sparagmos,* va al matrimonio de su hija y se come «una pierna entera de cordero con los ignominiosos flecos de carne de haber sido arrancados a tirones», comprendiendo que la vida «tiene que morir, pero que debe morir entre placeres voraces y dañinos, cumpliendo así su primer deber vital». Acepta entonces, medio en serio y medio en broma, una felicidad resignada, con la ilusión consoladora de que el nieto pueda alcanzar la pureza e inmortalidad que él no podrá (Veg, 216, 238-39).

Cuando el personaje apolíneo es el hombre derrotado que ha sufrido decepciones, la reacción va de la desesperación máxima que lleva a la locura, a la reacción contraria de celebrar la vida y tratar de ocultarse a sí mismo la evidencia de la fatalidad, pasando por etapas intermedias. La primera reacción ocurre pocas veces y en este grupo, sólo en «¡Hay que matar al Morse!» (1925), donde el personaje, frustrado ante la dificultad de no poder dominar el Morse, enloquece de desesperación. La segunda ocurre en «La abandonada en el Rastro» (1929), en que éste, deseoso de no tener presente en cada momento de la vida la evidencia que la influencia del tiempo ejerce indistintamente sobre cosas y seres humanos, abandona a su mujer. Entre estos extremos, se presentan reacciones de resignación y tolerancia frente a la «mala suerte», y el personaje, convencido de que «no hay más remedio» contra la fatalidad, busca consuelo en la esperanza y la ilusión (Con, 178). Esta reacción ocurre, entre otras, en «La Roja» (1928) y «El turco de los nardos» (1941). En la primera, un poeta amante de la belleza, la armonía y la razón, y en la segunda, un emigrante del viejo mundo a América, se dan cuenta de que es imposible escapar de la fatalidad porque «la Providencia caza con trampas». El primero, el poeta, sufre el sarcasmo del destino de ser padre de una chica de apariencia y disposición discordante y el emigrado que viene a América en búsqueda de un futuro próspero, cae en manos de la justicia a causa de un delito cometido en el viejo mundo. Sin embargo, con una ilusión consoladora, ambos esperan que en el futuro el azar les traiga mejor suerte. El padre envía a su hija a vivir en una provincia y sin estar muy convencido, se repite a sí mismo que allá la chica será feliz. El emigrado, con una ilusión consoladora, piensa cumplir su sentencia y comenzar de nuevo, pronunciando como últimas palabras: «Ya volveré» (Tur, 16, 60).

En síntesis, los mensajes insisten en una visión trágica de la vida, y, aunque la reacción del personaje oscila entre la desesperación, la cordura, la esperanza, la ilusión y el humor consoladores ante lo inevitable, lo que predomina al fondo de estas reacciones es un saber amargo.

Este efecto ocurre de modo muy acentuado entre más notorio se pinta el predominio del revés del mundo, como en «Destrozonas» (1933) o cuando ambos personajes, aunque simbólicos, guardan una semejanza estrecha con seres humanos. El personaje apolíneo en estos casos, aunque un ser ordinario, tonto o ingenuo, no resulta del todo inferior al lector. Los problemas en que se compromete resultan ser una rebeldía, no contra reglas ligeras de orden social, sino contra un orden superior que en el fondo todo humano puede considerar injusto y desearía dominar. Su rebeldía contra la vida, y su lucha y derrota confirman lo inevitable de la imposibilidad humana para liberarse de las consecuencias del vivir. De allí la compasión ante este ser ordinario a pesar de que es a la vez arrogante y tonto. Como caso más ilustrativo de este efecto cabe mencionar «La malicia de las acacias» (1923).

Poco a poco, sin embargo, se nota también una tendencia a suavizar la gravedad del mensaje. Esto se explica porque Ramón inicia el empleo de recursos que dan como resultado un distanciamiento entre lector y personaje. Comienza a acentuar de modo sutil la ridiculez del personaje apolíneo con un tono burlón; hace del personaje femenino una caricatura de conceptos vitales que impide se le identifique con un ser humano, y emplea de modo esporádico recursos entre los cuales sobresale el empleo de un lenguaje entre grotesco y humorístico. Con esto, aunque lo expuesto da motivo a mucho que pensar, resulta visto con cierta ligereza que permite sobrellevarlo mejor. Tanto estas tendencias como otras particulares a cada grupo específico en que Ramón muestra una constante coherencia entre fondo y forma, son las que sobresalen en las narraciones de que se ocupará el cuarto capítulo.

IV

NARRACIONES QUE REFLEJAN UNA RECREACION DENTRO DE LA «FORMULA»

Entre 1923 y 1949 Ramón escribió tres grupos más de narraciones breves. Estas, si bien mantienen constantes el mismo tratamiento estructural y temático básico y expresan lo mismo que las analizadas en el tercer capítulo, lo hacen de una manera que parece obedecer a la intención de Ramón de querer decir lo mismo, pero evitando que sus temas adquieran un carácter obsesionante. Para ello se vale del uso acentuado del humor, la fragmentación estructural extrema, la caricatura, y la presentación de mundos en que, echando mano al azar y el desorden de los sentidos, se pueda mostrar lo contradictorio de la vida. Un grupo comprende las narraciones que Ramón reúne en la colección 6 *falsas novelas*. Los otros dos comprenden narraciones que, para los propósitos de este trabajo, se identificarán bajo las denominaciones «narraciones de tipo apólogo moderno» y «narraciones de tendencia suprarrealista».

LAS «6 FALSAS NOVELAS»

Ramón publicó bajo este título «María Yarsilovna» (1923), «Los dos marineros» (1924), «La fúnebre» (1925), «La virgen pintada de rojo» (1925), «La mujer vestida de hombre» (1927) y «El hijo del millonario» (1927). Estas narraciones muestran las siguientes características: son compactas e intensas en grado máximo. Muestran una tendencia a la variedad en el modo de presentación del patrón básico. Ya no se trata de un enfoque que concentra la atención solamente en el personaje masculino, sino que también atiende al personaje femenino. Tal es el caso en «María Yarsilovna», donde a la par que el personaje apolíneo persigue dar con el secreto de la belleza y la pureza que cree encontrar en María, María lucha porque reconozcan su necesidad de ser mujer plena, a pesar de que ello vaya en contra de lo que ella parece representar para los demás. Este tratamiento recíproco llega a tal punto que la situación específica se presenta de modo inverso, por ejemplo, en «Los dos marineros». Allí, mientras Yama, el marinero del mar, descrito con fuertes rasgos apolíneos, persigue la felicidad en el dominio del personaje femenino y en el logro de los momentos de placer y abandono que ésta le proporciona, el personaje femenino, Niquita, que se describe con rasgos dionisíacos, también busca la felicidad. Primero, en la relación con Yama, por la pureza y dignidad que para ella inspiran su uniforme y su espada, y luego al ver que no hay tal pureza, desilusionada, en el marinero del lago, otro personaje descrito con características dionisíacas, en que encarna el soñador vidente de actitud serena y conforme frente a los percances de la vida. Como resultado, el conflicto temático contiene puntos de vista opuestos y complementarios que apoyan la idea de la interdependencia de los impulsos apolíneos y dionisíacos[1].

Guiadas todas las partes de la presentación de las *6 falsas novelas* a acentuar lo inverso con el auxilio de la exageración, la contradicción y el humor tanto para tratar el ambiente como a los personajes, ellas presentan la problemática de la tensión entre lo apolíneo y lo dionisíaco como un juego de tensiones que actúa de modo recíproco. Por consiguiente, dentro de una complejidad que armoniza con lo que expresan, revelan una visión de la vida que afirma la interdependencia de aspectos opuestos y aparentemente contradictorios.

Bajo subtítulos que las identifican respectivamente como falsas novelas rusa, china, tártara, africana, alemana y americana, Ramón se aleja del ámbito mediterráneo. En su lugar, crea ambientes exóticos e imaginarios en los cuales pinta, con pocos rasgos pero exagerados, cuadros herméticos, de manera que se acentúan los contrastes vitales, se subraya lo inverso a lo acostumbrado, y resalta la idea de la convivencia de elementos contradictorios. En estos ambientes aparecen lo natural, la fatalidad, el caos y la muerte, en contraste integral con lo artificial, el ensueño, la ilusión, el orden y la vida, subordinándose los aspectos apolíneos a los dionisíacos. Las narraciones enfocan la atención en uno o dos temas de dicha

---

[1] Semejante a Thomas Mann, quien era de la opinión de que Nietzsche «might speak out of the depths of a creative work; to write a critical essay about it seems to me an indiscretion, to put it mildly» (Foster, 10), a través de la creación *novellística* de Ramón se observa mejor lo arraigado de la influencia de Nietzsche en su visión de la vida. Estas narraciones con los recursos expresivos propios en una creación artística, coinciden con el pensamiento de Nietzsche sobre la necesidad recíproca de los impulsos apolíneo y dionisíaco que expresó Nietzsche de la siguiente manera: «al griego apolíneo le parecería 'titanesco' y 'bárbaro' el estado emotivo provocado por el estado dionisíaco, y ello sin que pudiese engañarse respecto de la afinidad profunda que le acercaba a esos titanes vencidos y a esos héroes. Hasta hubo de sentir algo más: su existencia entera, con toda su belleza y su medida, reposaba sobre el abismo oculto del mal y del conocimiento, y el espíritu dionisíaco le mostraba de nuevo el fondo del abismo. ¡Y, no obstante, Apolo no pudo vivir sin Dioniso! Lo 'titánico', lo 'bárbaro' fue, en último extremo, una necesidad tan imperiosa como lo apolíneo» (*Origen*, 36-37; ideas complementarias en 93, 94). Sobre el deseo de fiestas, de jolgorios y belleza griego hechos de tristeza, de miseria, de melancolía y de dolor, a «la necesidad de lo horrible», o sea a la tendencia contraria y cronológicamente anterior, véase: «Ensayo de autocrítica», 13-14.

dicotomía, y de modo concentrado afirman tácitamente la relación de oposición e interdependencia formada por ambos impulsos.

En «María Yarsilovna» se trata de una Rusia a la vez blanca y negra, donde se destaca en primer plano la idea de la muerte y el lado oscuro de la vida mediante alusiones al frío glacial, la oscuridad y lo decadente, en contraste con María, que en última instancia se revela como símbolo de lo femenino y lo vital. El paisaje es uno de agudos contrastes; lo domina un carro de carbón que sobre la nieve parece abrir agujeros «a lo profundo». María está rodeada de frío y de muerte; de muebles color de «luto»; de carcoma, copas y velas que tiritan de frío, y de tertulianos de aspecto decadente y primario (Mari, 187-88, 184, 195, 187).

En «Los dos marineros», «La virgen pintada de rojo» y «La Fúnebre» (sic), el contraste es entre la fatalidad y la ilusión. En el primer caso, Ramón crea un país oriental que parece tierra de ensueños e ilusiones, con imágenes y detalles que mezclan motivos japoneses con chinos en una atmósfera que es una parodia evocadora del exotismo oriental modernista presente en Rubén Darío. Sin embargo, bajo esa fachada de ensueños, se sugiere la presencia del mundo de la corrupción y la decadencia vital. En el segundo, Ramón construye un pueblo africano de una selva primitiva y exhuberante, pero llena de habitantes soñadores. En el tercero, fabrica una aldea «un día azul» en que, remontado al vuelo de la imaginación, el narrador vive en un «país para novelistas»; pero también basado en las expresiones coloquiales *cuento tártaro* o *cuento chino,* crea de modo exagerado un ambiente donde en medio del humor, en vez del ensueño y la ilusión, resalta el predominio del caos y la muerte (Fún, I)[2]. En los tres casos, al mundo descrito con rasgos ilusorios que corre por la superficie se le contrapone un fondo donde impera la fatalidad y lo primario.

En «La mujer vestida de hombre» y «El hijo del millonario» el contraste es entre el orden y el caos. En ambos casos y con un enfoque exagerado, Ramón presenta la ciudad moderna en un Berlín y un Nueva York imaginarios, formados de contrastes y oposiciones que destacan la interdependencia del orden y lo racional con el caos y lo irracional. Bajo una fachada que subraya el alejamiento del hombre civilizado con res-

---

[2] Al denominar a esta *novella* «falsa novela tártara», Ramón pone en práctica su talento para jugar con la pluralidad de significados que le puede ofrecer una palabra, y entre lo serio y en juego dar «mucho en que pensar» (Mie, I). Por un lado, la frase coloquial *cuento tártaro* le permite acudir a la vena humorística y escribir algo increíble y ocurrente. Por otro, *El tártaro* tiene el significado de morada de los muertos e infierno (Moliner, *Diccionario*). Esta yuxtaposición de lo cómico y lo serio tiene el efecto de sugerir la idea trascendental de la interdependencia de los contrarios. Gracias a James H. Hoddie, confirmamos la documentación escrita de la frase coloquial *cuento tártaro* con la acepción de algo originado en la Tartaria, que es «donde pasan las cosas increíbles», empleada por Ramón Pérez de Ayala en *Las máscaras* (135).

pecto a lo natural, en agudo contraste con ello, estas *novelle* también le dan énfasis a la presencia de lo que corre por debajo: lo irracional, el caos, y el mundo de la inconsciencia. Ramón describe ciudades dominadas por el orden y la modernidad artificiosas, llenas de rascacielos, edificios inmensos, fábricas, autos, máquinas, motores, sastrerías, el poder de la Bolsa, pero «sin un alma en medio de la aglomeración» (Mill, 20). Describe calles que reflejan el alejamiento del hombre de lo natural, pobladas de hombres en grupos de tres para evitar el trato femenino. Alude a oficinistas que buscan seguridad personal en instrumentos, tales como máquinas de escribir, plumas estilográficas o vestimenta diferenciadora como impermeables, bastones o sombreros de copa. También cabarets o bares en sótanos y subterráneos donde esos mismos personajes se liberan de las represiones a que los somete la norma.

En todas estas narraciones el ambiente, ya sea dominado por lo primario o por el mundo civilizado, se presenta de manera que subraya, no la exhuberancia vital donde la presencia de la muerte está al fondo, sino lo inverso; lo decadente y la muerte, donde la vida lucha por prevalecer. Al invertirse el enfoque, resalta la relación de interdependencia de ambos aspectos vitales. Con frecuencia, los ambientes evocan el reino de la oscuridad, la amoralidad primaria y la indiferenciación, a veces con alusiones directas, otras de un modo indirecto, que presupone referencias al simbolismo básico establecido en las narraciones donde se establece y se afianza la fórmula. María, por ejemplo, vive en un «piso bajo». El ambiente de la selva parece «sótano recién desenterrado» y el pueblo africano se describe «adolescente» sin «historia ni finalidad, ni gran sentido». El día de boda de una virgen sugiere un ambiente de carnaval de destrozonas o un ritual dionisíaco, y la ciudad posee una «fuerza de gran fundición humana» (Mari, 184; Dos 193; Vir, 115-16). Los bares y los cabarets se describen como «infierno fresco... primitivo rincón anterior a toda moral... todo virgen», o «cavernas del hombre primitivo» (Muj, 175).

Dichos ambientes se describen de manera que todo se metamorfosea al punto que se confunden peligrosamente las identidades. Algunos pasajes describen muertes o asesinatos grotescos que evocan los episodios de Penteo y Agave o de Acteón y Diana (Mill, 52; Vir, 146). Al bajar a los bares sin el gabán y el paraguas diferenciador, los hombres parecen primitivos seres de las cavernas de la edad de piedra «con largas barbas fumando la pipa de los primeros hombres», en búsqueda de «la mujer de largos cabellos como colas de caballos salvajes». A los edificios de las ciudades se les califica de «mastodónticos» (Muj, 175, 177; Mill, 20). En «La Fúnebre», la descripción del ambiente se exagera a tal punto que se pinta un pueblo completamente caótico. El lugar es un «profundo imperio» donde lo arbitrario, el azar, la crueldad y el instinto se tienen por ley que le da encanto a la vida. El caos se reverencia; prevalece el «no conocerse a sí mismo» primitivo y el «instinto enrevesado» es reconocido como «omnímodo», es decir, es un mundo novelístico que subraya lo inverso de lo que se da por normal en el mundo y en la literatura convencionales (Fún, I).

Dichas metamorfosis ocurren gracias al empleo de imágenes que evocan aspectos de lo menádico, pero ahora éstas se presentan dando por asumidos sus referentes inmediatos de modo muy sutil. El ambiente de bacanal se sugiere con alusiones a la embriaguez, el éxtasis, el arrebato, la locura, alusiones al *sparagmos,* el carnaval y la danza primitiva ahora convertida en jazz. Se acentúa la idea del predominio de lo contradictorio con alusiones a personajes ambiguos como el «efebo», «el varón dudoso», o alusiones que evocan la figura del sátiro disimuladamente, como la descripción de un director de cine cuyos botines «imitan los cascos de un caballo normando» (Vir, 127; Muj, 187, 202-03). Con frecuencia, el ambiente evoca el furor vital y la armonía primordial con imágenes que sugieren la silueta de la ménade. Se puebla de seres que corren o huyen raudos; o las hojas de los árboles y la espuma del mar picado se comparan con «pañolitos» o «pañuelos» flotantes. En el bosque el ramaje parece cueva de «serpientes unidas con trenzas de mujer» y los techos de las chozas parecen «moñetes». En el Berlín de «La mujer vestida de hombre» los peinados imponentes de las mujeres están formados de trenzas que parecen «serpientes» e intimidan a los hombres (Dos, I, III, VII, V; imágenes similares en: Vir, 137; Mill, 14; Fún, V; Muj, 166). El ambiente al margen del mundo se describe con las frases ya conocidas, de «asueto», día de «gran vacación», pero también con alusiones menos obvias, pintando al personaje apolíneo envuelto en «las vueltas del chal» del personaje femenino, o disfrazado con la intención de ser «otro» (Mari, 183, 194; Dos, IV; Fún, V; Mill, 10, 46).

Las alusiones paradójicas donde a través de reveses en el enfoque se le da énfasis a lo opuesto de lo usual abundan, y contribuyen a resaltar la interdependencia de los opuestos. Es común encontrarse con imágenes o situaciones paradójicas como las siguientes: conejos blancos con «ojuelos de transmigrado», cielos que son «dunas flotantes». La celebración de la vida y la muerte aparece de modo simultáneo en una orgía en que el abrazo de las parejas se describe como mezcla de «dos electricidades, la positiva y la negativa, la vida y la muerte»; y las parejas que bailan parecen de cuatro, porque en medio de ellas bailan «las dos muertes de los bailarines» (Fún, II, IV). En «La virgen pintada de rojo», la música y el ritmo de los tambores es a la vez «alegre y *fúnebre*» (Vir, 124). El pueblo entero, a pesar de su primitivismo, sólo tiene ojos de ilusión al contemplar a Luma, la virgen, en quien todos ven un ideal y el símbolo de la belleza y la pureza inalcanzables, pero que a la vez, pintada de rojo, semejante al *sparagmos,* es símbolo de la presencia de la fatalidad de la vida.

La mención de una profusión de personajes que forman parte de los ambientes también permite ver la interdependencia de lo dionisíaco y de lo apolíneo en la visión de lo dionisíaco. De modo global, los tertulianos en casa de María parecen «arañas» o «perros que husmean al nuevo compañero», y los pretendientes de Luma poseen gestos de «rapiña» (Mari, 185, 187; Vir, 109). Tanto en la selva como en el piso urbano, estos personajes, por separado, se caracterizan con breves líneas exageradas y caricaturescas, que afianzan la idea de la convivencia de las dos tendencias con descripciones que entrecruzan evocaciones de lo apolíneo con lo dionisíaco y viceversa. En la selva coexisten el «dandy» cuyo taparrabo, más amplio que el corriente, es el paralelo del traje, bastón y alma de domingo del hombre de la ciudad y el «clown de la selva» (Vir, 129-30). Tanto en la selva como en el piso de María los personajes forman un grupo donde se destacan tipos que con apariencias de seres que están por encima de las pasiones, representan el orgulloso, el ambicioso, el pretencioso, el enamorado, el inflexible, el cínico, el cruel, el sadista, el gracioso, la voluptuosa, la fatal vestida de rojo, el soñador, el suicida, y los que sugieren la decadencia vital, a saber, el cegato, el anciano y la esquelética.

Semejante al tratamiento del ambiente, la caracterización simbólica de los personajes aparece trazada con pocos rasgos, de modo sintético y exagerado. Con ello se subraya el carácter dual y contradictorio de los mismos y la relación de oposición e interdependencia de las tendencias apolíneas y dionisíacas. El personaje masculino se presenta con cuatro actitudes muy acentuadas: el amor propio, la propensión a ver la vida de modo ilusorio, que lo mueve a buscar la belleza y la pureza; el egoísmo, que lo lleva al extremo de impedir la capacidad de compartir el amor; y la arrogancia, que lo conduce al extremo de la irreverencia hacia la muerte. Tubal en «La Fúnebre», y el hijo del millonario, por ejemplo, retan directamente a la muerte. El primero, casándose con la Fúnebre, mujer viuda de siete maridos, con la intención de descubrir cómo murieron los maridos y evitar correr la misma suerte, aunque en lo más íntimo de su ser sabe que de la muerte no escapa nadie. El segundo, incurriendo en repetidos crímenes para familiarizarse con ella, y cuando se cree preparado a recibirla, dejarse prender con una sentencia en la silla eléctrica. De esta manera, pretende lograr dominio sobre ella al creerse que se la ha planeado y podrá anticipar el momento preciso en que le ocurrirá.

Estas cualidades, a su vez, aparecen combinadas con otras que sugieren su carácter dual y contradictorio. Para lograr la caracterización dual, Ramón utiliza recursos que contribuyen a mantener el efecto sintético peculiar de las 6 falsas novelas. Entre ellos, el empleo de pocas alusiones muy directas, por medio de recursos que le dan variedad a la estructura interna de la narración tales como el desdoblamiento, y variaciones en el patrón básico. Tanto en «María Yarsilovna» como en «El hijo del millonario», el personaje apolíneo se presenta complementado por otro. En «María Yarsilovna», identificado como «el extranjero», aparece complementado con un cura de pueblo. En «El hijo del millonario» se trata del desdoblamiento de la personalidad del padre en su hijo. En ambos casos, con esta práctica, en vez de subrayarse el simbolismo de los rasgos apolíneos, lo que se revela es que bajo su fachada apolínea el personaje esconde un fondo dominado por los impulsos dionisíacos.

En «María Yarsilovna» esto se señala caracterizando al extranjero como un ser que presume de objetivo y justo, pero sugiriendo que en el fondo es tan injusto como el cura del pueblo, a quien él considera de un sadismo cruel. Mientras el cura merece su reproche porque exige de María una pureza que va más allá de las posibilidades humanas, él, enamorado de ella por creerla la encarnación de la belleza y la pureza, al saber que ella no está a la par de su expectativa, la desprecia y se va desilusionado (Mari, 201). En «El hijo del millonario», la coexistencia se sugiere con referencias que indican una caracterización contradictoria: el hijo es el «asueto» del padre, que estrictamente descrito como apolíneo —es un padre a la moderna, lógico y metódico—, al gozar en su hijo de la «alegría de la doble personalidad», aparece en estado de liberación contra la represión en que acostumbra a moverse (Mill, 10). Por consiguiente, David, el hijo, que parece identificarse con lo dionisíaco, como fuerza equilibradora del padre, es el apolíneo sumergido desde el comienzo de la narración en el mundo de lo dionisíaco. Por un lado, es un ser creador y metódico que se siente en dominio del mundo; pero por otro, usa ese sentimiento de control y capacidad metódica para crear y destruir. Por su vena apolínea, es un «Atlante», un «dios de lo insensible que lanza el trueno a capricho» y rechaza la muerte, pero al mismo tiempo la busca para familiarizarse con ella y prepararse a recibirla a voluntad propia cuando él lo decida (Mill, 30, 33). Con este fin, su conducta es la de un poseso metódico: corta orejas de mujer para coleccionarlas en un museo privado en el sótano de su casa, ya que le evocan lo primario; atenta contra la tranquilidad pública emitiendo ondas de radio perturbadoras, pero cuidándose de no excederse para que no lo descubran, y por último, provoca su propia muerte cuando se siente capaz de dominarla, seguro de poder recibirla a voluntad. El personaje resulta un ser paradójico, que se expone y busca la muerte que repudia. Aun en su vestimenta es una contradicción. Usa «americana-jersey», pero de lana; y bastón, pero «bastón de Charlot», permitiendo todo esto interpretar su función simbólica como la de acentuar la relación mutua que existe entre lo apolíneo y lo dionisíaco.

En otras narraciones de este grupo, si el personaje masculino, por un lado aparenta ser de un aspecto «puro» y «digno», por otro, es un ser «corrompido» (Dos, II, IV). Si reta y rechaza a la muerte, también la ama con ese «algo de suicida» que tiene todo el que «ama y desea» (Fún, VI). Si viste taparrabos, resulta que es el más apolíneo de todos: el más egoísta y «más enamorado de todos» determinado a poseer y evitar que le usurpen a toda costa a la virgen, que para él representa el ideal, la belleza y la pureza (Vir, 131).

En «La mujer vestida de hombre», Ramón muestra otros modos de tratar al personaje masculino y el resultado es el mismo. Se afirma la interdependencia de los opuestos temática y estructuralmente. Aunque el personaje continúa representando lo apolíneo —es el hombre de saco y corbata siempre con el maletín de la máquina en la mano «como quien lleva el cerebro y el riñón aparte» y sólo lo reemplaza por el «bastón paraguas»— no se deja llevar por el optimismo ingenuo ni la agresividad de la mayoría de los personajes apolíneos (Muj, 193). No es ni siquiera el personaje activo entre los dos que entran en tensión en la situación específica. Por el contrario, este papel lo desempeña el personaje femenino. Por tanto, su actitud es pasiva. Desorientado y desconcertado, aparece retraído y esquivo ante lo femenino. Da la impresión de que vuelve a sentir los golpes de la derrota de los personajes hermanos que le han precedido, pero carece de iniciativa para emprender el reto, y se admite vencido ante la mujer. Aunque siente nostalgia por la compañía femenina, sólo a instigación de la mujer, y con un impulso vengativo, como el del narrador de «El Ruso», resuelve «aun siendo el vencido, vencer a la mujer», luchar, defenderse y buscar «los medios indirectos» de zaherirla. Es un resentido que quiere venganza, y para no fallar, decide, finalmente, dejarse seducir, pensando que es él quien seduce a la del «tipo» que reúne lo femenino y lo masculino «en uno» (Muj, 183, 187).

En cuanto al personaje femenino, Ramón mantiene su característica básica de símbolo de lo dionisíaco con varios recursos que, de modo simultáneo intensifican el significado contradictorio de lo dionisíaco, subrayan la interdependencia mutua entre lo apolíneo y lo dionisíaco, y contribuyen a darle concisión a la narración. Estos son, aparte del empleo de referencias menádicas, los mismos a que recurre en el caso del personaje apolíneo: el empleo de pocas alusiones muy directas, el desdoblamiento y variaciones en el patrón básico.

Los rasgos menádicos permanecen, pero a diferencia de las *novelle* discutidas en el capítulo previo, en este grupo aparecen esparcidas a lo largo de la narración con imágenes que son variaciones sin referentes directos de las imágenes básicas. Detalles que atañen a la cabeza o la cabellera femenina y el estado de trance siempre salen a relucir, ya sea en una simple alusión casual o con modulaciones en que se superponen la idea de la fatalidad, la armonía primordial o la sensualidad. Por ejemplo, lo notorio en la cabeza de María es su «moño». Marién, la mujer vestida de hombre, posee «el moño más nutrido del mundo»; Luma, la virgen pintada de rojo, posee «cabellos rebeldes» y la Fúnebre, sugiriendo el predominio de la fatalidad, en los días de entierro usa una «bandera roja en lo alto del moño» (Mari, 198; Fún, IV; Muj, 159; Vir, 108). María semeja una «sonámbula» o «posesa» (Mari, 199). En otros casos, el per-

144

sonaje aparece con «mirada lejana» o de «soslayo»; con «ojos trastornados», «desvanecidos», o con expresión de estar «ida» (Dos, II, III; Vir, 150; Muj, 198, 160). María y Luma, como la Gangosa, o Sagrario, adormecen; Luma congrega y embriaga; hace que todos vivan «poseídos», obsesionados por ella, y Marién, «mueve la cabeza como sólo los violinistas y las mujeres pueden moverla» (Mari, 188; Vir, 107, 111; Muj, 173).

Otras imágenes constantes aluden a la asociación con pieles, la música y el dulce, pero muy alejadas de sus referentes originales. A Luma, los perfumes del bosque la envuelven como «chales», y creada con el mismo molde de la hija de la portera presente en «La tormenta», se describe como la «bailarina» con paso de «danza» que pone «música de pandero en el aire» al caminar y al sonar sus dientes como «castañuelas» cuando tirita (Vir, 116, 106-07, 150). Marién, por su parte, recuerda a la sacerdotisa de «El Ruso». Al servir el té parece un «hada preparando la infusión mágica» y su afinidad con lo sensual se afianza con detalles que aunque parecen superfluos no lo son, tales como el de indicar que sirve «cinco cucharadillas» de azúcar en el té, o que su moño posee «doradez de ensaimada» (Muj, 181, 159).

Aparte de estas referencias menádicas, Ramón identifica de manera concisa desde un principio al personaje femenino como símbolo de lo dionisíaco subrayando su calidad contradictoria por medio de alusiones que no ocultan la intención de que representan aspectos abstractos y abarcadores, tales como la belleza, el ideal y la pureza, conjuntamente con la fatalidad, lo irracional impredecible e inalcanzable, lo vital contradictorio y la muerte. Todo esto queda delineado a través de pocos rasgos. El caso más saliente es el de «El hijo del millonario», donde el personaje es escuetamente «'ella'» o «la idea de la muerte propia... la muerte espontánea y verdadera», e identificada sólo en el último párrafo de la narración (Mill, 58, 60; Mill, F, 250). En todas las demás, a la economía en el empleo de imágenes descriptivas, se une una presentación exagerada y grotesca que, basada en contrastes, le da énfasis al aspecto contradictorio de su caracterización. Con ello, el significado de lo dionisíaco resulta ser síntesis de características opuestas.

María y Luma representan la coexistencia del ideal y lo fatal; la belleza, lo puro y la felicidad, y también lo feo, lo impuro y la fatalidad. Las dos son de gran belleza y son la encarnación de la pureza. La primera, por su semblante de virgen dolorida; la segunda, por ser la «virgen más hermosa de la tribu», el «ideal», la «belleza femenina», el «sueño», la «ilusión» adorada por todos y por desempeñar el papel del ser anhelante de plenitud amorosa en la esfera espiritual. Las dos son vínculo de armonía. Las tertulias en casa del Gran Fedor padre de María, giran alrededor de ella. Luma congrega a hombres y animales. En fin, son encarnación de aspectos pertenecientes a las esferas superiores del espíritu (Mari, 192; Vir, 110, 115, 118, 108).

Al mismo tiempo, las dos se describen con cualidades opuestas que resumen su carácter dual. María es una «máscara ... a la vez ... desenmascarada»; por consiguiente, también se revela «terrible ... indiferente ... impasible» y ordinaria (Mari, 198, 189, 191). Refleja la «materia engañosa y blanda» de lo femenino, ansiosa por imponer su derecho natural a la sensualidad y a la maternidad, y satisfecha de ser reconocida, acompaña sus «aires de puérpera» con una «repugnante sonrisa» maliciosa (Mari, 200-01)[3]. Luma es la «virgen fiera» que en varios episodios también se manifiesta terrible, indiferente, impasible y ordinaria. Posee manos «varoniles ... lascivas y avariciosas» que desarmonizan con su belleza y pureza, y es «tentadora por su misma virginidad» (Vir, 113, 109). Disgrega porque, obsesionados por ella, sus admiradores, desesperados, se suicidan o se comprometen en riñas mortales. Pintada de rojo y lanzada a la selva para que en una especie de sacrificio la haga suya el primer pretendiente que la encuentre, es símbolo elocuente de la fatalidad: el «cervatillo» o «víctima propiciatoria» que revela lo vulnerable del ideal o lo supremo. Su inmolación la transforma del ideal, la belleza y la pureza, en algo menos que humano: en un «cochino que se mata y hasta se desoreja»; en una «mujer coja como mula despatarrancada» con la «grupa derrengada», que ha adquirido «malicia» y es la «adúltera» en potencia que hay que vigilar (Vir, 132-33, 145, 150, 152, 155).

La Fúnebre es símbolo de la muerte, de la amoralidad e indiferencia vital hacia las aspiraciones individuales, pero también representa la vida. Es una mujer a la cual se le mueren los maridos, y cada vez que se le muere uno, simultáneamente procede a cumplir con la muerte y con la vida. Acepta su muerte como la última gloria de un valiente, y lo vela y entierra con todos los honores, pero también procede a buscar entre los presentes al velorio quien los reemplace. Por un lado representa el imperio de la muerte sobre la vida: se le llama la «capitana» e «imperiosa» que por ser viuda de siete maridos, tiene fama de «matona». Cada vez que se casa, su matrimonio da la impresión de «funeral» más que de boda, y su marido parece que va «del brazo de la muerte» (Fún, II, V). Por otro, es vida: evoca el «mujerío almacenado» que en un solo cuerpo guarda bajo el corsé todas «sus maternidades» y tiene tipo de «ama de cría del amor». Preocupada por la suerte del marido, le da «besos materna-

---

[3] Lecturas colaterales que coinciden y ayudan a corroborar la interpretación de «María Yarsilovna» han sido: «La princesa rusa» y *Ellas y Ellos, o Ellos y Ellas*, de Carmen de Burgos. El 6 del título en las falsas novelas invita a ver intenciones significativas relacionadas con el personaje femenino como símbolo de lo supremo. Trazado de manera que evoca una serpiente —en la portada de la primera edición— parece responder a la afirmación de Ramón de que el ombligo de la mujer «es en forma de 6» (Ultimátum, 39), sugiriendo en su caracterización lo contrario al solipsismo, actitud propia de ver la vida del personaje masculino y que él se inclina a sugerir con el número siete. Por ejemplo, los siete infantes de Lara, los siete adelantados.

les», y procura protegerle contra la muerte (Fún, V, VI, VIII, II; Fún, F, 98).

En «Los dos marineros», el personaje femenino, Niquita, por un lado se identifica con la madre naturaleza, y por otro, con impulsos más propios de la tendencia apolínea. Se le califica de «savia de la naturaleza», y es inasequible, como lo primordial: su flequillo «aleja y no permite la entrada» a su pensamiento. Es una sacerdotisa clarividente, encarna «todo el misterio de la China», es la «profesa de los árboles», la «monja de la sombra conventual del cedro abuelo» y la que prevé «lo insospechado» (Dos, IV, II). Pero también es astuta, racional, difícilmente inclinada a la resignación, y capaz de emprender un «plan de espionaje» con método, cuando se presiente engañada (Dos, III). Representa el ensueño e ilusión para el enamorado: la «compensación poética ... alegría» y «caricias que recordar» (Dos, I, IV, VIII; Dos, F, 54). Es imaginativa, soñadora y ve a sus amantes —un marinero de mar y otro de lago— y su alrededor, con ojos de ilusión. Al marinero del mar, lo ve digno y puro. El del lago le parece «barquero del cielo», y el lago se le figura de una «pureza orante», sin reparar que el primero es un corrompido, el segundo un ser rústico y primario, y que las orillas del lago están pobladas de ratas de agua (Dos, IV, VII). En fin, símbolo de lo contradictorio, busca la felicidad por dos caminos opuestos: por el del deslumbre apolíneo del mundo aparente de lo digno y puro, y por el camino de la cordura, la serenidad y la sensatez, representadas respectivamente por Yama, el marinero del mar, y por Nachauri, el del lago.

Marién queda dibujada sin rodeos como «una contradicción» o «una interrogación» que desconcierta (Muj, 168, 190). Se le describe como la mujer vestida de hombre bajo cuyos pantalones se sospechan «muchos encajes», o como una destrozona «disfrazada de hombre ... la máscara que más se abusa en el carnaval», con aspecto de «hombrecito de rostro terso», pero con «ojos desvanecidos», que son la «cosa anunciadora» de su feminidad (Muj, 182, 178, 198). Evocadora del andrógino Dionisos que toma el aspecto de hombre para cumplir la misión de recordarles a los hombres la necesidad de armonizar con la vida natural, se califica de «terrible», «desdeñosa», y con una figura que reúne «los dos tipos en uno» (Muj, 169, 188). Como un Dionisos moderno, emprende una «transformación». Se corta el moño, y a lo Marlene Dietrich, se viste con saco y pantalones, sombrero, bastón y monóculo de Barón. Adopta ademanes masculinos y usa el pugilato de ideas y medios ilusorios como la intrusión en la intimidad de los hombres, al dedicarse a actriz de películas. Todo esto, con la intención de «equilibrar el mundo», y darle a la ciudad «cierto aspecto cósmico» de que carecía. Al convertirse en «guión» que al desconcertar, como «flecha» hace «meditar» a hombres y mujeres sobre «lo mismo que había sido siempre y que ahora parecía languidecer» pretende lograr «el triunfo del sexo y la maternidad». En fin, su intención es hacer un llamado al encauce de la humanidad urbana para que reconozca la existencia de la naturaleza en la vida (Muj, 199, 200, 203, 190, 161, 164-65). El carácter contradictorio de Marién se sostiene hasta el fin, y así, a pesar de que por un lado se califica de símbolo vital, de la «feminidad del pasado con sus lazos, sus flores, con sus caderas y sus redondeces» a la cual trata de reivindicar (Muj, 194), por otro, su papel de «actriz de la vida» se arraiga en ella (Muj, 201). Su disfraz se le impone, y habiendo probado una vida de representación con el fin de hacer evidente la necesidad de volver a lo natural, se siente incapaz de enfrentarse a la vida. Teme ser mujer verdadera, evita volver a la realidad cotidiana para no exponerse a que la empequeñezcan, y se refugia en los terrenos de una casa de estudios cinematográficos donde se escapa hacia un mundo de irrealidad y fantasía. Es decir, al ser lo vital, es esencia de la contradicción y por eso se le permite una transformación completamente paradójica, en que traiciona su causa, pasándose a las filas de la causa que atacaba.

Sin embargo, no es sólo a través de la caracterización contradictoria del personaje femenino que Ramón sugiere la idea de la interdependencia de los impulsos apolíneo y dionisíaco en el personaje femenino. A la práctica de otorgarle al personaje masculino apolíneo otro complementario en que se prefigura su participación con lo dionisíaco, Ramón añade la de acompañar al personaje femenino con otro de naturaleza ambigua que lo complementa y al hacerlo profundiza la magnitud del significado simbólico de esa contradicción. El personaje complementario invariablemente resulta ser fuente de sensatez y funciona como agente directamente relacionado con el mensaje. De esta manera, afirma la superioridad del personaje femenino al imprimirle una relación con la sensatez y subrayar su función de fuente de equilibrio entre lo vital y lo sublime.

En «María Yarsilovna», «Los dos marineros» y «La Fúnebre», el personaje femenino posee uno complementario que además de presentarse con una caracterización ambigua, aparece en figura de un personaje masculino. En el primer caso se trata de un príncipe recién ordenado de sacerdote, que, descrito de un modo que sugiere la figura de un andrógino, simbólicamente insinúa la encarnación de Dionisos. Este príncipe con sotana se mueve «con coquetería de mujer», y aunque lleva la toga que lo señala como guardián de la norma, también afirma la vida. No se ha olvidado de su contacto con ésta. No ha dejado de ser «príncipe» y es el que libera a María de las represiones que no le permiten manifestar su deseo de ser la mujer vital. Por consiguiente, su función es la de apoyo en la caracterización de ésta como fuerza equilibradora del mundo representado en la narración (Mari, 198, 197). En «Los dos marineros» se trata de un ser primario, Nachauri, que aunque soñador e ilusionado (para él Niquita es el sueño que le permite soportar las crudezas de su vida), metafóricamente se señala como fuerza equilibradora que congrega los opuestos; es un marinero que «une las dos orillas distantes» de un lago y dotado de la serenidad y sensatez dionisíacas, percibe más allá de lo inmediato la indiferenciación última de todo (Dos, IV, VI, VII). Para él, todas las aguas, ya sean del mar o de un lago, son iguales, aunque unas rodeen y otras se alejen del ser humano. Por tanto, consciente de la ausencia de distinciones ante lo vital, padece la vida con resignación. En «La Fúnebre», se trata de un parricida viudo de siete mujeres, Mascafou, ser a la vez abúlico y clarividente, que le hace comprender al personaje apolíneo lo imposible de su esfuerzo por evadir la muerte.

A estas particularidades se añaden otras que atañen a variaciones de enfoque en el patrón básico. En «María Yarsilovna» a la par que hay un patrón básico donde el personaje apolíneo es el central, a pesar de que nunca abandona su posición de observador, y vive su búsqueda del secreto de la belleza como testigo, hay otro, en el cual María «posesa» y en un estado de «frenesí», es el eje que lucha por imponer el punto de vista vital o dionisíaco: el reconocimiento de los mandatos de la naturaleza que resultan en la procreación (Mari, 199). En «Los dos marineros» hay dos patrones básicos que se entrecruzan de manera mucho más complicada. El patrón que enfoca su atención en el personaje masculino aparece en combinación con uno inverso, que presenta el punto de vista del personaje femenino. Mientras Yama, el personaje apolíneo, busca la felicidad en el dominio a voluntad del amor de Niquita «con egoísmo de viajero» y sin compromisos, el personaje femenino busca la suya oscilando entre él, para satisfacer sus ansias de ilusiones y Nachauri, porque éste le señala la cordura y la serenidad resignadas para sobrellevar los percances de la vida (Dos, IV; T, 148-49).

Mientras que en «Los dos marineros» Ramón todavía trata de mantener un balance entre el patrón que enfoca la atención en el personaje masculino apolíneo y el que lo enfoca en el femenino, en «La mujer vestida de hombre» el personaje masculino apolíneo aparece completamente subordinado y la situación específica que domina se enfoca tomando como punto de partida al personaje femenino. Con el proceder de Marién, y a través del empleo de un patrón invertido, se destaca una visión de lo dionisíaco en que la ilusión apolínea aparece en convivencia y como una necesidad de lo dionisíaco. Es decir, lo dionisíaco se define como una entidad formada de los impulsos opuestos, en que la evidencia de lo crudo de la vida invita al escape.

Este tratamiento del personaje femenino, que comprende no sólo la ambigüedad en la caracterización, sino también el desdoblamiento, la abstracción exagerada y la inversión del patrón básico, contribuye a vislumbrar un cuadro más completo en relación con la problemática expuesta sobre la tensión entre los impulsos apolíneo y dionisíaco.

Sugiere que, por medio del personaje dionisíaco, hay más alternativas en cuanto a la manera de solucionar el dilema de la inexorabilidad de la vida. Frente a la actitud arrogante e inflexible del personaje apolíneo que al ser testigo de la crudeza de la vida sufre el desengaño, el horror o la muerte, el personaje dionisíaco presenta reacciones más variadas. En un extremo María, y *ella* en «El hijo del millonario» afirman la supremacía de lo dionisíaco, lo vital y la muerte. En actitudes conciliatorias, Luma, la Fúnebre y Niquita, demuestran tolerancia hacia su condición de seres sometidos a los mandatos vitales con serenidad y resignación. La primera acepta su condición de hembra; la segunda, la fatalidad, y la tercera, el desengaño, con resignación. Pero también, al mismo tiempo, las tres muestran la necesidad de las esperanzas, el ensueño y la ilusión. Luma, añora la expresión más sublime del amor, el beso. La Fúnebre procura proteger al marido contra la muerte; y Niquita, añora la posibilidad de encontrar lo puro y lo digno. En el otro extremo, Marién afirma la necesidad de refugiarse en el mundo apolíneo de la imaginación una vez convencida de la crueldad de la vida.

Esta visión la corroboran los mensajes. En general, atañen a dos aspectos tratados por Ramón ya desde «El Ruso», pero que ahora aparecen definidos de modo más intenso y directo. Se refieren a la percepción de lo verdadero de la vida sometiendo a consideración el concepto de la belleza y el deseo humano por lograr inmortalidad, en choque con la presencia de la muerte y la necesidad de refugiarse en el mundo de la ilusión. Tales consideraciones pueden resumirse de la siguiente manera: la pureza y la belleza, descorrido el velo de la ilusión, no son valores absolutos. Coexisten con otros opuestos, que atañen a esferas de lo vital, relacionadas con aspectos inferiores del espíritu. Al igual que en «El Ruso», al fondo de lo aparente, la belleza, la pureza y la vida, se esconden lo feo, lo impuro y la muerte. Y a pesar de que estos opuestos parecen irreconciliables, en realidad son iguales, como lo son las aguas del mar y del lago, aunque una parezca huir y la otra acercarse (T, 148-49). En cuanto a la muerte, rebelarse contra su fatalidad es imposible. La humanidad es «incapaz de milagros» frente a la muerte que es «lo inevitable», llega «de repente», y siempre encuentra manera de no ser «amanerada», sino «espontánea y verdadera». Aunque se le crea muy lejos, «jamás deja de estar cerca y siempre se es el número tal o cual de entre los muertos» (Mill, 19, 24, 60; Mill, F, 250; Fún, VI, VII, IX; Fún, F, 101).

Se pone entonces de manifiesto la imposibilidad de rebelarse ante lo inexorable, pero también se nota que si bien la esfera de lo dionisíaco impera, el ser humano busca modo de cubrir su evidencia con el velo de la ilusión. Hay la necesidad de acompañar la vida de un «sueño», una fuente de esperanza o «alegría para el día siguiente» para poder sobrellevar sus desengaños (Dos, IV, VII). La necesidad de las ilusiones es tan imperante que la vuelta a lo natural es difícil, tal como lo ilustra Marién, quien a pesar de querer reivindicar la vuelta a lo natural, con su reacción de refugiarse en el mundo de la ilusión comprueba que tanto para Ramón como para Nietzsche, Dionisos genera a Apolo.

Si bien estos mensajes fuera de contexto sugieren una visión trágica de la condición humana y de la vida, leídos como parte integrante de las narraciones donde aparecen no infunden esta impresión. Ramón amortigua el impacto de su seriedad y evita caer en el patetismo o el sentimentalismo porque los recursos mencionados dan como resultado escenas grotescas, absurdas e inverosímiles en las cuales lo trágico que revelan resulta suavizado con humor. Problemas como el de la inexorabilidad de la muerte y la dificultad de reconciliar lo espiritual y lo sensible se tratan con símbolos que sitúan al lector a distancia de lo que lee y se acompañan con imágenes y episodios ocurrentes que crean un efecto disonante de tono tragicómico. Por ejemplo, he aquí la escena final de «El hijo del millonario».

> David se sentó en el sillón electrocutador como quien da el salto en el estribo del sillón americano de la peluquería.
> Encendido un puro —gran colilla para el verdugo— y sacando del bolsillo un espejito y un peine, se atusó el pelo hacia atrás.
> Después se fue a poner el monóculo... En la mitad de ese gesto le sorprendió la muerte. Algún gesto tenía que quedar inacabado.
> Ese fue el error de diferencia que hace a la muerte espontánea y verdadera. Si hubiera llegado a ponerse el monóculo, la muerte hubiera sido amanerada, lo que «ella» encuentra siempre manera de no ser. (Mill, F, 250)

Ramón también usa la parodia, y al mundo poético de ensueños e ilusiones, por lo general asociado con el azul de Rubén Darío, yuxtapone un mundo que también llama «azul» o «país para novelistas» en el que incluye ocurrencias propias de un cuento tártaro[4]. En ese mundo imaginario se complace en el uso de imágenes desconcertantes que mezclan lo poético y lo prosaico en episodios absurdos que disocian, en ocasiones abruptamente, la gravedad de lo tratado. En «Los dos marineros», en imágenes evocadoras de un exotismo oriental, ganchos de oro en el peinado femenino o peces voladores, se comparan con antenas o transportadores de «emisiones lejanas» o «cablegráficas». El bosque se describe «lleno de tropiezos para que cayesen los que pasan como si el bosque se hubiese quitado los zapatos o hubiese tirado al pie de la cama el libro que estaba leyendo». Si alude a hadas, éstas duermen con sus «medias de seda tiradas hechas un garruño a su lado». El lago donde surca Nachauri, llamado «mar de

---

[4] Otro modo de sugerir la interdependencia entre opuestos mediante la expresión es el empleo de Ramón del término azul de manera que reúne en una tres de las acepciones registradas por Silva Castro, a saber: la comarca espiritual, íntima, en que el escritor busca la inspiración, la de «cuento de hadas» y la de «cuento azul», con su acepción de relatos imaginarios, razones sin fundamento, naderías» (95).

reposo» por la solemnidad y ambiente celestial que inspira, también lo es porque «sobre todo los lunes ... aparece sembrado de cadáveres flotantes como cuando se pesca con dinamita». Y una noche de amor, descrita vestida de quimono «azul con estrellas en los hombros y azul con dragones en las faldas», resulta una noche de «largo quimono mojado porque la noche mete las piernas en el agua como los arroceros» (Dos, I, III, IV, VII). En «La Fúnebre», la escena donde el portador de la sabiduría de la vida se contrapone al marido de la Fúnebre, es un cuadro caricaturesco del vislumbre de la sensatez dionisíaca. En contraste con el personaje apolíneo, Tubal, arrogante e irreverente hacia la muerte, Mascafou parece un mono que imita un ser humano: «sentado sobre el suelo comiendo hormigas» se le presenta tostando las más grandes y sorbiendo las pequeñas como quien toma sorbete con una varita que introduce en un hueco de hormigas (Fún, VII). Su actitud semeja la de un imbécil por lo pasivo de sus reacciones hacia Tubal, pero, sin embargo, con esa fecha, es él quien en una escena bastante absurda, con una parquedad y un silencio muy elocuentes, le sirve de oráculo a Tubal y le revela que de la muerte no escapa nadie.

Tras este análisis es evidente que las 6 *falsas novelas* presentan la fórmula de Ramón de un modo complejo. Su tratamiento de situaciones específicas es doble. Los conflictos temáticos mantienen constantes la presencia de puntos de vista opuestos y a la vez complementarios en un cruce de tensiones en que luchan con igual intensidad los personajes en que se centra la situación específica. Y su lenguaje plurivalente crea tonos y efectos trágicos y humorísticos, de modo simultáneo. Por lo tanto, las 6 *falsas novelas* expresan con un grado máximo de intensidad y concentración una visión de la vida en que se afirma la reciprocidad e interdependencia de opuestos mediante una complejidad que armoniza con la visión de la vida que ellas expresan.

En el próximo grupo se intentará ver cómo a la par que Ramón escribe las 6 *falsas novelas,* él crea una vez más piezas en que la fórmula básica se renueva para afianzar su visión de la vida de una manera distinta a las ya vistas.

Narraciones de tipo apólogo moderno [5]

Entre 1924 y 1937 Ramón escribe «La capa de don Dámaso» (1924), «La casa triangular» (1925), «El dueño del átomo» (1926), «El hombre de

---

[5] Reiteremos que Gillespie (121) y Springer (11-19) establecen una relación directa entre la *novella* y la fábula o apólogo tradicionales. De esa relación, estos críticos señalan la atención que desde el Renacimiento merecieron las *novelle* de carácter didáctico acompañadas de un tono cómico por dejar de ser fieles a la «realidad» con el fin de ridiculizar hasta la exageración acciones reveladoras de las debilidades humanas.

la galería» (1926), «El gran griposo» (1927), «El defensor del cementerio» (1927), «Suspensión del Destino» (1928), «El hombre de los pies grandes» (1928) y «Peluquería feliz» (1934).

El rasgo característico de este grupo es que los episodios recurrentes se presentan de manera desarticulada y fragmentaria. Cada uno resulta de manera más acentuada que en los grupos previos, no la continuación de una narrativa lineal, sino la presentación de estampas sin orden lógico ni causal que ilustran de modo insistente y reiterativo la idea clave al conflicto temático. La línea narrativa se reduce al mínimo y la narración logra mucho movimiento. Cesa el afán por destacar el significado simbólico de los agentes de la acción con imágenes cuya plurivalencia se esparce en múltiples direcciones. El ambiente se puebla de una constelación de personajes fugaces o cosas de una sola dimensión, los cuales se comprometen en un diálogo impersonal que sirve de apoyo a la voz narrativa. Los agentes de la acción resultan caricaturas de una o dos dimensiones. Por lo tanto, el proceder y las consecuencias del personaje apolíneo, en contextos que ilustran problemas comunes a la humanidad, sirven de ejemplo a acciones y actitudes humanas, que crean el efecto de recordarle al ser humano su propia vulnerabilidad. El símbolo de lo dionisíaco, por su parte, se destaca de manera mucho más pronunciada como formado de oposiciones contradictorias que subrayan la interdependencia de los opuestos y aparece en la forma de entes impersonales.

Las entidades impersonales son: una capa, una casa, el átomo, una galería comercial, el virus de la gripe, un cementerio viejo, una tormenta y un toro, los pies del personaje, y el ambiente de una peluquería. Ramón las emplea como símbolos ambivalentes que encierran simultáneamente por un lado, promesas de felicidad o seguridad individual, y por otro, contrariedad o desgracia. La capa y la galería representan la prestancia personal, la seguridad individual contra la muerte y, al mismo tiempo, la soledad, la falta de distinción y la muerte. La casa representa la armonía y la desarmonía conyugales. El átomo, la tormenta y el toro, y los pies representan, por un lado, la clave para la buena fortuna del destino y la seguridad individuales, y por otro, la mala fortuna y la arbitrariedad de lo sensorial e irracional [6].

En todos los casos, en un mecanismo estructural y temático semejante al de los grupos anteriores el personaje apolíneo va con la fe de lograr la felicidad mediante el acercamiento a estos entes. También en todos los

---

[6] A pesar de que «El doctor inverosímil» (1914) no presenta el corte estructural propio a las *novelle* de Ramón, ya en ese libro, los problemas de los pacientes de este médico se pueden interpretar desde el punto de vista de la temática como formados de la tensión entre dos fuerzas contrarias. Semejante a las narraciones de tipo apólogo moderno, es común que la tensión ocurra entre un personaje y un objeto. Por lo tanto, ya en 1914 los objetos son para Ramón parte significativa del mundo con el cual está de modo simultáneo en choque e interdependencia mutua el personaje apolíneo.

casos se acentúa el efecto sorpresivo de las resoluciones, y la inversión de papeles entre lo que él busca y lo que encuentra subraya con más énfasis la presencia del aspecto contratrio que se encierra en los entes impersonales. Por consiguiente, el personaje capta en lo perseguido la fuente de la soledad, su falta de importancia personal en relación con fuerzas supremas, la desarmonía conyugal, la presencia de lo irracional, la fatalidad y la finitud, ya sea biológica o histórica, como determinantes de la vida humana [7].

Estas características, que coinciden con las de la *novella* de tipo apólogo moderno son de un efecto muy positivo, ya que permiten un distanciamiento óptimo entre lector y personaje. Además, crean un efecto de intensidad mediante el cual se logra la subordinación de todos los elementos narrativos a lo que importa en la narración, que es el mensaje (Springer, 12-13, 19-76).

Ejemplo de estas tendencias es «El gran griposo» (1927), donde Antonio Rojas resulta ser un personaje caricaturesco de una sola dimensión gracias al empleo del epíteto genérico que con ligeras variaciones sirve de título a la narración. Su presentación caricaturesca, a la vez que permite un distanciamiento entre él y el lector, centra su significado en un enfoque único: él representa a la humanidad afectada de gripe, que, a pesar de todos los esfuerzos, el optimismo y una fe inquebrantable en los adelantos científicos, resulta impotente en su lucha contra la infección gripal. Entonces, entre un tono compasivo e irónico, Ramón lo presenta como el ser «realmente personaje gripal» que pone un «aire cómico de versado al hablar de la gripe» (Gri, 69).

«El gran griposo» (1927) también ilustra el empleo del grupo de personajes que suplanta la descripción lenta y morosa dominante en gran parte de las narraciones tempranas, con un diálogo impersonal que apoya a la voz narrativa. Formado por un grupo numeroso de amigos del gran griposo, ellos aparecen descritos con una sola línea o con epítetos. Entre ellos, «el gran lector de periódicos», «el contradicionista», el que «todo se lo curaba por la homeopatía», el que estaba «siempre en plena camelancia» y quería ser sentencioso como Rojas, «el escéptico», «el sensato», «el silencioso», «el alemán metido en linfas alemanas» y el que está «siempre como clown (sic) que se burla de los aparatos serios» (Gri, 62, 68-71). Estos personajes, además de dotar a la narración de movimiento, son un complemento a la caracterización de Antonio Rojas y contribuyen a sugerir que el problema de Rojas es el problema de todos. Cada uno apa-

---

[7] Por el empleo de entes aparentemente insignificantes, y el efecto sorpresivo de las resoluciones donde se pone de manifiesto la influencia decisiva que puede ejercer lo que aparenta ser insignificante sobre la vida humana, las *novelle* de tipo apólogo moderno de Ramón son precursoras de una técnica que hará popular años más tarde Alfred Hitchcock en su programa de televisión *Alfred Hitchcock Presents,* por ejemplo, en el episodio 67 de la serie, «One More Mile to Go».

rece como un optimista que cree tener la fórmula para evitar la gripe, ya sea con medios científicos o artificiales, ya sea con medios naturales. Tanto sus opiniones como sus epítetos, aunque expuestos con un tono ocurrente e informal, representan opiniones y actitudes humanas de rechazo o resignación ante lo inexorable.

La diversidad de personajes de participación fugaz que aparece de manera insistente en los episodios ilustrativos también contribuye a acentuar la ausencia de un argumento con el consabido principio, complicación y desenlace a la moda tradicional. En su lugar, apenas si existe una línea narrativa. Lo que se lee son un amontonamiento de opiniones sobre la gripe, emitidas en conversaciones informales que se interrumpen y toman sesgos imprevistos, aunque siempre mantienen el enfoque en la gripe. Las cosas suceden en serie, paso a paso, incidente tras incidente, con una aparente incoherencia. Los episodios se enlazan no por necesidad argumental, sino por secuencia temporal y, auxiliados por la voz narrativa, intensifican su significado de manera que su conjunto revele el mensaje[8].

Siempre conforme al esquema de estructura recurrente propio de la *novella,* lo que se expone son una serie de episodios reiterativos formados de escenas que gradualmente intensifican la idea que se quiere comunicar. La secuencia de escenas expone primero la entrada del invierno y el primer ataque de gripe que sufre Antonio Rojas (Gri, 57-60). Luego ilustra, con una notoria ausencia de línea narrativa, su visita al café después de recuperarse, la manera como le toman el pelo, y cómo medio en serio, medio en bromas, todos discuten sobre su constante preocupación por la gripe. Se pinta al personaje ávido de cualquier descubrimiento médico, aunque sin descartar del todo los remedios caseros que puedan servirle para vencer su mal (Gri, 60-63).

Otra estampa presenta la primera recaída, y cómo Rojas comienza a sentir la evidencia de su mortalidad (Gri, 63-65). Después se le ve en su segunda recuperación, con su acostumbrada vuelta al café, y las mofas, comentarios y más sugerencias de remedios para curarse la gripe por parte de los amigos (Gri, 65-71). La tercera estampa muestra a Rojas como víctima del tercer ataque de gripe y con una actitud más receptiva en cuanto a la evidencia de su mortalidad. Por último, agobiado con repetidas gripes, se le pinta dándose por vencido de que es imposible luchar contra su fragilidad; vislumbra «lo que tiene de susceptible de muerte el hombre» y acepta las gripes como parte de la vida (Gri, 71-73; 77, 78).

---

[8] En relación con esta manera de inferir el mensaje, Springer expresa: «I wish especially to stress that apologue novellas *make* for us, as distinct from stating to us, the apologue statement. Apologue is not the same thing as a parable, where first the affective story is rendered and then the analogous 'moral' is stated. Although... a nearly overt statement is often situated somewhere within the apologue story, it is not separable or independent from the story itself» (46). Para su presentación de cómo es necesario entresacar líneas significativas del texto al reconstruir el mensaje, véase página 37.

A pesar de la presentación a base de pinceladas caricaturescas, la narración adquiere coherencia mediante la insistencia con que se enfoca el dilema de Rojas y la intervención mesurada, pero decisiva, de la voz narrativa. Ella guía abiertamente al lector hacia el significado ulterior que él debe inferir de los episodios ilustrativos cuando expresa:

> En cada nueva gripe sentía que se constipaba en él lo que aun había de inédito, de moderno y de porvenirista en su cabeza, sufriendo una trepanación.
> La cohesión de su vida se rompía, y por aquellas gripes sumadas, se le descontaría mucha vida. Su conclusión era que los catarros se gangrenan; y si se gangrenan matan.
> Lo que salía a relucir inmediatamente con la gripe era lo que tiene de susceptible de muerte el hombre, y la disgregación le calambreaba.
> Todo se tornaba disuelto, y para todos sus negocios le entraba la indiferencia gripal, que es el secreto de las apatías y los retardos españoles.
> 'Esperemos a ver si salimos de ésta para proyectar o para pagar', se decía Rojas, con lema español, pues la vida da, de pronto, un traspiés entre jueves y domingo, y ¡adiós! (Gri, 77)

Con estos comentarios se comprende que lo importante no es saber qué le ocurre al personaje, sino aprehender la idea de que poco a poco acepta la vida tal cual es, sin resistirla. Cada gripe le carcome un poco la idea de creerse algo único y excepcional y le hace comprender que si vive ha de morir y debe aceptar la muerte como parte de su destino, por no ser más que materia disolvente dentro del esquema cósmico que no toma en cuenta las aspiraciones humanas. Adquirida esta consciencia, sus prioridades cambian. Más interesado en vivir, el gran griposo, que era un soltero empedernido, decide casarse con la que le cura la última gripe para:

> lograr, gracias a esa unión, un cultivo de nuevos gripositos, que no sabrán lo que es «eso» hasta que sientan que sus células y sus átomos se quieran disociar, con insumisión desgarradora, porque no quieren formar ni un niño, ni un hombre, ni un viejo, aprovechando el primer pretexto para declarar su rebeldía disolvente (Gri, 78) [9].

En efecto, los mensajes que surgen de estas narraciones constituyen el fin de las mismas y se refieren a tres preocupaciones humanas: la búsqueda de la felicidad, la prestancia personal y la inmortalidad. Ramón las en-

---

[9] La tendencia experimental a diluir y fragmentar la línea narrativa presente en las segundas versiones de «La malicia de las acacias» (1927) y «La tormenta» (1927) (T, 119, nota 24), se manifiesta en «El gran griposo» (1927), y de modo más exagerado en «El gran griposo (1928). En esta segunda versión Ramón hace participar con opiniones breves a más personajes anónimos de los que forman parte en las conversaciones del café. Así, de modo intencional, al revisar, diluye y fracciona todavía más la poca línea narrativa de la primera versión, lo cual demuestra que busca la fragmentación extrema y se aparta de manera deliberada de la forma convencional.

foca afirmando la relación de interdependencia entre el hombre racional y el mundo más allá de su dominio, pero sin llegar a una solución definitiva.

En lo relativo al anhelo de inmortalidad y la presencia de la muerte, los mensajes afirman que hay que reconocer y aceptar «lo que tiene de susceptible de muerte el hombre», conclusión que acogen don Dámaso y Antonio Rojas, con una disposición resignada que los hace encontrar consuelo en la esperanza o la ilusión, conformándose con ser inmortales en el recuerdo, o como energía que se transforma en la prole y en la muerte (Hom, 304; Gri, 77; T, 76). Sin embargo, la voz del narrador en «El defensor del cementerio» (1928) parece negar esas soluciones consoladoras cuando expresa: «se veía que los muertos no existen para nadie y, desde lugo, carecen de fisonomía», y ve la muerte como la vuelta al caos primario cuando describe el derrumbamiento de unos nichos del cementerio de la siguiente manera: «el desvalimiento de la muerte era palpable viendo aquellos numerosos inquilinos en casas agrietadas, todos próximos a sufrir la confusión última, mezclados los restos, cruzados en equis diferentes los huesos» (Def, 324, 330).

En lo tocante a la felicidad, lo que transpira es que ésta no depende ni del cuidado ni del empleo de la razón, ni de la participación o creación en hechos extraordinarios. Con frecuencia el mensaje implícito es la imposibilidad de lograrla si no se acepta la idea de la condición mortal y no se reconoce la interdependencia entre el mundo racional y el sensible como condiciones inherentes a la vida. Así, don Dámaso, al ver la soledad a que lo lleva su inquietud por preservar la individualidad, como hombre vencido se resigna a aceptar la muerte y la interdependencia mencionada. Entonces, «desdeñoso de la obra humana y su afán», discurre que la distinción consiste en encontrar un equilibrio entre su celo por la individualidad y la necesidad de reconocer la presencia de su condición natural. Este mensaje se corrobora en «La casa triangular» (1925), «El dueño del átomo» (1926) y «El hombre de la galería» (1926). Allí, el personaje que busca la felicidad mediante fórmulas y planes que desconocen por completo el papel de las emociones, las catástrofes y los accidentes, acaba con castigos severos. Por ejemplo, la disolución del matrimonio en la primera y la de sus propias vidas en las otras dos.

Otros mensajes presentan una oscilación entre admitir esta solución o darse al pesimismo frente a la tenacidad con que la fatalidad persigue al personaje apolíneo. Por un lado, unos afirman que la vida está decidida por un «autor dramático que rige los destinos de todos los desenlaces, de todas las amistades» (Pel, 130-31). Ramón persiste en identificar a ese autor con la naturaleza cuando define la tormenta que impide el encuentro de un torero con un toro fatal, como «guión del destino, de gran regalo de la suerte», y expresa que «el misterio del Destino es el que da más valor a estas suspensiones de toros. Todo el orden de suertes que esperaba a los toreros, cambia por ese trastrueque de probabilidades» (Susp, 141, 143).

Por otro, Ramón, posesionado de su papel de visionario, sugiere que la sensatez consiste en no ser un optimista iluso, sino en tener consciencia de que se puede tropezar y caer, con el fin de poder evitar los tropiezos. Este mensaje se infiere en «El hombre de los pies grandes» (1928), a la luz de la confesión de Ramón en *Morbideces* (1908), de que «estoy edificado firmemente sobre las piernas; sin embargo, sé que puedo tropezar y desnucarme. La sabiduría (?) que enseña a no tropezar es la única aceptable» (30) [10]. Y sugiere la necesidad del humor para sobrellevar el tener consciencia de la vulnerabilidad humana cuando en boca del portador de una visión afectiva de la vida el «hombre anticientífico ... brutazo, ... francote, sonoro y cordialote», amigo del físico don Alfredo, dice:

> Sólo para el cáncer hay más premios que para las ciencias físicas, y eso porque los millonarios esperan crear una casta de millonarios perpetuos si consiguen acabar con el cáncer ... ¡A que no dan premios al buen humor espontáneo, a la felicidad necesitada o a los que tengan más peso específico de hombres sensatos, comprensivos y fantásticos! (Due, 60-61)

De hecho, la tendencia a matizar la visión trágica de la vida que se deriva de estos mensajes con un humor de efecto agridulce se deja sentir. Ramón alcanza dicho efecto porque, con la excepción de «Peluquería feliz», a la vez que compromete al personaje apolíneo a retar fuerzas de un orden superior, también lo presenta más bien como un personaje de guiñol, de apariencia inferior al lector. Aunque con figura humana, resulta una caricatura ridícula del optimismo ingenuo, el cual a veces despierta un poco de compasión, otras veces merece la burla con que se pinta su tontería. Ramón lo presenta en situaciones absurdas o por lo menos muy particulares en las cuales se hace patente su ingenuidad y su tontería, o su egoísmo y su falta de sensibilidad emotivas. Si el personaje, dentro de su tontería, es un ingenuo que muestra ansias de desafiar el destino y aparece como su víctima, Ramón lo castiga, pero a la vez comprende y compadece su condición de víctima que lucha contra leyes superiores que no se pueden evadir. Como consecuencia el lector simpatiza con el personaje y recapacita sobre la existencia de lo inexorable y la imposibilidad de emprender un reto contra valores supremos a pesar de que no los quiera aceptar. Sin embargo, el distanciamiento creado por la presentación caricaturesca del personaje apolíneo suaviza el impacto del mensaje, y éste, en vez de adquirir

---

[10] En *Morbideces* (1908) Ramón explica que utiliza el signo de interrogación para desconcertar su empaque apostólico, flexibilizar y hacer cromáticas las palabras, ya que el signo de interrogación «humaniza su academicismo, su prosopopeya, su dogmatismo, su espíritu tradicional y el tono con que los sapientísimos o la costumbre las ha gravado...» (17-18). Ramón no continúa la práctica de poner el signo de interrogación, pero al leerlo es útil recordar su actitud inicial e imaginar el signo en palabras como género, novela, cotidiano, estilística, etc. Sin esta actitud, sus textos pueden desconcertar y parecer de modo injusto el «borrador confuso de un alienado» o la «disolución de un gran talento», cuando realmente no lo son (Nora, 145).

un sabor trágico, resulta de un sabor agridulce. Pero si el personaje aparece como un confiado, vanidoso y engreído, que muestra falta de sensibilidad hacia la condición humana, Ramón lo ridiculiza con un humor cruel que deja al descubierto el envanecimiento, la falta de sensatez y la vulnerabilidad de un iluso, quien, en vez de simpatía, se merece su suerte.

Ejemplos de casos en que el efecto es de compasión son «La capa de don Dámaso» (1924) y «Peluquería feliz» (1934), ya discutidas al tratar sobre el patrón básico (T, II). Como ejemplos en que el personaje resulta ridiculizado cabe mencionar «El dueño del átomo» (1926), también ya discutida previamente (T, II), «El hombre los pies grandes» (1928), «La casa triangular» (1925), «El hombre de la galería» (1926) y «El defensor del cementerio» (1927). En las tres últimas, un arquitecto, un solterón de provincias que en la ciudad vive de sus rentas, y un vecino de un pueblo, respectivamente, se aferran a fines que se centran en acentuar su individualidad, armados de su razón y su voluntad. El arquitecto se empeña en lograr la felicidad conyugal mediante la construcción de una casa en que sólo toma en cuenta los cálculos geométricos. El solterón pretende encontrar el sitio en que ocultar su «propia descomposición» y protegerse de los peligros de la vida, pasando el tiempo dentro de una galería comercial. El vecino de un pueblo procura rechazar la idea de la muerte asegurando la «perpetuidad de los muertos». Para ello, lucha ilusoriamente por preservar la inmortalidad histórica que se deriva de la existencia de un cementerio viejo donde él será enterrado cuando le llegue la hora (Hom, 304; Def, 319).

En todos estos casos, en su afán, el personaje subestima el poder del mundo sensible como una fuerza más allá de su alcance. Don Amadeo, el defensor del cementerio, que exclama: «¡Juro... que, mientras yo viva, no destruirán el cementerio!», creyéndose invulnerable, irónicamente resulta «muerto por un casco de metralla en la frente» a causa de «la batalla dilatoria que había tenido la ilusión de promover» para que no destruyeran el cementerio (Def, 318, 338). El arquitecto, que todo lo había planeado con «cuidado e ingenio» y lo «había sacrificado todo a un ideal», al construir una casa triangular, se olvida del papel de las reacciones emotivas humanas: sufre las mofas y las travesuras que inspira una casa tan singular, y mientras se dedica a resolver geométricamente los problemas que origina la casa, la mujer se aburre, y olvidada por él, que «tenía a la hora de irse a acostar ese sueño profundo de la especulación que vuelve la espalda a la mujer», lo engaña. El matrimonio se disuelve, y la casa, que se había hecho con el fin de que «la vida conyugal pudiese aspirar a la excepción y a que no se repitiesen las pequeñas miserias de siempre», resulta fuente de las miserias que debía evitar (Cas, 56, 58, 68). Don Giovanni, el hombre de la galería, a quien «lo que le importaba era estar defendido frente a la muchedumbre humana que camina formando hordas bárbaras» y quien con «gran prudencia» evita la aventura, la tragedia y las muestras de afecto de quienes se le acercan, en el «refugio supremo» que se ha creado en la galería, muere de un lamparazo, cuando una de las lámparas de la galería le cae sobre la cabeza (Hom, 304).

A pesar de que estas *novelle* afirman la existencia de un designio supremo que decide la suerte sin tomar en cuenta al ser humano, la voz narrativa y los comentarios atribuidos a un tono anónimo contribuyen a suavizar el impacto de dicha verdad. Hasta crean el efecto de un humor cruel porque señalan la validez de lo contrario a lo que persigue el personaje, mediante un lenguaje donde se entrecruzan las referencias simbólicas con expresiones coloquiales que ridiculizan al personaje apolíneo. En «La casa triangular», por ejemplo, el instante de lucidez en que el arquitecto concibe la casa se describe de la siguiente manera: «su lápiz trabajaba como en sueños sobre el papel... Volvió el papel del revés clavándole las chinches en puntos inéditos. Tomó el cartabón y, rás-rás-rás, trazó un triángulo isósceles» (Cas, 57). Construida la casa, los ejemplos con que se ilustra que «el azar se encarniza» con el arquitecto se escogen de manera que evitan toda gravedad:

> Aquel día apareció junto a la puerta el primer humorismo de los rapaces que roban para eso las tizas de encima en la carbonería. El aldabón de la puerta sonó también tres veces, movido por la mano de la broma suelta, y a los pocos días aparecía clavado a su marco el portón. El correo comenzó a traer cartas dirigidas al 'Señor dueño de la Casa triángulo', en que se le decían las cosas más absurdas amenazándole y dándole los sablazos más asustantes. (Cas, 61)

Las opiniones de tenor coloquial se amontonan:

> —¡Chico, qué gusto más raro!— se limitaban a decir los que no quieren discusiones.
> —Yo no vivía en una casa así, ni que me la regalasen— decía el intransigente.
> —A mí me parecería vivir debajo de una escalera abierta— decía la señorita impresionable.
> —Parece que se ha de estar tropezando con la cabeza por todos lados— decía el que hiperestesia todas sus opiniones.
> —La ventaja que tiene es que no tiene pérdida para quien os envía un recado— decía la amiga de la casa.
> —No sé cómo te casas con un marido tan estrambótico— la decían las amigas.
> —De lejos parece un pedazo de casa con la que se ha ensañado el cuchillo— decía el amigo ingenioso.
> —'La raja de melón', la comenzaron a llamar en el barrio. (Cas, 59)

Para señalar la influencia de las fuerzas externas en todo, Ramón deja a discreción de un paseo del barrio la función de recordar la presencia de la fatalidad en un tono coloquial: «la casa que había sido una inocencia revelada en aquellos primeros meses de su inauguración, entró en la serie formal de las casas de la vida: 'Ya —parece que la dijo el paseo del Sotillo— eres una casa más de la barriada y allá tú con tu suerte'» (Cas, 61).

Cuando el arquitecto se casa, la voz narrativa expresa: «Así llegó el día solemne de la boda, en que los recién casados entraron en la casa triangular como en una casa de broma» (Cas, 59). Cuando la mujer da a luz trillizos, en el barrio sonríen al hablar del hecho y exclaman: «¡Toma casas triangulares!» (Cas, 63). Mientras él se agota dedicado a resolver geométricamente los problemas que origina la casa y la mujer se aburre «triangularmente», el adulterio que destruye la armonía conyugal se anuncia, evitando todo efecto de gravedad de la siguiente manera: «un día recibió Adolfo un anónimo en que se le comunicaba que su mujer lo engañaba mientras él fantasmagorizaba en el encerado» (Cas, 70). Y el matrimonio se disuelve: «Adolfo se fue a vivir a una pensión y Remedios se fue con sus hijos a casa de sus padres. Al día siguiente lucía en la fachada del hotel isoscélico un cartel triangular» en que se anunciaba (70): «Se vende.»

En «El defensor del cementerio» un humor negro resulta de la incongruencia con que don Amadeo y sus seguidores dejan transpirar sus sentimientos de importancia personal para evitar la destrucción del cementerio de su pueblo. Llevando este sentimiento hasta el extremo de querer asegurarse su puesto de importancia entre los muertos desde la vida, no se dan cuenta de que «los muertos no existen para nadie», y Ramón los ridiculiza. Por ejemplo, como si los muertos estuvieran vivos y se rigiesen por las leyes de los vivos, don Amadeo piensa que hay que «cuidar de la perpetuidad de los muertos» y lucha por asegurarse de poder ser enterrado al lado de su padre, «el magistrado más justo que ha habido»; otro piensa que «más de cincuenta mil obituados esperan el resultado» de las gestiones para que no destruyan el cementerio, y otro, con la codicia y el afán de posesión del vivo, discurre que «hay patios nuevos y galerías vírgenes de enterramiento que muy bien podríamos ocupar nosotros...» (Def, 319, 322-23).

Otro recurso empleado que mueve al humor radica en ubicar a los personajes en un terreno en el cual, si por un lado se les describe como ellos se conciben a sí mismos, por otro Ramón los degrada. La voz narrativa emite con frecuencia comentarios donde, a la par que se ilustra la ingenuidad de los señores que luchan por la eternidad preciando sus esperanzas en la existencia del cementerio, se subraya su condición mortal. El más jovencito se califica de «simiente de cadáver» mientras que el más encopetado, semejante a su difunto padre, se describe como «el vivo retrato suyo, enviado por adelantado a la muerte para que fuese conociendo al que había de llegar después» (Def, 322).

En «El hombre de la galería» Ramón nivela al hombre de «descomunal hipocresía y que fuma los cigarrillos del disimulo», con la siguiente descripción:

Este caballero se llamaba Giovanni Moronoso ... lo de Giovanni le rejuvenecía siempre, aunque la verdad, resultaba que era un Giovanni reteñido ... Don Giovanni se arreglaba nada más que para ir a la galería, y para aquella peripatetada se teñía y, pensando en su galería, se hacía unos trajes pardos, confeccionados con esos retazos de tela que resultan más baratos porque la luz les ha comido un poco el color de estar expuestos mucho tiempo en los escaparates ... Su elegancia era, pues, elegancia exclusivamente para la galería, y a su sombrero hongo le iba saliendo una coronilla clara, que era como el remanso de aire que queda sobre el agua en los niveles. (Hom, 303, 305)

Y procede a mostrar a un ser egoísta que rechaza todo contacto con el mundo sensible que lo rodea mediante episodios en que se ilustra el trato evasivo y hasta cruel que don Giovanni muestra a una mujer y a un ciego.

En «El hombre de los pies grandes» (1928) el castigo hacia el apolíneo que subestima el poder de lo inexplicable se acentúa con el empleo del humor, cuando la voz narrativa toma como punto de partida para llegar al clímax narrativo dichos populares referentes a los pies, disimulando y reduciendo al mínimo las referencias simbólicas. Allí, Federico es un personaje que deriva su éxito personal del tamaño de sus pies. Si un dicho popular para el ser humano que nunca pierde o desatina en sus especulaciones es *nació para(d)o*, en el párrafo que abre la narración se lee: «cuando nació Federico, lo primero que se echó de ver fue que sus pies eran inconmensurables, tanto, que en una desgraciada maniobra de la comadrona que hizo que se cayese al suelo el recién nacido, Federico cayó de pie y se quedó en actitud supina, sostenido por sus grandes pies» (Pies, 261). Durante toda su vida Federico es cauto: «anda con pies de plomo», y a paso lento, pero seguro. Por consiguiente, gracias a sus pies, que «iban recapacitando en todo lo que sucedía... le subía la impresión de certeza que le hacía comprenderlo todo» (Pies, 262, 267). Si Federico lanza una idea descabellada es como si hubiera «pensado con los pies» y si se emborracha, evocando el dicho *poder dormir parado* para referirse a la persona de pies muy grandes, Federico no se cae «gracias a que sus pies eran contrapeso y fiel de sus oscilaciones» (Pies, 263, 265). Cuando Federico se casa, da «el gran paso de la vida» y cruza el puente: «Don Federico al casarse sintió que había dado el gran paso de su vida, y que había pasado el más difícil puente que podían cruzar aquellos pies, capaces de impedimentar cualquier amor» (Pies, 266).

Sin embargo, si los dichos referentes a los pies permiten la creación de un Federico apolíneo, de gran éxito y seguridad personales, como toda fuerza más allá del dominio individual, también permiten destacar la presencia de lo vital y la fatalidad: «la esposa, cansada de aquella parsimonia de los pies largos, lentos y pesados, se dedicó a las conversaciones ágiles con un primo suyo llamado Julián». Y una vez que, gracias a los pies, Federico llega al pináculo de su «carrera científica y política», los mismos se convierten en fuente de su mayor desgracia. Como Ministro de Hacienda, llamado a resolver el problema fiscal del país, don Federico «metió lo que más había y abundaba en él, es decir, en dos palabras, metió la pata, tan superabuntemente (sic), que el Presupuesto que le salió tenía un 'déficit' de ¡5.672.483.561 pesetas!» (Pies, 272).

De lo expuesto se infiere que en este grupo Ramón revitaliza su narrativa breve en varias direcciones: desde el punto de vista técnico, empleando la expresión desarticulada e inconexa que favorece la asimetría y el desarreglo, auxiliado con el humor, encuentra otra manera de expresar la misma visión expuesta por él en todas las narraciones breves. Como dice él mismo, «gracias al humorismo se salvan los temas y se hacen perdonar su calidad de obsesión, su siempre simple intriga, sus usadas pasiones» (Humorismo, 203). Desde el punto de vista temático, armado del humor, destaca con el auxilio de la voz narrativa y el empleo del grupo de personajes anónimos «el doble de toda cosa». Apoya su visión de la verdad como formada de opuestos y demuestra una vez más que con el humor es más fácil afirmar que «en la relatividad del mundo es posible lo contrario, aunque eso sea improbable por el razonamiento» (Humorismo, 200). Además, con el humor y el distanciamiento, Ramón infunde en el lector una actitud de superioridad frente a lo efímero de la vida, la fatalidad y la tontería humanas, de manera que, aunque la visión trágica de las narraciones permanece constante con las de los grupos previos, el impacto doloroso de esta visión se suaviza. Permite que el lector discurra que si existe una mente sensata capaz de ver la «garrulería» y «tozudez» del ser humano pretensioso, él puede identificarse con esa mente, esquivar los tropiezos y actuar en situaciones semejantes de mejor manera. Y si no, vislumbrada la fatalidad, propone sobrellevarla recurriendo al humor como «intermediario entre enloquecer de locura o el mediocrizarse de cordura» para seguir viviendo, aun cuando se hayan perdido las esperanzas (Humorismo, 200-01).

Este cambio de táctica le ofrece a Ramón un medio viable para despertar la consciencia del lector a la imposibilidad de ir en contra de leyes supremas, perciba la amoralidad e indiferencia de la naturaleza hacia el ser humano y recapacite sobre la condición humana y el significado de la vida, pero sin aires de predicador y amortiguando el impacto de estas verdades.

NARRACIONES DE TENDENCIA SUPRARREALISTA

A más del grupo de *novelle* formado por las *6 falsas novelas* y el de tipo apólogo moderno, un tercer grupo posee rasgos expresivos que se pueden asociar con lo que Ramón da en llamar suprarrealismo. Aunque Ramón se vale de esta palabra para referirse al surrealismo, en los años treinta confiesa que a pesar de ser éste el fenómeno más curioso de la literatura de su tiempo, «no acaba de poderse definir bien como doctrina», porque es difícil encontrar a uno de sus practicantes «en actitud serena para saber el intríngulis de su estética» (Ismos, 1931, 263, 289, 281). Entre los años treinta y mediados de los cincuenta Ramón llega a la conclusión de que el surrealismo es «un permiso más para investigar en lo original», o es otro camino, diferente al de siempre, «para devolver a la realidad su sentido», en que «todo se mezcla: la esfera pretemporal y la intemporal, el azar y el subconsciente» —haciendo que la realidad deje de concebirse en términos de opuestos que se excluyen—, en «un embrollo del que sale un nuevo modo de perfilar las cosas» (Ultimátum, 34; Surrealismo, Saber vivir, 40-41). Por lo tanto, antes que pretender identificar estas *novelle* con el surrealismo, tomando el término con el sentido estricto de la palabra, intentaremos determinar los rasgos que las caracterizan. Sin embargo, las llamaremos suprarrealistas, ya que se observa que en ellas están presentes recursos que obedecen a la concepción de lo que para Ramón es el surrealismo, siempre con su constante doble intención de renovación expresiva y preocupación por problemas humanos trascendentales. Conforme con estos fines, Ramón crea mundos en los cuales trata de encontrarle sentido a la realidad por caminos diferentes a los ya vistos, mediante una expresión en que mezcla tiempos, espacios, lo real y lo imaginario, tras una presentación que tiende a estar dominada por la sinrazón y la falta de lógica. Pertenecen a este grupo: «El hijo surrealista» (1930), «Aventuras de un sinsombrerista» (1932), «El cólera azul» (1932), «La estufa de cristal» (1934), «Se presentó el hígado» (1937), «Ella + Ella - El + El» (1937), «Los siete infantes de Lara» (1938), «El Caballero de Olmedo» (1940), «Doña Juana la Loca» (1944), «Doña Urraca de Castilla» (1944), «La emparedada de Burgos» (1944), «La Beltraneja» (1944) y «Los adelantados» (1949).

Todas estas *novelle* se caracterizan porque Ramón presenta en ellas mundos que tienen el efecto de estar dominados por la irrealidad. Algunas acentúan los efectos caricaturescos al máximo. Otras parecen juegos absurdos. Otras presentan ambientes afines con el reino de lo onírico. Ramón recurre a la mezcla de tiempos y espacios, a efectos de luces, o evoca estados intermedios entre el sueño y la vigilia. El resultado de estos tratamientos hace patente diversas manifestaciones de lo dionisíaco, sin referirse directamente ni a lo femenino ni al ambiente marginal. También, el énfasis en la idea de interdependencia entre lo apolíneo y lo dionisíaco se destaca más. Ramón transforma un ambiente o una ciudad en una mujer —«Los adelantados» (1949), «La estufa de cristal» (1934)— o permite que una parte física o las ideas, los anhelos de orden y el sentido de la propiedad del personaje apolíneo, se manifiesten de manera que representen a su vez lo dionisíaco inherente dentro de sí —«Se presentó el hígado» (1937), «El hijo surrealista» (1930)—.

En «Se presentó el hígado», el efecto de irrealidad ocurre gracias al empleo de la caricatura. El hígado del personaje apolíneo, personificado, es la fuerza dionisíaca que le hace una visita al personaje y le revela la evidencia de su carácter mortal. La atmósfera de irrealidad es el resultado de la combinación entre lo caricaturesco y lo onírico, en «Doña Urraca» (1944), donde esta reina que persigue la inmortalidad, pero que tiene mucho de vital, cada vez que busca liberarse de las represiones de la corte, se transforma en urraca, pájaro preferido en los sacrificios a Dionisos (Humbert, 73), y revolotea por los viñedos de los campos. El ambiente de renovación se tiñe de irrealidad con el juego absurdo y la confusión de tiempos en casos como el de «Los siete Infantes de Lara» (1949) y «El Caballero de Olmedo» (1940), quienes aparecen tratando de rehacer su historia y los acontecimientos históricos que les dieron fama, a pesar de saber que ya en la historia o la literatura están muertos. La irrealidad se logra aludiendo al efecto de los cambios de luces en «Ella + Ella - El + El» (1937), donde los personajes sufren transformaciones sutiles, de acuerdo con la luz que ilumina su sala[11]. En «El cólera azul» (1934), Ramón crea un ambiente que es más bien propio de una pesadilla. Un hospital de enfermedades tropicales, ambiente donde ocurrirá la revelación, se describe con imágenes absurdas. Los pacientes sufren de contagio «de árbol ... del roce con serpientes alevosas, ... del mal de la pereza ... del volar de pájaros malignos», destacándose entre ellos el comido de «medio lado» por peces tan voraces que lo convierten en esqueleto (Col, 57, 58). En «La estufa de cristal» (1934) se confunden el tiempo, el espacio y las identidades. Un invernadero, bajo la luz de la luna, se transforma en una nebulosa y en una «estación parada». Ramón convierte la vegetación en un «muestrario de mujeres verdes» y el invernadero, lo dionisíaco con que se enfrenta y en que se sumerge el personaje apolíneo, en una mujer sin nombre. Esta mujer se describe «verdosa, esbelta, en bata de grandes hojas verdes», y su calidad de símbolo más allá de la relación con lo vegetal se sugiere mediante imágenes absurdas: está formada de «pedazos de mujer, ausencias de las mejores mujeres, lo que de mejor de cada una cortaron en los quirófanos». Habla en silencio, es una mujer niña, y va acompañada de una niña vieja, hija del esposo «con su abuela cuando era niña» (Est, 87, 88-90). El personaje apolíneo dialoga con esta mujer vegetal, que viene a representar la sabiduría suprema, sobre la enfermedad de su amada, una «mujer de ceras rotas», y en esa conversación vislumbra verdades sobre la vida y la muerte (Est, 84). En «Los adelantados» (1949), opuesto al mundo del artificio y lo racional de que provenían estos personajes, se encuentra un Cuzco, símbolo de lo dionisíaco, en que Ramón fusiona lo femenino y el ambiente marginal en uno que contribuye a imprimirle un sello de irrealidad a la narración. Por un lado, el Cuzco

---

[11] Ramón dice: «las nuevas lámparas lo renuevan todo, ... espuelan la renovación, el buscar maneras y estilos nuevos, obligando a hallar asuntos sin desflorar y músicas distintas» (*Ismos*, 138-39).

queda transformado en mujer por las «plasticidades y morbideces» de sus piedras «todas redondeadas como nalgas» o como para seducir con su «feminidad pétrea». Por otro, es el ambiente liberador. Definido como la ciudad natural, la armonía, el núcleo, la serenidad, la sabiduría y el Dios supremo, es la fuente donde estos conquistadores vislumbran al verdadero Dios: la suprema calma, o vacío desorientado de la Naturaleza virgen (Adel, 152-56).

Ramón también subraya ahora la futilidad del esfuerzo emprendido por el ser social e histórico para superar o vencer su propia vulnerabilidad. Con un tratamiento nuevo, esta futilidad se ilustra con episodios que atañen no sólo a seres comunes y corrientes, como ha sido el caso hasta ahora, sino también, a hombres y mujeres que han gozado de la prestancia histórica o literaria. Con esta práctica, Ramón sugiere la idea de la amoralidad vital ante las aspiraciones humanas, y vuelve a afirmar la interdependencia entre opuestos, ya que presenta en el papel de apolíneos a personajes femeninos. Tales son los casos en «El cólera azul» (1932), «Ella + Ella - El + El» (1937), «La emparedada de Burgos» (1944), «Doña Juana la Loca» (1944), «Doña Urraca de Castilla» (1944), y «La Beltraneja» (1944). Aún más, en «La emparedada de Burgos», aunque la situación se enfoca en el personaje femenino, ésta se entrecruza con la del marido, quien, como ella, aparece en choque, por un lado, con lo convencional y, por otro, con fuerzas irracionales. De esta manera, se le da énfasis a la idea de la interdependencia entre opuestos en un juego doble en que ambos personajes, ya sean hombre o mujer, revelan dicha interdependencia. En «La Beltraneja» (1944), Ramón llega a presentar la situación en un juego entre dos personajes femeninos, la reina regente, representante del deseo de individualidad, dominio, y la astucia apolíneas, y la Beltraneja, en la cual la interdependencia mutua de impulsos opuestos aparece cuando Ramón explica de modo ambiguo que: «representaba el imperio ... de lo terreno ... que también quiere reinar», y «aspira a ponerse el manto real» (Bel, 156-57, 165).

En todo caso, en mundos dominados por la irrealidad y en encuentros absurdos de combinaciones cada vez más paradójicas e insólitas, los personajes, dominados por el capricho, la ocurrencia y la irracionalidad comprueban lo mismo: la existencia de actitudes o valores opuestos a los acostumbrados, reveladores de una realidad subyacente: la pequeñez humana, la fatalidad y la muerte, como condiciones inherentes a la vida, y la futilidad de los esfuerzos humanos por ir contra su propia vulnerabilidad. Sin embargo, estos mundos aparecen tan irreales, que hasta en el más grave de los mensajes, la visión trágica de la vida que expresa Ramón se suaviza.

En «El hijo surrealista» (1930) y «Aventuras de un sinsombrerista» (1932), por ejemplo, la interdependencia de opuestos se subraya de un modo especial. Ramón deja transpirar que la visión del mundo fuera del alcance del personaje apolíneo comprende no sólo el reino de lo vital, sino, irónicamente, también el mundo de las convenciones, intereses e ideas que él se ha creado para sentirse en dominio de su alrededor. Ramón institucionaliza la idea de la espontaneidad y la de la liberación dionisíacas. Crea un personaje que es caricatura del rebelde en búsqueda de la «felicidad diogénica», quien, para lograr su fin, pretende liberarse de la tradición y las convenciones (Aven, 299). Sin embargo, este personaje, con una actitud apolínea, reglamenta su rebeldía y, a la vez, entra en choque con personas, objetos e ideas que representan lo convencional con toda su hipocresía, vanidad y presunción. En el primer caso, aparece en contra de su padre, un honorable empleado público, y de monumentos históricos que preservan la gloria del pasado. En el segundo, aparece en choque con el sombrero, signo de vanidad y presunción. En ambos casos, su afán de liberación, convertido en un acto sometido a reglas creadas a voluntad, resulta inoperante para su fin, y más bien le complica la vida. El personaje sufre el peso de las leyes convencionales y de las reaccionarias que él mismo se ha inventado para ir en contra de lo tradicional, cuando éstas resultan estar más allá de su dominio y hasta dan la impresión de volverse contra él. En «El hijo surrealista», en una serie de reveses, se demuestra que él no se podrá desprender ni de la convención, ni de sus propias ideas. El mismo, aunque aboga por la liberación y siente atracción por la mujer liberada, al pensar en el futuro, prevé en los hijos a los rebeldes o «futuros enemigos» y le da «miedo de ellos y de sí mismo renovado» (Sur, 43). Además, se prueba que a pesar de todos los esfuerzos que hace para causar su propio encarcelamiento y así poder liberarse del dominio paterno y de la chica, que representan, él, el pasado y la convención, y ella, la liberación genuina, no lo logra. La justicia no lo puede castigar porque los documentos que lo incriminan, escritos bajo el trance de la escritura automática, no se pueden identificar con su letra. Por consiguiente, no constituyen prueba legal contra él. Por otra parte, sus insolencias son perdonadas por consideración con el padre. Tal como lo expresa el comisario, «por tratarse de su hijo ... no nos lo llevamos preso...» (Sur, 51). En fin, de todas sus peripecias se deduce que tanto la lógica del código legal convencional, el sentido de la propiedad, las actitudes sociales, como su proceder anticonvencional, sometido a reglas, están fuera de su alcance y parecen confabular contra él. El sinsombrerista, que rechaza el uso del sombrero como «una huelga de vanidades y presunciones», o un gesto de liberación contra la subyugación de las convenciones en aras de «la espontaneidad veleidosa» y «la alegría adánica del recién nacido», llega a una situación en la cual por «razonar su sinsombrerismo», su propia posición anticonvencional lo esclaviza (Aven, 283, 285, 303).

Sentía la imposibilidad completa en que había incurrido al ser capitán de los sinsombreristas, imposibilidad gracias a la cual, si alguna vez necesitaba un sombrero, tendría que mandar a un amigo que tuviese una cabeza del mismo número. ¡Porque cualquier día se dejaba poner el conformador, que es un amenazante aparato de suplicios que puede coronar de espinas la frente del enemigo! (Aven, 296) [12]

Y para evitar ponerse un Yarmulke en la ceremonia de matrimonio que lo uniría a su novia, él mismo adopta una actitud tolerante y traiciona su propia causa. Recurre a esconder su identidad bajo un sombrero, única manera de poder huir sin que nadie lo reconozca.

A la vez que Ramón presenta los valores apolíneos dentro del ámbito de lo inexorable, también señala la futilidad de los mismos como un esfuerzo humano para darse a valer. En boca del rebelde surrealista son frecuentes opiniones como las siguientes: los museos de cera demuestran «lo pequeño que eran los grandes hombres cuando todos, al llegar allí, sólo tenían pensamientos de muñecos de cera» o «el honor ... es un pingorote como el sombrero» (Sur, 35; Aven, 298). En ambas narraciones, en una serie de reveses, se indica el terreno movedizo en que se asientan estos valores. En «El hijo surrealista» se trata de consideraciones acerca de la lógica de la justicia, la honorabilidad y la moralidad social. Se revelan los pecadillos del padre honorable, por ejemplo, «el doble líquido para hacer desaparecer lo escrito» (Sur, 38). Pero por más que el chico se declara culpable de delitos contra el orden público, lo que encuentra es la complicidad, motivada por la lógica y la intención de encubrir el amor propio, el sentido de la propiedad y la protección contra el qué dirán. De igual manera, el sinsombrerista descubre que tras el espíritu de propiedad que va en el uso del sombrero, está el interés personal, no sólo de la industria de sombrereros, sino también el propio cuando termina usando un sombrero para resistir uno en una situación en que lo dicta la convención.

En esta misma línea de pensamiento, en «Ella + Ella - El + El» (1937), el personaje entra en choque con la idea de la lealtad, y a la vez Ramón

---

[12] He aquí un caso de riqueza evocativa para, tras una palabra, expresar ambigüedades, común tanto a la *novela* como a Ramón. «Conformador» es un aparato con el cual los sombrereros toman la medida y configuración de la cabeza. Pero por por asociación con el verbo *conformar*, el conformador puede ser también quien hace que uno se sujete «voluntariamente a hacer o sufrir una cosa por la cual siente alguna repugnancia». Otros casos bastante elocuentes son el del uso de «criadillas» en «El dueño del átomo» (80), palabra que con el significado directo de testículo de algún animal, de las reses descuartizadas, o cualquiera de sus otras acepciones: panecillo con hechura de criadillas de carnero, patata u hongo de tierra que guisado es muy sabroso, puede evocar la idea del *sparagmos* («Diccionario manual»; Moliner, *Diccionario*). También el uso de «marica» para referirse a la urraca en «Doña Urraca» (88), que por otro de sus significados, el de «hombre afeminado», armoniza en el marco simbólico de lo dionisíaco y a tono con éste le da énfasis a la naturaleza dual y la interdependencia de los contrarios en la caracterización del personaje Doña Urraca («Diccionario manual»).

se da a desvirtuar una vez más el marcado orgullo, la presunción y la vanidad y la idea de la posibilidad de creer en el matrimonio perfecto dentro de las pautas convencionales. Estas últimas ideas las personifica en el esposo de una pareja que se considera modelo de la felicidad conyugal. Se trata de una situación específica en la cual el personaje apolíneo en búsqueda de una excusa para justificar la seducción de la mujer de un amigo que ve en el matrimonio «la satisfacción del hogar» y vive una vida centrada en la importancia de su nombre en sociedad, presencia el despojo del áurea de prestigio del esposo por la mujer. Esta, incapaz de soportar la farsa de la vanidad y la presunción en que viven confiesa «con tonos de histerismo» ... en su proclamación: «Señoras y señores ... Fermín y yo somos dos mujeres que se han casado y se la están pegando al mundo entero ... lo hubiera callado siempre si hubiera podido; pero nadie se ha ido a la tumba con este secreto...» (Ell, 200, 208). Y el personaje apolíneo, que deseaba una excusa para justificar la seducción de la esposa, encuentra que la fuerza de la propiedad está más allá de su dominio y se interpone a sus planes. El amor propio y la dignidad dictan que el descubrimiento de un secreto no justifica el abuso. En boca de la esposa: «no se trata de que usted abuse de mi secreto ... Eso sería peor que el haberlo guardado...» (Ell, 207).

Por último, en «El cólera azul» (1932), Ramón expresa abiertamente cómo el impulso apolíneo por mantener en vigencia el predominio aparente del orden, es una fuerza externa que se vuelve contra el ser humano al punto de cambiarle de modo arbitrario su destino.

En una recreación de una leyenda popular entre escritores de distintas lenguas a principios de siglo, la fuerza que le cambia el destino a una chica es el interés de toda una ciudad por mantener una apariencia de normalidad frente a una crisis. La chica pierde a su madre de manera misteriosa, y toda su vida toma un rumbo diferente por la manera como la ciudad trata su tragedia [13]:

> La enfermera se acercó a ella, y en voz confidencial la descifró la horrible complicidad del mundo para evitarse complicaciones.
> Su madre fue atacada del cólera azul, el más temido de todos los cóleras, el que puede arrasar la más grande ciudad en pocas horas. Como la muerte por el cólera azul es fulminante, murió mientras ella estaba de paseo, y como a la ciudad le convenía ocultar el caso y al hotel sobre todo, se empapeló de nuevo la habitación, después de haberla fumigado rápidamente, y se dispuso aquella estratagema cruel de dar por no llegada a su madre. El secreto tenía que ser riguroso. (Col, 53)

---

[13] Confirmamos el antecedente de «El cólera azul» en una leyenda popular a principios de siglo, en «The Vanishing Lady», anotada por Alexander Woollcott en *While Rome Burns,* gracias a la sugerencia de Rodolfo Cardona. También hemos visto el mismo asunto tratado en dos películas de los años cincuenta: *So long at the Fair* y *The Lady Vanishes.*

En los casos en que Ramón considera personajes míticos de origen histórico literario, con un procedimiento «sonambúlico y extraviado» bajo lo que él llama superhistoria, los somete a un contexto anecdótico que define como datos históricos subconscientes (Inf, 54). Con esto, en una mezcla entre lo real y lo imaginario, el pasado y el futuro, se propone recrear y complementar lo que anota la historia, con motivos subconscientes posibles, que a pesar de no haber sucedido, permiten vislumbrar «por encima de la Historia el correr siempre presente de la vida»: «el goce de vivir y el presentir»; las pasiones humanas y el temor a lo desconocido. Es decir, se propone darle énfasis a la idea de que como humanos estos seres debieron haber tenido deseos ocultos, de poca importancia desde el punto de vista de las crónicas o anales, que al fondo de los acontecimientos registrados por la historia pudieron haber sido los que determinaron su curso (Prólogo, Superhistóricas, iv). De esta manera, dichos personajes ilustran la interdependencia de opuestos y la fragilidad humana ante lo inexorable.

Las narraciones comprenden: «Los siete Infantes de Lara» (1938), «El Caballero de Olmedo» (1940), «Doña Juana la Loca» (1944), «Doña Urraca de Castilla» (1944), «La emparedada de Burgos» (1944), «La Beltraneja» (1944) y «Los adelantados» (1949).

Como consecuencia de los propósitos de la superhistoria, estos personajes famosos aparecen de manera que se subraya su vulnerabilidad humana. Ellos mismos comprenden su pequeñez «frente a la inmensidad de la naturaleza». Saben que son mortales; que «el tiempo pasa» y que algún día serán de piedra (Adel, 144; Inf, 60; Urr, 85). La Beltraneja queda descrita como representante del «imperio y engarabite de lo terreno». Los adelantados, Doña Urraca, y los Infantes de Lara, saben que la muerte es inevitable. El Caballero de Olmedo presiente la fatalidad: «veía que la muerte no se alejaba de él por más que las mujeres le adorasen, sino que más bien le empujaban y le aproximaban a ella». Entonces, este presentimiento afectivo de su mortalidad les hace reaccionar con «apresto de inmortal» (Cab, 46; Bel, 156; Emp, 132). En palabras de la emparedada:

> Cuando se ve morir un día con tanta impotencia para que no muera, cuando se ve que se ha suicidado a la vista nuestra, en nuestras manos, surge el deseo de la inmortalidad... No es posible que no haya una luz inextinguible... La idea de la luz ya lo es... A eso he sacrificado mi vida, pues aquí no puedo morir en pecado mortal. (Emp, 130)

Por tanto, todos comienzan el reto contra la fatalidad y la muerte. Se esfuerzan en satisfacer «el sueño de la individualidad gozosa», comprometiéndose en actos de apariencia altruista y noble, en los cuales entra en juego el amor propio, y la necesidad de fama e inmortalidad terrenas y eternas (Adel, 141). Los Infantes y el Caballero persiguen mantener el detalle de sus leyendas que les da fama y poder, a la vez que, con gran prudencia, tratan de evitar su destino fatal. Los Infantes sabían que su fama de invencibles radicaba en «la enunciación de su septimicio», y que aunque «no eran dueños de nada ... todas las casas reinantes les temían», aun el Papa. Expresan: «somos poderosos por ser siete, los siete infantes y, los siete de Lara». Y se cuidan de no separarse para mantener vigente la fuerza irracional derivada de ser siete que les hace «públicamente poderosos». También, a fin de evitar la fatalidad, se mantienen siempre unidos: «tenían un presentimiento trágico» y para evadirlo, «ninguno quería separarse de los otros porque el día en que se descompusiera el número siete estarían perdidos» (Inf, 58-59, 114, 60, 63). El Caballero de Olmedo vive consagrado a su pueblo y desempeña su papel de «actor de las calles», alma o síntesis del pueblo, pero también evita el trato con mujeres porque presiente en ellas la fatalidad de su destino (Cab, 38, 40, 47).

> El Caballero de Olmedo soportaba su misión con agrado pues le justificaba con creces y sólo presentía que aquello tenía detrás una añagaza del destino pues no en vano se es personaje dramático de un pueblo, su señero joven.
> Por eso tenía cuidado con las mujeres y había rehusado a alguna dama muy principal por temor a la tragedia.
> ... ...
> No confiaba en la mujer, la gran desengañadora, la desilusionadora fatal y todo el pueblo se le caía encima. (Cab, 41, 50)

La emparedada, a más del «egoísmo de su destino eterno» evita la muerte y persigue fama temporal mediante la inauguración de la práctica del emparedamiento en el monasterio de Silos. Con este acto persigue, por un lado, estar a salvo de las batallas, «feliz lejos del asalto»; por otro, mejorar su prestigio personal: «sin haber reinado como Austria que era, había nivelado la desigualdad de la suerte —siendo hermana y prima de reinas— gracias a aquel emparedamiento que era como el confinamiento de sus parientes en los palacios reales con deberes estrechos y apremiantes» (Emp, 132, 134, 138). La Beltraneja pretende reinar; «ver los días desde más alto y ver las nubes desde encima sin necesidad de volar» (Bel, 155). Doña Urraca persigue inmortalizarse como reina que amó la paz sobre todas las cosas, y los adelantados, también amantes de la paz, se proponen «el miramiento místico de descubrir mundo nuevo, de estrenar mapas sin ensangrentarlos», pero no sin proveerse antes de un acto que les permita asegurar su presencia en la posteridad. Quieren dejar como «único acto de perpetuación de su personalidad ... sus nombres en las cortezas de los árboles» y la señal de la cruz en el paisaje (Adel, 138-139, 142, 144-45, 149).

Al mismo tiempo, en cada caso también está presente el deseo de apurar la vida. Los Infantes, desesperados de pensar que la «vida no iba a ser inmortal», sienten «angustia de muerte» y viven con avidez amando a todas las jóvenes que los admiran (Inf, 60-61). La emparedada siente la tentación de la carne ante las insistencias del marido para que abandone su voto. La Beltraneja, atraída por su sangre mora, se entrega al amor de un moro y el calor de las tierras de Granada. Doña Urraca, acompañada de su favorito, se da a saborear la vida en revoloteo de urraca por los viñedos de Castilla. Dotada de la «sabiduría de la realidad que sólo la urraca sabe», antepone el vivir al reinar, confiada de que le dará valor a su nombre y a su reinado y será la reina más real de la historia por ser la que exaltó el vivir bajo el calor del verano de su época. De acuerdo con sus propias declaraciones:

> Seré un día de piedra ... pero hoy soy de carne y hueso y quiero saborear el resto de mi vida... Al ponerme el nombre que me pusieron debieron saber que hacían de mí la reina más real de la historia... Cualquier hecho épico realizado por Doña Urraca no tendría solemnidad, y sin embargo el vivir de Doña Urraca bajo el calor del verano de su época da valor a su nombre y a su reinado... Sólo haría guerras para convertir el invierno en verano. (Urr, 85)

El Caballero de Olmedo, entre querer evadir el peligro que le puede resultar del trato con la mujer, y el querer gozar de la vida, cultiva la amistad del «único tipo que podía competir con él en belleza», llevado por el «profundo sentimiento de alegría» oscura que éste le inspira (Cab, 50-56). Los adelantados quieren, ávidos de conocimiento, prever el futuro, aunque ese apuro implique la muerte. La narración explica: «querían ver cómo podían enfrentarse con la virginidad manifiesta las ciudades futuras». Y en un suicidio ideal, van en su caravana «hacia la liberación absoluta del pasado y sus mezquindades», hacia «la plena vida, hacia una vida mayor, aunque estuviese la muerte fiera en sus plenos medios, al centro de su inmenso ruedo», y hacia lo desconocido: hacia «una cosa última» sin saber qué; hacia «algo hipotético, casi insospechable, quimérico» penetrando en «la infinitud de un mundo inédito» en búsqueda del porvenir y «en camino de los enigmas vedados, como si se acercasen a la cuadra de su sabiduría». En fin, «se habían propuesto no tener impaciencia, vivir su vida en despierto camino diese o no mucho de sí, pero siempre descubriendo el mapa desconocido» (Adel, 140-41, 139, 147, 149, 150).

El resultado de estas inquietudes es que el personaje, en choque con su propio destino, aparece frente a fuerzas racionales e irracionales, ambas indomitables, que en última instancia son las que deciden su suerte: Doña Urraca, que exalta la paz y la vida, muere desprevenida en una de sus escapadas, por aplazar las guerras a cambio del goce de vivir. Su fama histórica, de acuerdo con esta interpretación, se cumple, tal como ella lo deseaba, porque conforma su voluntad de reina con su condición vital. Por coincidir con los designios de la Providencia, que le reservó, igual que a cualquier otro ser, el don de vivir y morir y la prerrogativa de confirmar su existencia viviendo a plenitud: «las rastrojeras, la sombra que hay debajo de las hojas de parra, todo sabía la existencia de la reina, y, lo más difícil en las reinas, también ella misma había sabido que existió» (Urr, 100). La Beltraneja, que pretende ser reina, desiste de su afán, y obedeciendo a la fuerza oculta del «instinto terreno», y su sangre mora, huye gustosa hacia Granada con un moro, cumpliendo de paso con la voluntad de la reina regente de alejarla del trono comisionando a éste para que la enamorara. La emparedada, «con rubor de carne y no de pedernal», abandona su voto y se desempareda. Acepta la estratagema del marido de trocar ese voto por uno menos riguroso, el de encamarse, que le permite cumplir sus deberes de esposa, ya que «para servir y amar a Dios no se necesita tan duro sacrificio». Pero en un doble revés de suerte, por un hecho fortuito, pierde la protección que perseguía contra el peligro de muerte, y también la solución armónica que se había fabricado para satisfacer sus inquietudes eternas y terrenas: cuando la encamación iba a ser consagrada escuchan el pregón: «¡Guerra con Austria! El Rey nuestro señor convoca tropas.» Como consecuencia, «incorporados en el lecho al oír eso doña Ana y don José Alfonso se miraron y guardaron silencio sobre el equilibrio roto en lo más íntimo y que era sobre todo causa y concausa de los desesperos de la Historia» (Emp, 148; 151, 153). El Caballero de Olmedo, al despertar no sólo la admiración de las mujeres, sino también el celo de los hombres, precipita sobre sí una muerte teñida de misterio y pasiones oscuras «porque la mujer no figuraba en su premeditación» (Cab, 55-56). Los Infantes, por apurar la vida en el amor, caen en las redes de Diana la cazadora, y bajo su encantamiento dejan de ser siete, perdiendo así la buena fortuna y la vida. Y los adelantados, por sus ansias humanas de vivir y su curiosidad, a pesar de que se separan del grupo impulsados por sentimientos elevados, el anhelo de paz y la búsqueda de la armonía suprema dentro de un mundo virgen, llevan consigo el «augurio que obraba en su poder y que serían los que vendrían después», el cual es el de la discordia y la destrucción. Habiendo descubierto al centro de lo desconocido la serenidad de un mundo en que armoniza hombre y naturaleza, en el Cuzco, sienten la soledad, y la nostalgia de su pasado histórico. No se pueden reconciliar con la calma suprema, y presas de un conflicto interior, contribuyen a su destrucción: anhelan una América empenachada de fe en el Dios cristiano, y en el progreso, que representa la destrucción de la armonía por «invasores desconformes siempre con los límites y la paz» (Adel, 145). Víctimas de las ambiciones invasoras; sueñan «las grandes capitales del futuro que crecerían en aquellas tierras para consolar el vacío desorientado de la Naturaleza virgen». Por consiguiente, a pesar de que «se daban cuenta del apretado simbolismo» que representaba estar ante la concretización de esa armonía que habían anhelado en la figura del «primer hijo del Sol», no le avisan sobre el peligro que le espera, sino que sienten el ansia de cumplir los propósitos que traen los que vienen tras ellos. Por tanto, irónicamente, tanto sus motivos altruistas como la revelación de lo supremo despierta en ellos impulsos contrarios, que de tenor apolíneo o dionisíaco, resultan estar más allá de su dominio. Tal como lo confirma la voz narrativa: «en medio de aquellas gentes sin inquietud se sentían llenos de secretos encontrados de proyectos locos, y eso que para asomarse al porvenir se habían desinteresado de todo» (Adel, 156).

Los mensajes giran alrededor de lo que Ramón llama el problema íntimo de la vida; en qué consiste la vida, qué determina su trayectoria se puede o no resolver el problema del vivir, y cuál es la correlación entre vida y muerte.

Ramón concluye que la vida es un juego, un peregrinar, o un viaje en tren, cada una fija, como el tren en sus rieles, sin que nadie sepa lo que le tiene reservado ese camino. Por consiguiente, es imposible evadir el destino. Este determina tanto la buena como la mala fortuna y «apuesta nuestra vida al lado nuestro a que se abran o no se abran sus ventanas» (Cab, 55; ideas similares en Col, 42-43; Inf, 115; Emp, 146). Es decir, lo arbitrario e irracional es inevitable e inherente a la vida, a tal punto que los designios humanos, la sagacidad de los reyes, por ejemplo, se cumple, sólo porque cumple «de antemano los designios de la Providencia» (Bel, 172). (Ramón también emplea las palabras destino, azar, fatalidad, la casualidad milagrosa o la Providencia para referirse al destino.) Por consiguiente, tratar de resolver el problema del vivir es un imposible. Tratar de armonizar con lo primario, en aras del logro de una felicidad diogénica, también es imposible porque el ser humano, formado de pasado, no puede liberarse del mismo, tal como lo ilustran «El hijo surrealista», «Aventuras de un sinsombrerista» y «Los adelantados». Tratar de escoger entre liberarse del estorbo de las convenciones o el someterse a la norma, son alternativas que en última instancia están más allá de la voluntad humana. Por otra parte, esta presencia de dualidades opuestas inherentes a la vida trae como consecuencia la lucha entre lo aparente y lo real. Lo que parece ser y su opuesto, se confunden, demostrando que «la vida es un lío costoso y pesado» (Ell, 199).

En cuanto a la relación entre la vida y la muerte, Ramón declara escuetamente, aunque consolándose con una solución panteísta que «después de muerto ya no se va a ningún lado, ya no tiene importancia lo que se haga», pero que «morir entre plantas no es morir... Es inmortalidad» y que «después de muerto ya no se va a ningún lado, ya no tiene importancia lo que se haga» (Est, 62, 63). Hacia los años cuarenta, su visión es más directa. A partir de «Se presentó el hígado» (1937) y en todas las superhistóricas, declara que «la vida no es inmortal», no se puede evitar el destino, y por consiguiente, lo mejor es apurarla mientras se pueda; ésta será la única manera de saber que se existió. Ya no hay ilusiones en estos mensajes, pero sí un mensaje de amor. Ante la fatalidad

174

del destino, «el amor hace que dé lo mismo la felicidad que la desgracia» (Col, 68).

La síntesis de estos pensamientos aparece en «Los adelantados» (1949). Allí Ramón presenta la vida como un peregrinaje en que el caminante, en este caso el grupo de adelantados, sabe que su última meta será la muerte. Por consiguiente, lo mejor es cumplir con ese destino, vivir la vida a plenitud, saciar la curiosidad de su misterio, liberándose lo más posible del estorbo creado por lo usual, aunque eso implique apurar la muerte. Y una vez vivida su incógnita, al final de la jornada, entregarse con serenidad a la muerte:

> Se habían hundido en un mundo nuevo y magnífico y querían tener la conciencia de lo que significaba ese original suicidio. La vida hasta donde pueda llegar y tratar de que sea mucho a lo que llegue.
> Contaban los días como si cada uno fuese una sorpresa de seguir viviendo, coartada ganada al albur de haberlo puesto todo sobre un verde tapete.
> ... ...
> Querían cumplir su destino a vida o muerte, recorriendo el largo camino como si recorriesen voluntariamente el vía crucis de su vida, viviéndola toda a lo largo, abierta en canal, cara a Dios, fuera del destino consabido y monótono. (Adel, 141)[14]

Una vez visto todo, ante la dificultad de escoger entre un mundo donde reine el equilibrio armónico en que coexisten naturaleza y hombre, y el mundo donde predomina lo humano y se trata de «consolar el vacío desorientado de la Naturaleza virgen», se dan a una transformación que permite la entrega resignada a la muerte. Vislumbrada la armonía suprema,

> Caminaron de nuevo hacia el desconocido Sur, ya sin desvío en la ruta de su destino de veedores, de primeros admiradores cristianos de la obra de Dios, como olfateando una última playa de perfecta serenidad, sacrificados al avatar de su largo viaje, que se cerraría sobre ellos como se cumple una vida llegando a la plena vejez, parándose en el más blando y más puro de los ocasos. (Adel, 156, 157)

Invertidos ahora los papeles, los adelantados, símbolo de lo apolíneo, resuelven su problema con una solución propia del dominio del impulso dionisíaco ya expuesta por el personaje femenino, símbolo de lo dionisíaco, en «El miedo al mar» (1921). Ramón cierra con esto un círculo que inicia en «El Ruso». Allí, el personaje huye con horror ante la visión del caos, de la poca importancia del ser humano ante el mundo exterior. En las narraciones siguientes, sigue una jornada tratando de

---

[14] Ramón sugiere la idea de que la verdad está formada de algo y su contrario al nivel lingüístico, dándole cabida a la interpretación de la palabra destino, por un lado, con el significado de suerte impredecible, y por el otro con el de vida planeada de acuerdo con la rutina y las leyes de la convención.

encontrarle una solución a la evidencia de esa dura verdad. En «El miedo al mar» queda claro que lo femenino, como parte de lo dionisíaco, sabe aceptar con resignación esa verdad y soluciona el dolor de vivir mediante el amor. Ahora los adelantados, en convergencia con esa actitud, recurren al don de la serenidad y conformidad para aceptar la vida tal cual es. La bifurcación de actitudes se ha borrado y ellos caminan con resignación hacia la muerte.

CONCLUSIONES

A pesar de que las narraciones breves de Ramón han sido motivo de desorientación tanto desde el punto de vista de la forma como desde el del contenido, de este estudio se desprende lo siguiente: contrario a la opinión de que carecen de plan, trascendencia alguna o preocupación por la naturaleza y la vida, ellas sí poseen una forma y un fondo, los cuales se manifiestan de modo coherente. La forma coincide con una de las más comunes a la *novella* moderna y refleja el propósito narrativo de la misma de crear, con un efecto intenso y concentrado, múltiples percepciones que estimulan a recapacitar y despertar la consciencia del lector hacia el significado de la vida y la relación del ser humano con la naturaleza y el cosmos.

Ramón se crea un andamiaje estructural y temático que está muy a tono con la literatura y el arte moderno de principios de siglo. Coincidiendo con la *novella,* su estructura toma como núcleo narrativo una situación específica sacada de la vida diaria, la cual resulta a la vez cotidiana e insólita; a pesar de presentarse en forma breve y limitarse a un hecho particular, esta situación resulta de repercusiones que rebasan los límites de lo narrado. Este efecto lo crea gracias al empleo de momentos claves o episodios recurrentes, que constituyen una reiteración intensa y sintética del asunto central a dicha situación específica. También a tono con la *novella,* la temática de estas narraciones surge de un modo particular. Un patrón básico y técnicas narrativas facilitan la asociación de imágenes en complejos temáticos que convergen en una idea central. Esta idea, una vez inferida, unifica la narración y de modo invariable, muestra aspectos diversos de la visión de la vida presente en Ramón. Dicha visión, a tono con lo que se propone Ramón desde «El concepto de la nueva literatura», tiene que ver con su propósito de emprender una búsqueda para explicarse en qué consiste la correspondencia entre el mundo y el individuo, y revela una influencia nietzscheana.

A este respecto, es evidente que, contrario a la opinión de ver en el fervor nietzscheano de Ramón un entusiasmo de adolescente superficial y pasajero, dicho fervor se muestra constante, ya que aparece a lo largo de toda su creación *novellística* y se refleja tanto en el componente temático como en el estructural de su mecanismo narrativo, a saber: en el

177

insistente uso de referencias asociadas de modo coherente con el mito y el rito menádico. También se manifiesta en el planteamiento de la lucha entre individuo y mundo indomitable mediante el juego de tensiones simbólicas que se pueden identificar con los impulsos apolíneo y dionisíaco. Invariablemente, el patrón básico recrea la experiencia menádica y el logro del conocimiento por vía de lo sensible. Un personaje identificable con el «ingenuo» en el arte (Origen, 34), se enfrenta con otro, en el cual se hace evidente el dolor inherente que es contraparte de la vida. La sugerencia de la interdependencia entre lo apolíneo y lo dionisíaco aparece ya desde «El Ruso» (1913). En narraciones como «El gran griposo» (1924), «Se presentó el hígado» (1937) y «El hombre de los pies grandes» (1928) la idea de Dionisos se expresa como afirmación de lo vital en toda la complejidad de elementos positivos y negativos, admitiendo a la fatalidad y la muerte como parte de la vida. En las dos primeras, afirmando la determinación de vivir a plenitud a pesar de la amenaza de la enfermedad y la muerte, y en la última, haciendo emanar tanto el éxito como la fatalidad de un personaje de una parte de sí mismo, sus pies (T, 76, 156, 153, 162-63). La idea de Dionisos como generador de Apolo aparece arraigada, por ejemplo, en narraciones como «Los dos marineros» (1924), donde se hace triunfar la serenidad y la conformidad frente a los percances de la existencia, pero sólo tras la ayuda del espejismo de la belleza para sobrellevar la evidencia de la tragedia de la vida, en un mecanismo estructural complicado. Tres personajes, uno descrito con fuertes rasgos apolíneos, otro de características dionisíacas y otro de actitud serena y conforme, entrecruzan sus pasos en su búsqueda por la felicidad. O sea, las narraciones sugieren una visión de la vida que coincide con el concepto de la tensión e interdependencia mutua entre lo apolíneo y lo dionisíaco como síntesis de la dicotomía entre los dos impulsos presentes en «Ensayo de autocrítica» (16-17) y en «Things I Owe to the Ancients» (117-20), de Nietzsche.

También es posible afirmar que, si bien Ramón encuentra su «fórmula» narrativa desde muy temprano, las *novelle* son testimonio de su afán de renovación constante y de su inquietud espiritual y artística. Ramón oscila y mezcla lo grave con lo cómico. Va de la prosa recargada de imágenes con alusiones que permiten ver la creación de su simbolismo, al empleo de referencias simbólicas que dan por aludido sus referentes inmediatos. Y sin abandonar su «fórmula», llega a una expresión fragmentada extrema, que antes de ser obstáculo para su visión del mundo, sirve de apoyo a esa visión, en que lo trágico, lo crudo, lo grotesco, lo malo, el caos y la muerte, están en interdependencia mutua con el amor, la alegría, lo ilusorio, lo bello, lo bueno y la vida.

En fin, estas *novelle* son evidencia indudable de la consciente preocupación de Ramón por dar con una forma y una temática personales. Son un campo de cultivo donde él procura una coherencia entre fondo y forma para plantearse prerrogativas contrarias y ensayar diversas soluciones para ver si da con el sentido de la vida y el mundo.

Con este estudio esperamos haber dado un primer paso hacia el estudio de la estructura y el fondo de la narrativa de Ramón, ya que sus *novelle* como los eslabones de una cadena o las piezas de un rompecabezas o un mosaico, son una parte indispensable de su creación narrativa.

APENDICE

La mujer y la ménade

Dada la constante presencia de referencias alusivas a la experiencia menádica, y su relación con la adquisición de verdades mediante vivencias que llevan a un instante de lucidez fugaz en las *novelle* de Ramón, este apéndice presenta algunos elementos simbólicos asociados con el menadismo que pueden servir para la interpretación del simbolismo de dichas *novelle*.

A la luz del patrón básico se desprende que la fuerza a la cual se opone el personaje apolíneo representa una serie de dualidades y ambivalencias propias de lo vital. Este significado lo logra Ramón mediante el uso de una suma de símbolos comunes al arte y la literatura de fin de siglo que son signos inequívocos de la vida orgánica y las fuerzas elementales. Entre ellos, la mujer como extensión de las flores que fundida a las plantas, sobre todo en las artes plásticas, representaba «una fuerza vital que expresaba un impulso primigenio». La «mujer serpiente», cuyo rostro cubierto con antifaces, máscaras y velos adquiere un aspecto indeciso y cambiante, que evoca al mismo tiempo la muerte y el triunfo de la vida mediante el amor físico. La «mujer fatal», que subraya la concepción de lo eterno femenino e inspira en el hombre horror y atracción simultáneamente. Y un tipo de mujer de rostro pálido, ojos cerrados, párpados caídos, mirada introspectiva o perdida en la lejanía, que guía a su amado tras sombras hacia una realidad más trascendente. Ramón también emplea el concepto popular de la mujer niña, y tópicos fetichistas como la cabellera, las ligas y las medias de seda, que acentúan su significado vital (Litvak, 30-31; 41-43; 63-64; 119, 122, 145, 163-67).

Pero eso no es todo. La descripción del aspecto exterior del personaje y su significado como múltiples manifestaciones de lo vital, están íntimamente relacionados con una visión que le da coherencia a la iconografía finisecular expuesta porque la enfoca originada en una sola fuente de inspiración. Se trata de la visión exagerada predominante a finales del siglo XIX y XX de la ménade, término esencialmente poético que se les da a las Bacantes o devotas del culto a Dionisos [1]. Ya que las alusio-

---

[1] Fuentes para el siguiente resumen son: para la concepción de la palabra *ménade* como término poético y nombre a las descendientes de las ninfas del mito,

nes pertinentes al simbolismo del personaje femenino guardan un paralelo considerable con esta concepción, es conveniente considerar el significado y algunas prácticas y ademanes relacionados con el simbolismo propio al rito menádico.

Los detalles literarios en relación con las ménades tienen sus raíces en las ninfas que forman parte del mito arcaico a Dionisos. A lo largo de los años, a los elementos originales del mito se le fueron acumulando más detalles. Como consecuencia, el resultado de lo que simboliza lo menádico a fines del XIX y principios del XX se convirtió en una aglomeración de datos arbitrarios en que se mezclan lo histórico, lo mítico, la imaginación del poeta y connotaciones negativas ya presentes en *Las Bacantes*, de Eurípides[2].

El estereotipo de ellas popular a principios de este siglo, se concentra en la idea del estado mental exaltado que se dice alcanzaban. Estas mujeres, en su faena ritual en honor a Dionisos, se iban a las montañas y fuera de la rutina, liberadas momentáneamente de toda preocupación impuesta por el orden establecido, lograban armonía con la naturaleza. Llegaban a un estado de liberación que en el momento crítico se manifestaba en un éxtasis, o trance, o sea en un estar fuera de sí, fuera de la experiencia normal, o fuera del mundo sensible. Así transportadas, lograban el *enthusiasmos* o comunión con dios, que transformaba a los que lo experimentaban en un *Bakchos* o Dionisos, deidad que simboliza la vida plena en toda su locura y confusión.

El trance, tras la comunión con la deidad, señal del despertar de la consciencia, y la revelación de Dionisos, lo supremo o el furor confuso de la verdad primordial al fondo de la creación, se manifestaba como una manía, locura o arrebato que podía desembocar en reacciones salvajes o la violencia sangrienta. Pasada la euforia, y recobrado el sentido, las ménades volvían a sus vidas normales manchadas de sangre, pero con una

---

E. R. Dodds, «Introduction», *Euripides: Bacchae,* xi-xxviii; Albert Henrichs, «Greek Maenadism from Olympias to Messalina», 137-43. Para una idea del culto a Dionisos y su relación con la ménade, Albert Henrichs, «Changing Dionysiac Identities», ts. 8-12. Para una visión global de la ménade, E. R. Dodds, «Maenadism», *The Greek and the Irrational,* 270-82. Para la visión más popular del menadismo y el estado dionisíaco en el círculo intelectual y artístico de fines de siglo, E. Rhode, *Psyche,* 253-89. P. McGintry, *Interpretation and Dionysos. Method in the Study of a God, Religion and Reason,* 34-7.

[2] Desde el punto de vista histórico, las ménades fueron criaturas ordinarias, seguidoras del culto a Dionisos, quienes una vez cada dos años iban a las afueras de la ciudad y alejadas de las presiones de la vida diaria, en contacto con la naturaleza, practicaban el culto a Dionisos. No se sabe cuántos días duraba el festival, posiblemente tres o cuatro días. Pero sí se sabe que éste era el único dios mediante el cual el griego adquiría una esperanza en la vida y la felicidad después de la muerte. Las interpretaciones sobre el menadismo son problemáticas, ya que hay una dicotomía entre el menadismo mítico y el ritualístico, que a fines del siglo XIX y a principios del XX, como se refleja en Nietzsche, se pasa por alto (Changing Dionysiac, ts., 9-10, 12).

paz y felicidad internas por haber tenido, en un instante de lucidez, contacto con la verdad primordial. Representaciones pictóricas que muestran la popularidad de este tema a fin de siglo son, por ejemplo, los cuadros de Alma Tadema, *The Women of Amphisa* or *A Dedication to Bacchus* y *Bacchantes* (Alma, láminas, 13, 14, 29)[3].

Ya que mediante las prácticas colectivas que incluyen las comidas campestres, el vino, la música, la danza y las representaciones con máscaras al aire libre, el rito a Dionisos lleva a un estado de transformación inexplicable, el griego preclásico refleja en sus mitos una visión de la vida distinta a la concepción clásica. En esta última, él veía al ser humano formado de cuerpo y mente y regido por la razón. El griego preclásico, por su parte, ante el fenómeno del éxtasis dionisíaco, reconocía algo más que llamó psiquis[4]. Además, por considerarse a Dionisos hijo de Démeter, madre tierra que preside la aparición y desaparición cíclica de la vida natural, Dionisos llegó a ser el símbolo de una concepción cíclica de la vida que permite concebir la muerte, no como fin, sino como principio de la vida. Por esta razón, Dionisos es el único dios que le mantiene vivas al griego antiguo las esperanzas de una vida más allá del cuerpo, la razón y la muerte.

A causa de que las ménades en trance acaban por alcanzar comunión con Dionisos, ellas se convierten en la personificación del mismo y simbolizan lo que él simboliza: vida eterna y recurrente a pesar de la muerte y el cambio; el poder frenético de la creación que construye y destruye

[3] Para una variedad de ilustraciones visuales donde se aprecian los ademanes y poses con que se han representado las ménades a través de varias épocas, véanse además: Carolyn Houser, ed., *Dionysos and his Circle: Ancient through Modern*; W. F. Otto, *Dionysos, Myth and Cult*, láminas 1, 2, 3, 5, 6, 9. De modo más estabilizado y sutil, en varios cuadros de mujeres de Gustav Klimt (1862-1918), Franz von Stuck (1863-1928), Erté, Pseud. (Romain de Tirtoff) (1892-), y las ilustraciones para calendario y carteles de Alphonse Maria Mucha (1860-1939).

[4] Util para comprender la figura de Dionisos a lo largo de distintas épocas han sido: Albert Henrichs, «Changing Dionysiac Identities» y «Greek and Roman Glimpses of Dionysos». W. F. Otto, *Dionysos, Myth and Cult*, especialmente las páginas 101, 108, 135-36. En relación con la idea de la eternidad recurrente, Nietzsche, «Things I Owe to the Ancients», 111-20; Bettelheim, «Reflections, Freud and the soul», especialmente 53-57; 89. A fines del xix y a principios del xx los artistas utilizan el simbolismo de Dionisos y su círculo a veces alejados de pensamientos conceptuales como lo hacía el griego practicante del culto; otras, conceptualizándolo como los filósofos (Heráclito había captado la síntesis de contrarios en Dionisos). La tendencia conceptualizadora en este siglo obedece a la impresión ejercida por los románticos en Nietzsche (Henrichs, «Greek and Roman Glimpses of Dionysos», 2-3, 5; Otto, 116). Para el tratamiento casual, a veces conceptualizando y a veces no en Picasso, que ayuda a comprender a Ramón, véase: C. Houser, «Changing Views of Dionysos» (19-24). La visión de lo dionisíaco de Ramón coincide con la de tono barroco ilustrada pictóricamente en *The Infant Bacchus Entrusted to the Nymphs; The Death of Narcissus and Echo*, de Poussin (1594-1665). Allí, en un mismo cuadro, se yuxtaponen con un profundo significado filosófico las historias de Dionisos y Narciso como representación de la coexistencia de dos aspectos de una misma naturaleza, sugiriendo la reciprocidad mutua de los opuestos vida, muerte; amor, egoísmo; fertilidad, esterilidad (23).

indiscriminadamente. Los goces, horrores y la indiferencia de la naturaleza en relación con las aspiraciones humanas. La descomposición orgánica como principio de vida, la prolongación de la especie mediante la fertilidad, la procreación y los misterios de la sexualidad; la armonía con la naturaleza, y la reconciliación de contrarios. En fin, comparten con Dionisos el ser la personificación de los terrores y goces que complementan los misterios de la creación, con un significado positivo: al hacer evidentes los aspectos crudos de la vida —la muerte y las contradicciones de la vida— infunden la reacción de afirmar el goce de la vida en la tierra en términos humanos. También representan en sí mismas el éxtasis y el abandono necesarios para lograr la unión con la verdad última; de allí, su papel simbólico de intermediarias a quien busca una verdad que trasciende la experiencia de lo común. Varias asociaciones relativas al mito de Dionisos y las ménades que hacen eco en las narraciones breves de Ramón son las siguientes:

El esplendor primaveral y las savias vitales; la vida y la muerte

Dionisos arribaba a tierra firme procedente de las islas y el mar en la primavera para presidir como dios de las flores en el festival de la *Anthesteria,* en que se concibe a la muerte no como fin, sino como principio de la vida. Para recrear el mito fue común la práctica de remedar a la deidad con un mancebo corpulento y alegre, el cual entraba al pueblo en una carreta adornada de flores y tirada por tigres fingidos, mientras que los machos cabríos, a modo de faunos y sátiros brincaban a su alrededor [5]. En otros festivales en honor de la muerte, Dionisos y la muerte se conciben como «uno». De acuerdo con esto, el goce que el ser humano siente en el poder embriagador de las frutas, flores y aromas de la tierra se relaciona con los momentos en que él saluda su propia muerte. De allí que el vino y la embriaguez, que le dan cierta liberación de palabra y acciones, representan en el simbolismo de Dionisos, el abandono de la conciencia individual, la sexualidad, la fertilidad, y subrayan una visión cíclica de la vida.

Esta concepción integral del simbolismo de Dionisos en que se yuxtaponen la vida y muerte adquirió representación gráfica en el uso del *Korymboy* o racimo de flores y frutos en combinaciones con la hiedra, usados en las celebraciones a Dionisos (Otto, 115-20; 139, 157; Henrichs, Dionysos and his Circle, xv, Greek and Roman Glimpses, 4-6).

Por la relación de las ménades con Dionisos, ellas se asocian con la tierra, el esplendor primaveral y las savias que sostienen la vida, tales

---

[5] Resabios de esta práctica se mantienen hoy día en Skyros (Bordewich, 22).

como el vino, la leche y la miel de abejas. Así como Dionisos hace salir milagrosamente fuentes de leche y miel de las rocas y la tierra, las ménades son pródigas. Ofrecen cántaros llenos de líquidos, y son las escanciadoras del vino. Como ninfas gozan de eterna juventud. Su papel más valioso no es el de compañera de amores, sino el de mujer natural, madre o nodriza, que cumple con los designios de la naturaleza de eternizar la especie. Por esto, es frecuente verlas en convivencia con cachorros de leones, tigrillos, panteras y lobos, a los cuales amamantan, a la vez que amamantan a sus niños.

A su vez, conforme con su carácter primordial, en el lado oscuro de su simbolismo, según el mito, practican el *sparagmos,* o sea, despedazan a los seres que nutren, en un furor frenético incontrolable [6]. En el rito, este detalle del mito se mantiene mediante un gesto simbólico. Pedazos de carne u *omophagion* cortados de la víctima del sacrificio, generalmente un chivo, fueron distribuidos, manoseados y comidos por las seguidoras de Dionisos (Henrichs, Changing Dionysiac, 8, 9). Otra forma de preservar esta fase del rito consistió en pintarrajearse con sangre, sedimento de vino tinto o jugo de moras (Humbert, 71). Las prácticas del *sparagmos* y el contacto con la carne cruda y el vino han sido interpretados como el reconocimiento en el culto a Dionisos de los aspectos crudos de la vida y el lado negativo de la creación; la anormalidad, lo «otro», o lo que está por debajo de la superficie, con todos sus horrores. Al mismo tiempo, esta parte del rito ilustra el carácter marginal y el peligro posible de la naturaleza humana, que puede pasar de lo positivo a lo negativo, de manera arbitraria e insospechable.

[6] El *sparagmos,* el destrozo de animales y seres humanos, y la *omophagia,* el comerse o palpar trozos de carne cruda de la víctima sacrificada, han sido causa de muchas interpretaciones y controversias. Entre las más populares a fines de siglo son: E. R. Dodds, «Introduction», xviii-xx, y *The Greek and the Irrational,* 270-82. Haciéndose eco de G. Frazer, *The Golden Bough,* explica el acto de comer carne y sangre fresca como uno de poder homeopático, que añade y perpetúa los poderes vitales de la víctima sacrificada o lo que representa a quienes lo practican. La creencia presupone que la víctima es la personificación del dios. Se utilizó el toro como símbolo de la fertilidad, la cabra, el león y la culebra como reencarnaciones bestiales del dios. Para los orígenes en el mito órfico y la explicación de su significado como fragmentación del Uno primordial en la multiplicidad del mundo, véase E. Rhode, *Psyche,* 340-41; como rito de purificación, 291. W. F. Otto niega la validez del rito como sacrificio sacramental. Para él el rito representa el aspecto negativo de la dualidad contradictoria de Dionisos (*Dionysos Myth and Cult,* 113). La relación de Dionisos con las esferas de la muerte y los terrores de la destrucción que complementan los misterios de la creación. Otto identifica a las ménades con Dionisos, incluyendo su carácter dual. Henrichs escribe: «In structural terms, raw meat and undiluted wine reflect the abnormality, otherness or 'liminality' of the extreme Dionysiac experience» (Changing Dionysiac, ts., 10).

La armonía primordial

En grabados que recrean el rito, las ménades aparecen en armonía con todos los aspectos de lo primordial. Frecuentemente se les ve bailando con los cabellos sueltos, en trenzas o en moños, acompañándose con unas castañuelas alargadas de hueso o *Krotala,* evidencias de su franca aceptación de la muerte. Las culebras son sus aliadas. Las llevan enrolladas alrededor del cuerpo para protegerse contra la lujuria de los sátiros, o *sileni* en lealtad a Dionisos. La serpiente adquiere importancia especial, porque en términos órficos, anillada alrededor de un huevo representa al Cosmos rodeado del espíritu creador en su furor vital. Es emblema de sensatez e inmortalidad, entendida esta última como desintegración y resurrección indiscriminadamente confusas [7].

La máscara

El simbolismo de la máscara se remonta a los orígenes del ditirambo cuando las devotas a Dionisos, a imitación de las ninfas del mito, llevaban a cabo una danza sagrada para celebrar el nacimiento y la epifanía del dios. La máscara simboliza el poder misterioso de los espíritus *chtónicos,* es confrontación pura y representa las fuerzas elementales (Otto, 81-82, 86-91; 174-75; 194-95). Es el recurso más antiguo y más sencillo para despojarse de la personalidad individual acostumbrada, y lograr la transformación o comunión con Dionisos o unidad primordial (Henrichs, Changing Dionysian, ts. 7). Representa conjuntamente vida y muerte, y es así como la entiende Ramón cuando dice que con la máscara «no es la muerte la que se presenta. Ni es la que va muerta, ni es la que murió. Representa todo eso, es lo mismo, es la misma y no lo es —¡cuidado!—, es una mujer que se ha de morir del baile en seis días, o en tres, o en dos» (Libro nuevo, 15).

El éxtasis

El éxtasis dionisíaco se manifiesta en formas diversas y contradictorias. Las ménades poseídas, se describen eufóricas y frenéticas. Corren

---

[7] En relación con los misterios órficos «the ancient symbol of the Orphic Mysteries was the serpent entwined egg, which signified *Cosmos* as encircled by the fiery Creative Spirit. The egg also represents the soul of the philosopher; the serpent, the Mysteries. At the time of initiation the shell is broken and man emerges from the embryonic serpent state of physical exsistence wherein he had remained through the fetal philosophic regeneration» (Hall, XX). «The serpent is symbol and prototype of the Universal Savior, who redeems the world by giving creation the knowledge of itself and the realization of good and evil... It has long been viewed as the emblem of immortality. It is the symbol of reincarnation, or metempsychosis, because it annually sheds its skin, reappearing, as it were, in a new body» (LXXXVIII).

raudas y alocadas por el monte; escalan montañas, emiten gritos estrepitosos que se han representado con diversas onomatopeyas, entre ellas, jui jui; dan vueltas, echan la cabeza hacia adelante y hacia atrás, entornan los ojos; o en silencio absoluto, permanecen sin moverse, como si estuvieran petrificadas. El silencio indica comunión, y está relacionado con la revelación del lado oscuro de la creación y la aprehensión intuitiva de verdades supremas (Otto, 94) [8].

[8] Julio Cortázar, mucho después que Ramón, emplea la idea del rito menádico en «Las Ménades» (1956).

LISTA DE OBRAS CITADAS

LAS NARRACIONES BREVES DE RAMÓN

GÓMEZ DE LA SERNA, RAMÓN: «La abandonada en el Rastro». *Revista de Occidente,* XXIII, enero-marzo, 1929, 257-88.
— «Los adelantados». *Doña Juana la Loca (y otras) (Seis novelas superhistóricas).* Madrid: Revista de Occidente, 1949, 137-57.
— «Aquella novela». *La novela corta,* 439, 3 mayo 1924.
— «Aventuras de un sinsombrerista». *Revista de Occidente,* XXXV, enero-marzo 1932, 282-307.
— «La Beltraneja». *Doña Juana la Loca (Seis novelas superhistóricas).* Buenos Aires: CLYDOC, 1944, 155-72.
— «El Caballero de Olmedo». *Revista Cubana,* XVI, 38-50.
— «La capa de don Dámaso». *Revista de Occidente,* V, julio-septiembre 1924, 331-350.
— «La casa triangular». *Revista de Occidente,* X, octubre-diciembre 1925, 56-70.
— «El cólera azul». *Revista de Occidente,* XXXVII, julio-septiembre 1932, 41-69.
— *El cólera azul.* Buenos Aires: Sur, 1937.
— «Las consignatarias». *El cólera azul.* Buenos Aires: Sur, 1937, 141-70.
— «El defensor del cementerio». *Revista de Occidente,* XVII, julio-septiembre 1927, 317-38.
— «Destrozonas». *El cólera azul.* Buenos Aires: Sur, 1937, 127-40.
— «El doctor inverosímil». *La novela de bolsillo,* 22, 1914.
— *El doctor inverosímil.* Madrid: Atenea, 1921.
— *El doctor inverosímil.* 3.ª ed. Buenos Aires: Losada, 1961.
— «Doña Juana la Loca». *Doña Juana la Loca (Seis novelas superhistóricas).* Buenos Aires: CLYDOC, 1944, 23-45.
— *Doña Juana la Loca (Seis novelas superhistóricas).* Buenos Aires: CLYDOC, 1944.
— *Doña Juana la Loca (y otras) (Seis novelas superhistóricas).* Madrid: Revista de Occidente, 1949.
— «Doña Urraca de Castilla». *Doña Juana la Loca (Seis novelas superhistóricas).* Buenos Aires: CLYDOC, 1944, 79-100.
— «Los dos marineros (falsa novela china)». *La novela corta,* 458, 13 septiembre 1924.
— «El dueño del átomo». *Revista de Occidente,* XII, enero-marzo 1926, 59-84.
— *El dueño del átomo.* Madrid: Historia nueva, 1928.
— «Ella + Ella - El + El». *El cólera azul.* Buenos Aires: Sur, 1937, 187-208.
— «La emparedada de Burgos». *Doña Juana la Loca (Seis novelas superhistóricas).* Buenos Aires: CLYDOC, 1944, 125-53.
— «La estufa de cristal». *Revista de Occidente,* XLVI, octubre-diciembre 1934, 76-96.
— «La Fúnebre (falsa novela tártara)». *La novela corta,* 484, 7 marzo 1925.

— «La Fúnebre (falsa novela tártara)». *6 falsas novelas*. París: Agencia mundial de librería, 1927, 71-101.
— «La gallipava». *La malicia de las Acacias*. Valencia: Sempere, 1927, 123-39.
— «La gangosa». *La novela corta*, 329, 1 abril 1922.
— «Los gemelos y el guante». *La malicia de las acacias*. Valencia: Sempere, 1927, 43-57.
— «El gran griposo». *Revista de Occidente*, XVI, abril-junio 1927, 57-78.
— «¡Hay que matar el Morse!» *La novela semanal*, 202, 23 mayo 1925.
— «La hija del verano». *La novela corta*, 364, 3 noviembre 1922.
— «El hijo del millonario». *La novela mundial*, 46, 27 enero 1927.
— «El hijo del millonario (falsa novela norteamericana)». *6 falsas novelas*. París: Agencia mundial de librería, 1927, 207-50.
— «El hijo surrealista». *Revista de Occidente*, XXX, octubre-diciembre 1930, 27-52.
— «La hiperestésica». *La novela mundial*, 130, 6 septiembre 1928.
— *La hiperestésica*. Madrid: CIAP, 1931.
— «El hombre de la galería». *Revista de Occidente*, XIII, julio-septiembre 1926, 299-316.
— «El hombre de los pies grandes». *El dueño del átomo*. Madrid: Historia nueva, 1928, 261-70.
— «El inencontrable». *El novelista*. Valencia: Sempere, 1923, 266-304.
— «El inencontrable». *El cuento literario*. 1, 3 abril 1925.
— «El joven de las sobremesas». *La novela corta*, 376, 17 febrero 1923.
— «Leopoldo y Teresa». *La novela corta*, 311, 26 noviembre 1921.
— «La malicia de las acacias». *La novela corta*, 3 noviembre 1923.
— *La malicia de las acacias*. Valencia: Sempere, 1927.
— «María Yarsilovna (falsa novela rusa)». *Revista de Occidente*, I, julio-septiembre 1923, 183-201.
— «El miedo al mar». *La novela corta*, 276, 16 marzo 1921.
— «La mujer vestida de hombre (falsa novela alemana)». *6 falsas novelas*. París: Agencia mundial de librería, 1927, 157-206.
— «La niña Alcira». *Revista de Occidente*, XLIV, abril-junio 1934, 274-303.
— «El olor de las mimosas». *La novela corta*, 343, 1 julio 1922.
— «La otra raza». *La novela semanal*, 123, 17 noviembre 1923.
— «Peluquería feliz». *Revista de Occidente*, XLIII, enero-marzo 1934, 121-48.
— «Pueblo de morenas». *El cólera azul*. Buenos Aires: Sur, 1937, 209-27.
— «El regalo al doctor». *Los novelistas*, 38, 21 noviembre 1298 (sic), 1928 (¿?) *.
— «La roja». *La hiperestésica*. Madrid: CIAP, 1931, 131-99.
— «El Ruso». *El libro popular*, 10, 11 marzo 1913.
— «El Ruso». *El dueño del átomo*. Madrid: Historia nueva, 1928, 144-81.
— «La saturada». *La novela corta*, 339, julio 1923.
— *6 falsas novelas*. París: Agencia mundial de librería, 1927.
— «Se presentó el hígado». *El cólera azul*. Buenos Aires: Sur, 1937, 171-86.
— «Los siete infantes de Lara». *Revista Sur*, VIII, 43, 1938, 57-70.
— «Suspensión del Destino». *Revista de Occidente*, XXI, julio-septiembre 1928, 129-43.
— «La tormenta». *La novela corta*, 291, julio 1921.
— «El turco de los nardos». *Nuestra novela*, 7, 18 julio 1941.
— «El vegetariano». *La hiperestésica*. Madrid: CIAP, 1931, 201-31.
— «La virgen pintada de rojo (falsa novela africana)». *6 falsas novelas*. París: Agencia mundial de librería, 1927, 103-55.

---

* Este ejemplar no se registra en las bibliografías más completas sobre la obra de Ramón.

LISTA DE OBRAS CITADAS

Otras obras de Ramón

Gómez de la Serna, Ramón: «Advertencia anecdótica» (1945). *6 falsas novelas.* 2.ª ed. Buenos Aires: Losada, 1958, 7-8.
— «Advertencia importante». *El dueño del átomo.* Buenos Aires: Losada, 1945, 7-8.
— *Automoribundia.* Buenos Aires: Editorial Sudamericana, 1948.
— «En el bazar más suntuoso del mundo». *Cuentos para niños 'Calpe'.* Madrid: Calpe, 1924.
— «Cansinos Assens». *Nuevos retratos contemporáneos.* Buenos Aires: Ed. Sudamericana, 1945, 301-06.
— «El concepto de la nueva literatura». *Prometeo,* año II, 6 abril 1909, 1-32.
— *Cuentos de fin de año.* Madrid: Clan, Col. El lagarto al sol, 1947.
— *Entrando en fuego.* Segovia: Imprenta del Diario de Avisos, 1905.
— *Gollerías.* Valencia: Sempere, 1926.
— «Humorismo». *Ismos.* Madrid: Biblioteca nueva, 1931, 197-233.
— «Historia de medio año». *Cruz y raya,* 33 (5) diciembre 1935, 4-59.
— *El incongruente.* Madrid: Los humoristas, Calpe, 1922.
— «Isodore Ducasse (Conde de Lautréamont)». «Prólogo». *Los cantos de Maldoror.* Trad. Julio Gómez de la Serna. Madrid: Biblioteca Nueva, sf., 1920 (¿?), 5-32.
— «John Ruskin el apasionado». «Prólogo». *Las piedras de Venecia.* Trad. Carmen de Burgos. Valencia: Sempere, 1913, V-CIX.
— *José Gutiérrez Solana.* Barcelona: Picazo, 1972, 100-11.
— *Libro nuevo.* Madrid: Mesón de paños, 1920.
— «El marquesito en el circo». *Cuentos para niños 'Calpe',* 1924.
— *Morbideces.* Madrid: El trabajo, 1908.
— *Muestrario.* Madrid: Biblioteca nueva, 1918.
— «Novelismo». *Ismos.* Madrid: Biblioteca nueva, 1931, 351-57.
— «Novelismo». *Ismos.* 2.ª ed. Buenos Aires: Poseidón, 1947, 367-75.
— *El novelista (novela grande).* Valencia: Sempere, 1923.
— *El novelista.* Buenos Aires: Espasa-Calpe, 1973.
— *Obras completas,* vols. I y II. Barcelona: AHR, 1956-57.
— *Obras selectas.* 2.ª ed. Barcelona: AHR, 1973, 16-280.
— *Piso bajo.* Buenos Aires: Espasa-Calpe, 1961.
— «Prólogo». *Nuevos retratos contemporáneos.* Madrid: Buenos Aires, 1945, 9-11.
— «Prólogo a la nueva edición» (1941). *El doctor inverosímil.* 3.ª ed. Buenos Aires: Losada, 1961, 8-9.
— «Por los tejados». *Cuentos para niños 'Calpe'.* Madrid: Calpe, 1924.
— «Prólogo a las novelas de la nebulosa» (1946). *El hombre perdido.* Madrid: Espasa-Calpe, 1962, 7-17.
— *La quinta de Palmyra.* Madrid: Biblioteca nueva, 1923.
— *Ramonismo.* Madrid: Calpe, 1923.
— *El Rastro.* Valencia: Prometeo, sf., 1915 (¿?).
— *El secreto del acueducto.* Madrid: Biblioteca nueva, sf. 1922 (¿?).
— «El suicida Gerardo de Nerval». «Prólogo». *Las hijas del fuego.* Trad. Carmen de Burgos. Madrid: Biblioteca Nueva, 1919.
— «Suprarrealismo». *Ismos.* Madrid: Biblioteca nueva, 1931, 263-310.
— «Surrealismo». *Ismos.* 2.ª ed. Buenos Aires: Poseidón, 1947, 269-332.
— «El surrealismo». *Saber vivir.* 10 (7), 1949, 40-43.
— *El torero caracho.* París: Agencia mundial de librería, 1926.
— «Ultimátum del surrealismo». *Clavileño.* Mayo-junio 1956, 32-39.
— *La viuda blanca y negra.* Madrid: Biblioteca nueva, sf. 1921 (¿?).

OBRAS SOBRE RAMÓN

CAMÓN AZNAR, JOSÉ: *Ramón Gómez de la Serna en sus obras*. Madrid: Espasa-Calpe, 1972.

CARDONA, RODOLFO: *Novelistas españoles de hoy. Cuatro novelas cortas de la España contemporánea*. New York: W. W. Norton, 1959, 3-17.

— *Ramón, a Study of Gómez de la Serna and his Works*. New York: Eliseo Torres, 1957.

GÓMEZ DE LA SERNA, GASPAR: *Ramón, obra y vida*. Madrid: Taurus, 1963.

HODDIE, JAMES H.: «El programa solipsista de 'Ramón Gómez de la Serna'». *Revista de Literatura*. XLII, 82, julio-diciembre 1979, 131-48.

— «Sentido y forma de la primera biografía de Ramón Gómez de la Serna». *Cuadernos hispanoamericanos*, 341, noviembre 1978, 297-334.

JARNÉS, BENJAMÍN: «Ramón Gómez de la Serna: La quinta de Palmyra». *Revista de Occidente*, X, 28 octubre 1925, 112-17.

NORA, EUGENIO DE: *La novela española contemporánea (1927-1939)*, 2.ª ed., vol. II. Madrid: Gredos, 1968, 94-154.

RICHMOND, CAROLYN: «Una sinfonía portuguesa ramoniana». *La Quinta de Palmyra*. Madrid: Espasa-Calpe, 1984, 13-155.

SAINZ DE ROBLES, FEDERICO CARLOS: *La novela corta española*. Madrid: Aguilar, 1959.

— *La novela española del siglo XX*. Madrid: Pegaso, 1957, 107-81.

SOBEJANO, GONZALO: *Nietzsche en España*. Madrid: Gredos, 1967.

ZLOTESCU-CIORANU, IOANA: «Aproximación al novelista Ramón Gómez de la Serna». *ARBO, RGIC*, 306, 81, 13-19, 1981.

OTRAS OBRAS

AVELLANEDA, ALONSO F. DE: «Prólogo». *El ingenioso hidalgo don Quijote de la Mancha*. Barcelona: Zeus, 1968, 21-22.

BAUMER, M. L.: «Nietzsche and the Tradition of the Dionysian». *Studies in Nietzsche and the Classical Tradition*. Ed. J. C. O'Flaherty, T. F. Sellner and R. M. Helm. Chapel Hill: University of North Carolina Press, 1976, 165-89.

BERTRAND, DENIS: «Semiótica textual y actividad de lectura». Trad. Efrén Ortiz. *Semiosis* (Seminario de semiótica), CILL-UV, 12-13, enero-diciembre 1984.

BETTELHEIM, BRUNO: «Reflections, Freud and the Soul». *New Yorker*, New York, March, 1, 1982, 52-93.

BLEIBERG, GERMÁN, y MARÍAS, JULIÁN: *Diccionario de la literatura española*. 3.ª ed. Madrid: Revista de Occidente, 1964.

BORDEWICH, FERGUS M.: «On Skyros, an Ancient Rite». *The New York Times*. Sunday, February, 3, 1985, 22, 37.

BURGOS-SEGUÍ (COLOMBINE), CARMEN DE: *Cuentos de Colombine (novelas cortas)*. Valencia: Sempere, 1908.

— *Ellas y Ellos o Ellos y Ellas*. Madrid: Alrededor del mundo, 1917.

— *Mis mejores cuentos (novelas breves)*. Madrid: Prensa popular, 1923.

— «La mejor film». *La novela corta*. Madrid: Prensa popular, 155, 21 diciembre 1918.

— «La pensión ideal». *La novela corta*. Madrid: Prensa popular, 371, 13 enero 1923.

— «La princesa rusa». *La novela corta*. Madrid: Prensa popular, 356, 30 septiembre 1922.

CERVANTES SAAVEDRA, MIGUEL: «Prólogo al lector». *Novelas ejemplares. Obras completas.* Madrid: Aguilar, 1956, 769-70.
— «Prólogo al lector». *Segunda parte del ingenioso hidalgo don Quijote de la Mancha. Obras completas.* Madrid: Aguilar, 1956, 1272-73.
COROMINAS, J.: *Diccionario crítico etimológico de la lengua castellana,* vol. III, IV. Berna: Francke, 1954.
CORREA-CALDERÓN: «Notas sobre la nueva novela francesa». *Gaceta literaria,* III, 52, 15 febrero 1929, sn.
CORTÁZAR, JULIO: «Las ménades». *Ceremonias.* Buenos Aires: Seix Barral, 1968, 44-57.
DARÍO, RUBÉN: *Azul.* 16.ª ed. Madrid: Espasa-Calpe, 1972.
Diccionario de autoridades. 1726 facsim., vol. II, III. Madrid: Gredos, 1969.
Diccionario manual ilustrado de la lengua española. 2.ª ed. Madrid: Espasa-Calpe, 1950.
DODDS, E. R.: *The Greeks and the Irrational.* Berkeley: University of California Press, 1951.
— «Introduction». *Euripides Bacchae.* 2.ª ed., 1960; rpt. London: Oxford University Press, 1966, xi-lix.
ECO, UMBERTO: «The Frames of comic 'freedom'». *Carnaval!* Ed. Thomas A. Sebeok. Berlín: Mouton, 1984.
EURÍPIDES: *The Bacchae.* Trad. G. S. Kirk. Cambridge: Cambridge University Press, 1979.
FOSTER, JOHN BURT, Jr.: *Heirs to Dionysos. A Nietzschean Current in Literary Modernism.* New Jersey: Princeton University Press, 1981, 3-66; 145-79.
GILLESPIE, GERALD: «Novella, Nouvelle, Novelle, Short novel? — A Review of Terms». *Neophilologus,* 51, núm. 2, abril 1967, 117-27; núm. 3, julio 1967, 225-30.
HALL, MANLY P.: *The Secret Teachings of All Ages.* 1929 facsim. Los Angeles: Philosophical Research Society, 1969.
HENRICHS, A.: «Greek Maenadism from Olympias to Messalina». *HSCP* 82, 1978, 121-60.
— «Greek and Roman Glimpses of Dionysos». *Dionysos and his Circle: Ancient Through Modern.* Cambridge: The Fogg Art Museum, Harvard University, 1979, 1-11.
— *Changing Dionysiac Identities* (inédito), 1980, 1-25.
HERNÁNDEZ, FELISBERTO: *Las Hortensias.* Montevideo: Escritura (1949) (¿?).
HINTERHÄUSER, HANS: *Fin de siglo, figuras y mitos.* Trad. María Teresa Martínez. Madrid: Taurus, 1980.
HOUSER, CAROLINE: «Changing Views of Dionysos». *Dionysos and his Circle: Ancient through Modern.* Cambridge: The Fogg Art Museum, Harvard University, 1979, 12-24.
HUGHES, ROBERT: «In London: A Visionary Maestro». *Time Magazine.* July 21, 1986, 68-70.
HUMBERT, J.: *Mitología griega y romana.* 4.ª ed. (de la 24.ª ed. francesa por B. O. O.). Barcelona: Gustavo Gili, 1958.
INSÚA, ALBERTO: *Memorias.* Madrid: Tesoro, 1953.
IVANOV, V. V.: «The Semiotic Theory of Carnival as the Inversion of Bipolar Opposites». *Carnival!* Ed. Thomas A. Seboek. Berlín: Mouton, 1984, 11-45.
LEIBOWITZ, JUDITH: *Narrative Purpose in the Novella.* The Hague: Mouton, 1974.
LITVAK, LILY: *Erotismo fin de siglo.* Barcelona: Antoni Bosch, 1979.
LLOYD-JONES, H.: «Nietzsche and the Study of the Ancient World». *Studies in Nietzsche and the Classical Tradition.* Eds. J. C. O'Flaherty, T. F. Sellner, R. M. Helm. Chapel Hill: University of North Carolina Press, 1976, 1-15.